KB097822

책 밖의 어른
책 속의 아이

초판 1쇄 발행 | 2018년 12월 20일
지은이 | 최윤정
펴낸이 | 최윤정
펴낸곳 | 바람의 아이들
만든이 | 최문정 이창섭 박한솔 양태종 이소희
제조국 | 한국
구독연령 | 11세 이상
등록 | 2003년 7월 11일(제312-2003-38호)
주소 | 04001 서울시 마포구 동교로 17안길 43-4
전화 | (02)3142-0495 팩스 | (02)3142-0494
이메일 | windchild04@hanmail.net

ⓒ 최윤정 2018

ISBN 979-11-6210-024-0 04000
       978-89-90878-67-0(세트)

「이 도서의 국립중앙도서관 출판예정도서목록(CIP)은 서지정보유통지원시스템 홈페이지(http://seoji.nl.go.kr)와 국가자료공동목록시스템(http://www.nl.go.kr/kolisnet)에서 이용하실 수 있습니다.(CIP제어번호:2018036130)

책벽의 어른 책속의 아이

최윤정 지음

바람의아이들

차례

2. 책 밖의 어른

3. 책 속의 아이

책으로 아이들을 키우며

내게 어린이 책은 어린 시절보다는 아이를 낳아 기르면서 읽었던 동화들에 대한 기억이 더 먼저다. 이제는 어린이 책 만드는 일이 직업이 되어버렸으니 어쩌면 당연한 현상인지도 모르겠다. 내가 처음 어린이 책 평론을 시작했을 때는 지금과는 형편이 많이 달랐다. 좋은 책이 드물었고, 문화적 환경이 척박했다. 문학하는 사람으로서, 그리고 부모의 입장에서 어린이 문학을 보다 다양하고 풍요롭게 만들어서 독서가 교육 시스템 안에 자연스럽게 스며들도록 노력해야 한다는 사명감에 불타던 그때는 미처 깨닫지 못했던 것이 있다. 오랜 시간이 지나고 나서야 나는 내 아이들을 위해서 뿐만 아니라 나 자신에게 필요했기 때문에 어린이 책을 선택했다는 것을 알게 되었다. 신선한 충격이었다. 동화 속으로 난 길을 따라 걷다가 거기에서 무언가를 발견했다. 모르고 있었던 내 안의 아이였다. 어른의 껍질을 쓰고 있어도 우리 모두의 내면에 아이가 산다. 그 아이들은 당연히 어린이 책에 반응한다.

독자들의 과분한 사랑을 받았던 이 책의 개정판을 내면서 덧붙인 '내 안의 아이, 내 앞의 아이' 챕터에는 어른들이 독서 교육을 위해서뿐만 아니라 자기를 위해서도 어린이 책을 읽어줬으면 하는 마음을 담은 글들이 실려 있다. 독자들과 만나는 자리에서 늘 느끼는 것은 부모들의 불안이다. '어떻게 하면 내 아이에게 책을 읽힐 것인가' 혹은 '내 아이가 책을 읽지 않으면 어쩌지?'하는 불안. 나아가 내 아이에게 좋은 책을 더 많이 더 빨리 읽히고 싶은 욕심. 386세대와는 달리, 결핍이 없는 이 세대가 만들어내는 문화는 다르다. 보다 개성 있고, 보다 다양하지만 결핍을 연료삼아 자가 발전을 하던 이전 세대 사람들에게서 나오던 에너지처럼 강력한 힘은 없다. 그 어떤 절실함도 없다. 공공의 선에 대한 의식도 별로 없다. 사명감이 흐릿해진 어린이 문학에 여전히 살아있는 것은, 참으로 씁쓸하게도 상업주의뿐이 아닌가 싶다. 날이 갈수록 세련되고 있는 상업주의 덕분에 더 많은 부모들이 더 빨리, 더 자주 불안해지고 있다. 당연히 불안 마케팅이 날로 번창한다. 오늘날 한국 사회는 돈이 가장 중요한 이슈(가치라는 낱말을 피하기 위해서 이렇게 쓴다)가 되어있는 만큼, 출판도 예외는 아니다. 자본이 하는 일은 의외로 많다.

그러나 세상이 어떻게 변해도 아이는 어른이 되고 지구의 어느 구석에서도 인생은 대동소이하게 흘러간다. 그것을 담아내는 예술 작품들도 그렇게 살아남으리라고 나는 생각한다. 세상에서 독자가 없어지지 않는 한, 책이 없어지지 않을 거라고 생각한다. 독자는 아무리 생각해도 독자가 아닌 사람들보다 괜찮은 사람들이다. 아이를 독자로 키우기 위해서 그렇게 많은 것이 필요한 것 같지는 않다. 아이들의 심심할 권리를 지켜주고, 아이들이 자신의 취향을 발견하고 발달시켜나갈 수 있도록 도와주고, 책을 소중히 여기는 습관을 길러주는 것, 무엇보다도 책을 읽을 시간을 존중해주는 것. 그 이상의 것이 과연 필요할까? 부모의 불안은 아이에게 아무런 도움이 되지 않는다. 아이 때문에 불안한 부모들은 아이들에게 쏠리는 열정을 거두어들여 시선을 자신의 내면으로 돌렸으면 한다. 동화를 읽으며, 어린 시절에 미처 언어화하지 못하고 스쳤던 정서들을 반추하다 보면 어느덧 아이와 어른 사이의 경계를 넘나들게 될 것이다. 아이의 마음을 읽을 줄 아는 어른은 그 자체로 풍요로운 어른이지만 자연스럽게 보다 나은 양육자가 되어갈 확률이 매우 높다. 나는 그런 믿음으로 오늘도 책을 만든다.

어린이 책을 만난 지 25년이 되었다. 그동안 번역자, 평론가에서 편집자로 자리를 옮기면서 어려움이 많았지만 책으로 아이들을 키우고 부모들을 위로한다는 생각으로 버텨왔다. 세상에 아이를 키우는 일보다 더 중요한 일이 얼마나 되겠는가. 아이 하나를 키우는데 온 동네가 필요하다고 하지만, 그 동네에는 도서관이 꼭 필요하다는 게 내 생각이다. 이제 도서관도 많아지고 교과서에 독서와 관련된 단원이 생길 정도로 학교도 변했다. 교묘하게 발달하고 왜곡되는 경쟁의식만 아니라면 사회는 아이들이 책을 읽기에 한결 우호적인 환경으로 변하고 있다. 부족하나마 이 한 권의 책이 어린이 책을 읽지 않던 어른들이 어린이 책에 관심을 가지는 데에 도움이 되기를, 이미 어린이 책을 읽고 있는 어른들에게는 응원이 되기를 바란다.

2018년 10월, 가을이 지나가는 길목에서, 최윤정

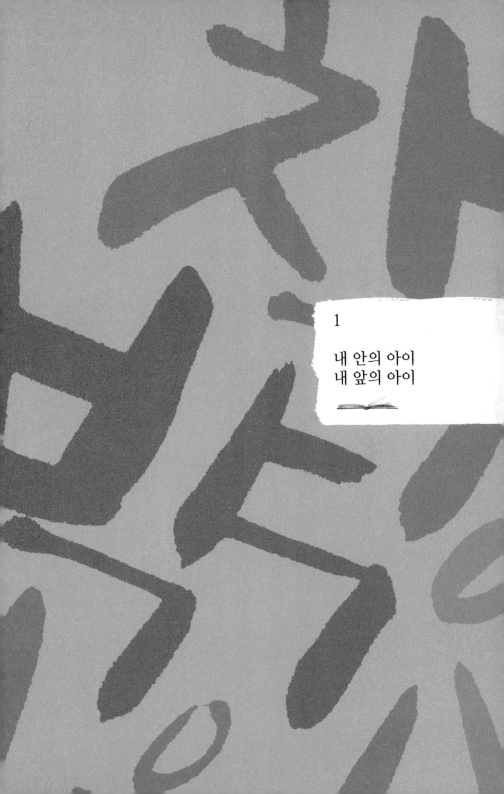

1

내 안의 아이
내 앞의 아이

우리에게

필요한

환상의 총량

『푸른 개』[1]는 1989년 프랑스 그리고 1998년 한국 그림책계의 신선한
충격이었다. 이야기의 내용은 비교적 평범한 『푸른 개』가 강렬한 인상을
남기는 것은 일반적인 어린이 그림책과는 다른 회화성이 짙은 그림 때문
이었다. 이 글은 『푸른 개』가 만들어내는 강렬한 감정들이 어디에서 오는
지, 독자에게 어떻게 다가가는지 분석하는 것을 목적으로 한다.

작품은 주인공인 여자아이 샤를로뜨와 푸른 개의 등장으로 시작된다.
샤를로뜨는 몸의 비례로 보아 대여섯 살 정도로 추정된다. 푸른색 개는
아이보다 몸이 크다. 초록빛을 띤 눈동자, 눈이 부실 것만 같은 푸른색
털을 가진 개는 어디에서 왔는지 알 수 없다. 샤를로뜨가 앉아있는 곳은
자기 집 문 앞이고, 그 문은 닫혀있다. 그 문 안에는 아마도 '엄마'가 있을
것이다. 샤를로뜨는 그러나 엄마가 무엇을 하고 있는지 알 수 없다. 영국
의 정신 분석가 도날드 위니컷Donald Winnicutt에 따르면 이 나이 아이
들이 혼자 있을 수 있는 것은 엄마를 자기 안에 넣어 가지고 다니기 때문
이라고 한다. 엄마를 자기 안에 넣어둔 아이는 외부 세계에 대한 두려움

---

1 나자 글·그림, 최윤정 옮김, 『푸른 개』, 파랑새어린이, 1998.

과 불안이 없는 느긋하고 편안한 마음으로 혼자 놀 수 있을 것이다. 대부분의 그림책에서 이런 장면에는 엄마의 존재가 암시된다. 문이 열려 있나거나, 배경 속에 엄마의 것으로 보이는 물건이나 신체의 일부분이 그려져 있다. 그 덕분에 그림 속의 아이도, 그림 밖의 독자도 안정감을 느낀다. 그러나 샤를로뜨의 경우는 그렇지 않다. 이 아이의 모습을 자세히 보자. 단순한 호기심을 넘어서는 것으로 보이는, 무언가에 집중하고 있는 듯한 두 눈. 얼굴만 따로 떼어서 자세히 들여다보면 이 눈이 무언가를 강하게 원하고 있다는 것을 알 수 있다. 푸른 개에게 빵을 나누어 주면서 말을 건네는 상황임에도 불구하고 가만히 다물고 있는 입과 살짝 기울인 얼굴은 어딘가 모르게 아이답지 않다. 한 손으로는 인형을 안고 있는데 그 자세는 아기를 안아서 재우는 모습을 연상시킨다. 인형은 안정과 평화의 느낌을 주는 초록색 옷을 입고 있다. 먹이고 재우는 것은 모성적 돌봄의 기본이자 아기에게는 그대로 낙원의 느낌을 주는 엄마의 행위이다. 푸른 개를 '불쌍해'하는 샤를로뜨의 태도는 여자아이들의 흔한 인형 놀이와는 좀 달라 보인다. 어딘가 아이답지 않은 느낌은 이 다름과 관계가 있어 보인다. 인간이 걱정 없이 혼자 있을 수 있는 것은 모성적 보살핌에 대한 결핍이 없는 상태에서 비로소 가능할 것이다. 문 닫힌 집 앞에서 혼자 노는 샤를로뜨는 그렇게 보이지 않는다. 불쌍하다는 말은 샤를로뜨가 푸른 개가 아니라 자기 자신에게 하는 말이 아닐까. 작가가 혹은 독자가 깊은 무의식 속에 억압해두었던 그 나이 때의 자기 자신에게 하는 말이 아닐까. 푸른 개는 그걸 아는 것이다. 푸른 개가 밤마다 찾아와서 샤를로뜨와 놀

책 밖의 어른 책 속의 아이

아주는 것은 그런 까닭일 것이다.

　'엄마'가 처음 등장하는 장면은 샤를로뜨에게 푸른 개랑 놀지 말라고 말하는 욕실 장면이다. 욕실에 엄마와 어린 딸이 함께 있는 이 그림에는, 하루를 끝내고 자러 갈 준비를 하는 모녀의 다정함이나 느슨함이 하나도 없다. 옷을 벗고 욕조에 앉아있는 맨몸의 샤를로뜨와는 달리, 검은 옷과 검은 구두까지 신은 채 욕조에 걸터앉은 엄마의 이미지는 검은 의자와 어울리면서 더욱 힘 있게 부각된다. 딸의 마음을 살펴주지 않는 이 엄마가 입고 있는 옷은 뒤에 나오는 다른 옷처럼 평범하지 않다. 여성성을 물씬 드러내는 맵시며, 온갖 색을 다 품은 듯한 매력적인 검정, 그리고 흐트러짐 없이 틀어 올린 머리의 엄마는 크고 강하고 완전해 보인다. 가진 것 하나 없이 세상에 나와 모든 것을 엄마에게 의존해야하는 아기처럼 맨몸으로 물속에 들어가 있는 샤를로뜨를 압도하고도 남는다. 여기서 샤를로뜨를 창조한 나자Nadja를 떠올리지 않을 수 없다. 출판사가 제공하는 작가 소개는 이렇게 시작된다. "레바논 의사인 아버지와 러시아 화가인 어머니 사이에서 태어났다. 이집트에서 나고, 레바논과 파리에서 자란 나자에게는 평범한 게 하나도 없었다. 학교에 다니지 않았으며 13살까지 통신 수업을 받고 어머니(올가 르카이으Olga Lecaye, 화가, 일러스트레이터)가 들려주고 보여주는 이야기와 그림으로 자랐다." 평범한 게 하나도 없는 건 그 후에도 마찬가지가 아니었을까 싶다. 그의 형제자매들은 화가, 작가, 음악가 등 모두 예술가이다. 명료하게 설명할 수 없는 예술 작품의 생성 과정을 짐작해볼 때, 그런 환경 속에서 자란 그녀가 '엄마'에게 압도되었던 것은 당연하지 않았을까? 어린 샤를로뜨 혹은 어린 나자에게 엄마는 모든 것이었을 수 있다. 닮고 싶고 되고 싶은, 훌륭하고 완벽한, '커다란 존재'였을 수 있다. 반대로 엄마는 딸에게 자신의 의지와 욕망을 투사했을 수도 있다. 욕조 속 샤를로뜨의 머리 모양이 그런 상상을 가능하게 한다. 어린 딸의 머리가 성숙한 여인인 엄마의 머리와 똑같은 모양으로 그려져 있다. 다른 장면들과는 다르고, 목욕하기에 어울리는 분위기도 아니다. 엄마의 뜻을 거스를 힘이 없는 아이의 얼굴에는 눈물이 비친다. 이 울음 역시 아이답지 않다. 보통 아이들은 많이 운다. 슬프게, 서럽게, 고집스럽게 또는 분노를 터뜨리거나 떼를 쓰면서. 그런 아이들의 울음에는 많은 말이 들어있다. 언어로 표현할 능력이 없는 자기 감정, 자기 주장을 울음으로 폭발시켜 버리며 엄마 혹은 아빠가 자기를 다 담아주기를 기대하는 것이다. 그러나 샤를로뜨의 울음은 다르다. 다소곳하게 숙인 고개는 체념을 내비친다. 내리깔고 있는 눈에 맺힌 딱 한 방울의 눈물은 아마도 이 아이에게 익숙했을 수많은 좌절과 양보와 희생과 포기를 짐작하게 한다.

유아에서 아동으로 넘어가는 시기의 이 아이에게는 물론 엄마로부터의 분리가 필요하다. 이어지는 그림들은 그 분리가 아이에게 얼마나 엄청난 드라마인지를 잘 보여준다. 딸을 위로하기 위해 엄마 아빠가 계획한 소풍 장면을 보면 커다란 화면 전체에서 샤를로뜨의 모습은 너무나도 미

책 밖의 어른 책 속의 아이

미한 자리를 차지한다. 부모도 아이도 그렇게 멀리, 떠나보내고, 떠난다. 샤를로뜨가 혼자 산딸기를 따는 일에 열중하고 있는 동안 화면은 노랑에서 초록 그리고 갈색에 이르기까지 다양한 색깔로 밝게 칠해져 있다. 같은 숲에서 엄마 아빠가 크게 그려진 바로 앞 장에서보다 훨씬 넓은 면적에 채색된 연두는 엄마 아빠의 눈길을 느끼는 아이의 불안 없는 심리를 나타내준다. 하나의 풍경을 그 앞 장의 그림과 다른 시점에서 표현한 것으로 보이는 이 그림 속에서 샤를로뜨는 엄마 아빠로부터 차츰 멀어져감을 인지하지 못한다. 바로 앞 장면에서 아버지의 시선이 멀어지는 딸의 모습에 가 있는 것에 주목하자. 그러나 이 다음 장면에서 딸기 바구니가 가득 차고 샤를로뜨가 길을 잃었음을 인식할 때는 이 연두와 초록의 숲이 무거운 갈색, 군데군데 얹힌 노랑과의 대비 때문에 더 어둡게 보이는 여러 가지 톤의 갈색으로 칠해져 있다. 앞에서 곧게 정돈되어 보이던 나무들이 여기서는 뒤틀리고 헝클어진 것처럼 보인다. 거친 붓 터치에서는 알 수 없는 공격성마저 느껴진다. 엄마도 아빠도 인형도 푸른 개도 없이 완전히 샤를로뜨 혼자인 이 장면은 전체적으로 색의 대비가 강렬한 다른 컷들과는 달리 유일하게 어두운 갈색 모노톤으로 칠해져 있다. 그만큼 아이의 심리적 현실은 공포로 가득 차 있다는 표현일 것이다. 두려움을 이겨내고 주어진 임무를 완수한 후에 안전한 집으로 돌아가는 것은 동화의 전형적인 줄거리이다. 통과 의례를 거쳐서 성숙해지는 모든 아이들의 이야기이다. 『푸른 개』도 그런 줄거리를 따르고 있지만 결정적인 차이는 역시 푸른 개에 있다. 푸른 개는 무엇일까?

이브 클라인Yves Klein의 모노크롬을 연상시키고 피카소의 청색 시대도 생각나게 하는, 그러나 바탕 혹은 주변 물체와의 색깔 대비를 통해서 더욱 강렬하게, 마치 빛을 발하는 듯이 보이는 커다란 푸른 개. 나자는 이 이야기를 어느 시골 마을에서 실제로 래브라도 레트리버 한 마리를 만나면서 구상했다고 한다. 그녀는 그 개에 대해서, 그리고 『푸른 개』에 대해서 이렇게 말한다. "래브라도 레트리버 한 마리…. 천사와도 같은 뭔가가 있었어요. 사람보다 훨씬 깊은 이해심을 타고났을 것 같고 무심한 듯 사랑을 주는…. 이 책의 이미지들 어느 것 하나도, 한순간도 약해지지 않고 전부가 다 강렬하기를 바랐어요…. " 길 잃은 샤를로뜨의 밤을 보호해주고, 숲의 유령인 검은 표범을 물리치고, 영원히 곁을 지켜주는 푸른 개는 프로이트Sigmund Freud의 말을 빌자면 '우리가 유년기 내내 빠져있던 환상의 총량'이 아닐까. 어린 시절에서 조금 덜 어린 시절로, 뿐만 아니라 어른이 되어서도 인생의 한 단계에서 다른 단계로 넘어가는 힘겨움 속에서 필요로 하는 좋은 감정의 총량이 아닐까. 무한한 공감과 지지가 필요한 인생의 어떤 지점에서 꿈꾸게 되는 수호신이 아닐까. 그렇게 생각될 만큼 작가는 푸른 개를 비현실적으로 그려놓았다. 어느 우울한 날 만난 래브라도 레트리버 한 마리에게서 느낀 모든 감정들을 환상적으로, 더 환상적으로 그릴 수 있었지만 일상적인 배경 속에 풀어놓은 것은, 현실 속에서라야 낯설고 이상한 것이 더욱 빛나기 때문이라는 작가의 말이 인상적이다.

　　　　　　　　　　　　책 밖의 어른 책 속의 아이

푸른 개와 대척점에 있는 검은 표범은 아마도 아이가 혹은 인간이 성장하면서 필연적으로 겪어야 할 모든 어둠과 위험과 아픔을 상징한다고 봐야할 것이다. 그 검은 표범을 공격하는 푸른 개의 용감한 모습, 잠든 샤를로뜨 곁을 언제까지라도 지켜줄 것만 같은 충직한 모습, 동굴 속에서 불을 피우고 샤를로뜨를 안심시키는 다정한 모습은 네 페이지에 걸쳐서 점점 강렬해지는 주황색 배경에 힘입어 독자에게 깊은 안도감을 느끼게 해준다. 모든 장면이 커다란 판형 두 페이지에 걸친 풀 컷으로 그려져 있는 이 그림들은 보통 그림책에서처럼 서사나 묘사 이상의 어떤 일을 하고 있다. 전시회의 작품들처럼 그림 자체가 우리를 어디론가 데리고 간다. 작가가 말한 '한 순간도 약해지지 않'는 강렬한 힘으로, 깊고 깊은 어떤 곳으로… 거기서 빠져나왔을 때 샤를로뜨는 다른 존재가 된다. 책 전체에서 유일하게 배경이 최소화되고 시원하게 클로즈업된 푸른 개를 타고 달리는 샤를로뜨는 비로소 '아이'의 얼굴, 달리 말하면 자유의 표정으로 그려져 있다. '날아가는 기분'을 느끼게 할 만큼 빨리 달리는 푸른 개의 얼굴에는 야성이 살아있다. 프랑스의 정신 분석가 나지오Juan-David Nasio는 '얼굴은 깊은 자아의 창'이라고 했는데 이 장면의 샤를로뜨와 푸른 개의 얼굴이 꼭 그렇다. 그리고 그 다음 장면의 샤를로뜨는 정반대의 얼굴이 되어 있다. 깊은 자아를 만난 이 아이는 그 전의 샤를로뜨가 아니다. 분리 불안을 극복하고 이제 엄마 아빠와 보다 건강한 의존 관계를 맺을 능력을 가지게 된 것이다. 돌아온 딸을 끌어안으며 엄마가 내뱉는 "내가 이런 개를 못 키우게 하다니!"라는 말이 그런 상상을 가능하게 하며, "이름을 뭐라고 할까?"라는 아빠의 대사가 딸의 다음 단계 성장을 안내하는 것으로 보인다. 소풍 장면에서 딸에게 다만 눈을 주던 아빠는 이 장면에서 보다 적극적이다. 소파 뒤에서 모녀 쪽으로 몸을 구부리면서 손은 엄마의 어깨 위에 얹고 딸에게는 '언어'를 통하여 다가간다. 딸이 이제 '이름'의 세계, 상상계를 떠나 언어와 문화 속에서 관계를 맺어나가는 능력을 갖추어야 함을 넌지시 가르친다.

장르를 불문하고 예술 작품은 자기 자신과의 진솔하고 깊이 있는 대화를 통해서만 성공적으로 탄생된다. 작품이 창조자뿐만 아니라 독자 혹은 관객에게도 기쁨과 더불어 성장을 가져다 줄 수 있는 것은 '깊은 자아'를 체험하게 해주기 때문일 것이다. 어른인 작가에게 어린이를 위한 작품이 어려운 것은 이 대화에 어린이라는 '타자'를 끼워 넣어야하기 때문이다. 위의 분석에서 보았듯이 『푸른 개』는 모두 어린이였던 우리 어른들 속 깊은 곳에 망각되어 있던 슬픔과 분노와 두려움과 그리움을 깨워낸다. 저 유명한 어린 왕자의 말처럼 어른들은 항상 설명을 해줘야 이해하지만 아이들은 다르다. 『푸른 개』의 선과 색이 불러일으키는 원초적인 감정들을 그대로 빨아들인다. 나자는 회화와 일러스트레이션 사이의 보이지 않는 경계선에서 아슬아슬한 줄타기에 성공한 것이다.

아이는

어떻게

어른이 되는가

　아이는 어떻게 어른이 되는 걸까. 5세 이전에 성격의 토대가 거의 다 형성된다는 심리학의 발견에 따르면, 정도의 차이가 있을 뿐 어른들은 모두 상처 없이 유년을 통과하지 못했고 적지 않은 사람들이 그 시절의 한 지점에 고착되어 고통 받고 있다. 만일 우리가 아이의 의식 세계를 이해할 수 있고 아이가 어른이 되어가는 과정의 심리적 현실을 낱낱이 들여다 볼 수 있다면 우리는 자신이 고착되어 있는 그 지점으로 돌아가 다시 자랄 수 있지 않을까? 심리학자들이 실험과 통계와 연구를 통해서 알아낸 것들을 예술가들은 직관으로 꿰뚫어 본다. 심리학과 정신 분석이 어른 속에 억압된 아이의 감정을 불러내어 치유한다면, 예술가들은 그 감정을 승화시켜 빛나는 성취를 이룬다. 존 버닝햄John Burningham은 그런 예술가 중 한 사람이다. 그의 작품은 어른 독자의 눈에는 종종 부조리하게 보인다. 아이-주인공이 느끼는 감정을 선과 색으로 거침없이 표현하는 반면, 이야기의 서술은 어른-작가의 이성을 따르고 있는 그의 작품에서 그림이 풀어놓고 있는 감정의 파노라마를 읽어내지 못하는 어른-독자들은 버닝햄의 작품을 종종 어렵다고 '판단'한다. 그러나 생각이 아니라 느낌의 세계 속에 살고 있는 아이들은 이 작가의 작품을 사랑한다. 이 글은 버닝햄의 『알도』[1]의 그림 분석을 통해서 성장의 드라마를 읽어내는 것을 목적으로 한다.

『알도』의 그림은 대략 세 가지로 나눌 수 있다. 알도가 없이 하얀 배경에 아이 혼자 있는 현실 장면, 알도와 아이가 현실 속에 함께 있는 장면, 아이와 알도 둘만이 존재하는 감정 가득한 무의식, 환상의 장면. 시작은 아이 혼자다. 얌전한 복장, 다소곳이 맞잡은 두 손, 다소 움츠러든, 목이 보이지 않는 커다란 머리, 점 두 개로 겨우 존재하는 눈 그리고 눈 옆에 옹기종기 모여 있는 코와 입. 해부학적으로 어린아이는 어른에 비해서 양미간이 넓어서 눈, 코, 입이 흩어져 있는 것처럼 보인다. 그런데 이 아이는 그 반대다. 이야기가 진행되면 하얀 바탕에는 조금 더 많은 그림이 보인다. 그리고 아이는 엄마와 함께 놀이터에도 가고, 외식도 한다면서 신난다고 말한다. 그러나 아이의 모습은 그 말과 일치하는 것처럼 보이지 않는다. 놀이터에서도 아이와 엄마의 시선은 반대 방향으로 엇갈리고 아이의 모습에는 감정 표현이 없다. 아이의 눈길은 늘 남들을 향하고 있다. 엄마와 함께 있어도 아이는 그들이 부럽다. 아이의 속마음이 드러나는 것은 그 다음 장면이다.

같은 아이, 다른 그림이다. 글과 그림이 어긋나지 않는 그림이다. 다

---

1 존 버닝햄 글·그림, 이주령 옮김, 『알도』, 시공주니어, 1996.

책 밖의 어른 책 속의 아이

시 혼자가 된 아이의 심정이 그림에 잘 나타나 있다. 혼자 있는 이 아이는 처음보다 훨씬 작고, 처음처럼 단정한 선으로 그려지지 않았다. 정확성을 요하는 펜 대신 마커 같은 재료의 굵은 선으로 아무렇게나 북북 그은 머리카락, 다소 흐트러진 선으로 울퉁불퉁 그려진 침대와 아이의 몸통은 속상하고 대책 없는 아이 마음을 표현한다. 그 바로 다음 장면, 다행이라고, 정말 다행이라고 말하는, 다시 단정해진 펜 선으로 그려진 아이와 또렷한 대조를 이루고 있다. 여전히 오밀조밀하게 모여 있는 가느다란 점과 선으로 표현된 눈, 코, 입은 수줍은 듯한 미소를 만들고 있다. 보일 듯 말듯 한 이 소심한 변화는 어른이 주인인 세상에서 살아가는 아이의 조심스러운 태도가 아닐까. "혼자서도 잘 해"야 하는 아이의 어깨에 얹힌 책임감의 무게가 아닐까. "울면 안 돼, 떼쓰거나 소리를 질러서도 안 되지. 문제 일으키지 말고 조용히 있어야 착한 아이란다." 이런 말을 머릿속에 담고 사는 아이의 마음 풍경이 아닐까. 다행히 아이에게는 아이들만 아는 세상이 있다.

아이들마다 애착을 보이는 물건이 있다. 아기 때 담요, 외출할 때 꼭 데리고 가야 하는 인형, 읽고 또 읽어서 책장이 나달나달해진 그림책 등등. 토끼 인형 알도도 그런 물건이다. 물론 이 아이에게 알도는 단순한 장난감이 아니다. 자기의 모든 욕구를 충족시켜주는 엄마의 세계(환상계)에서 약속과 규칙의 세계인 아버지의 세계(상징계)로 이행해야할 때 인간은 겨우 3살이고 결코 혼자 힘으로 세상과 마주할 수 없어 부모에게 절대

의존한다. 알도는, 생존 전략으로 순종을 택할 수밖에 없는 아이가 자기 안으로 꾹꾹 눌러 넣은 파란만장한 욕동들을 고스란히 담아주는 존재다. 프로이트가 그다지 주목하지 않았던 오이디푸스기 이전 시기, 어머니의 영향이 절대적인 이 시기를 주목했던 정신 분석가 멜라니 클라인Melanie Klein이 영아기 아기들의 인식 구조를 연구한 덕택에 오늘날 우리는 분열이라는 방어 기제를 알고 있다. 이 시기 아기들은(이 시기에 고착된 어른들도!) 자신과 엄마가 한 몸이 아니라는 사실을 아직 인식하지 못한다. 아기는 3살이 되어야 비로소 외부 대상을 오로지 좋은 것과 오로지 나쁜 것 두 가지로만 분열시켜서 받아들이던 의식 구조에서 좋은 것일까, 나쁜 것일까 망설이고 생각하는 능력, 망설이는 불안을 견디는 힘이 생긴다. 바로 이 시기에 아이들은 엄마에게서 분리, 독립을 시작한다. 세상 모든 것이던 엄마에게서 분리된다는 것은 어떤 아이에게도 충격일 수밖에 없다. 알도는 그 충격을 완화시켜주는 중간 대상이다.

색깔 없는 세상, 하얀 배경에 소심하게 존재하던 아이는 알도를 만나 색깔 가득한, 즉 감정을 마음껏 분출할 수 있는 세상으로 건너간다. 알도와 함께 하는 세상은 더 이상 아이에게 하얗게 비어있는 감정을 느끼게 하지 않는다. 노랑의 세계 속에서 아이의 얼굴은 빛이 난다. 빠르고 느린 다양한 종류의 터치가 시원하게 깔린 한 폭의 추상화와도 같은 색채 위에서, 본능을 억제하지 않아도 좋은 환상의 세계에서, 아이는 알도의 손에 이끌려 마음껏 피어난다. 그러나 아이는 환상계를 떠나 상징계에 진입할 나이임을 알고 있다. 불안이 몰려온다. 검은 색과 붉은 색의 강렬한 어둠을 배경으로 외줄을 탄다. 역시 촛불을 밝혀주고 손을 내밀어 주는 것은 알도다. 알도가 있어서 검붉은 불안이 요동치는 어둠의 세계에서도 아이는 길을 잃지 않을 수 있다. 환상계를 떠나와야 하는 나이에 도달한 이 아이는 알도를 자기만의 비밀로 간직할 줄 안다. 다시 말해서, 주관적 환상과 객관적 현실을 구별할 줄 안다. 비밀의 카오스 속에서 한바탕 놀다 온 아이는 현실의 공포에 압도당하지 않는다. 알도가 있으니까. 알도가 자기와 한 배를 타고 있다는 것을 믿고 있는 아이는 보다 힘찬 파랑의 세상으로 나아갈 수 있다. 작품 전체를 통틀어서 가장 강렬하고 유일하게 푸른빛인 이 그림은, 차갑고 깊고 멀고 커다랗고 영원한 바다와 하늘의 세상이며, 두 페이지에 걸쳐 거칠게 지나간 붓 터치들이 만들어내는 인생에 대한 상징과 은유이다. 그 속에서 알도가 저어주는 조각배에 실려 아이는 거대한 세상을 향해 나아간다. 불안 없이.

우리가 감지하기 어려운 우리 아이들의 내면, 그리고 우리가 망각한 우리 안의 아이 마음에는 이처럼 미묘하고도 거친 감정의 드라마가 숨어 있다. 아슬아슬하게 그 드라마를 버텨내면서 인간은 아이 시대를 떠나온다. 어머니와 삶이 융합된 유아적 환상의 세계를 떠나면서 어른이 되어간다. 그 세계를 떠나오기 전에 아이는 엄마와의 공생적 관계를 충분하게 향유해야 한다. 엄마 품을 충분히 누린 아이만이 엄마 없이 혼자 있는 상태를 견뎌낼 수 있기 때문이다. 이러한 분리 과정은 결코 간단하지 않다. 기존의 세계가 '죽어야' 새로운 세계가 보인다. 한 시기에서 다른 시기로 넘어가기 위해서는, 즉 성장하기 위해서는 죽음을 겪는 것만큼 아프고, 슬프고, 외롭고, 두려운 마음들을 버텨내야한다. 이 어려운 일을 조금 쉽게 만들어 주는 대상을 위니컷은 '중간 대상'이라고 불렀다. 그는 환상계와 상징계 사이에 '중간 단계'가 있다고 보았다. 중간 단계는 유아기 말기의 아이들의 세계이며 그 시기의 마음으로 사는 어른들인 예술가들의 세계이다. 제도 교육을 거부하고 군대마저도 거부하고 어린아이의 영혼을 간직한 채 그림책 창작으로 존재 확인을 하는 작가인 존 버닝햄은 바로 이 중간 단계에 사는 어른이다. 『알도』는, 어른이면서 어른이 아닌 버닝햄이 중간 단계에서 외로움이라는 감정을 처리하는 법을 배우고 생장점을 찾으면서 두리번거리는 아이들에게 전하는 아름다운 격려이다. 저마다 성장하느라 잘 떠나보내지 못하고 눌러둔 아이 시대의 감정을 차분히 음미하지 못한 채 어른이 되어버린 우리들에게 건네는 심심한 위로의 선물이다.

❝

청소년 문학과

성,

금기와 경계

'19금'의 기준

우리나라 청소년 소설이 청소년들의 공감대를 널리 얻게 된 것은 이경혜의 『어느 날 내가 죽었습니다』[1]부터라고 볼 수 있다. 바람의아이들이 그 소설을 처음 발간하던 때를 기억한다. 청소년들의 마음을 담아주는 작품이 별로 없던 시절이었고, 죽음, 그것도 좋아하는 여자아이에게 잘 보이고 싶어서 오토바이를 타던 소년의 사고사가 나오는 터라 조심스러웠다. 출간 전 모니터링을 거쳤는데 아이들에게 우호적이고 사고가 비교적 열려있을 것이라고 짐작되었던 전교조 성향의 교사들에게까지 별로 좋은 평가를 받지 못했다. 재미는 있네요, 아이가 썼나요? 라는 반응에는 분명 조롱이 들어 있었지만 다행히도 작가와 편집자는 이런 반응에 기뻐할 줄 아는 공감대를 가졌다. 그 후, 14년이 지났고, 우리 청소년 소설에 금기는 없지 않을까 싶을 정도로 많은 소재들이 다루어졌다. 그러나 여전히 조심스러운 것은 '성'의 문제다. 청소년 소설이 아니라도, '19금'이라는 딱

---

1 이경혜 글. 『어느 날 내가 죽었습니다』, 바람의아이들, 2004.

지는 성적인 내용을 기준으로 만들어진다. 성은 청소년 문학에서 다루지 말아야 할까, 혹은 다루기 어려운 주제일까? 문학이 아닌 현실은 이와 반대이다. 아이들은 대체로 청소년기에 사랑을 시작한다. 사랑을 시작하지 않는 아이들도 불편해하거나, 궁금해하는 등 적어도 성과 사랑에 관심을 가진다. 그렇다면 '성'이야말로 청소년 소설의 가장 '핫'한 주제가 아닐까?

성과 사랑, 한 뿌리에서 피어나는 꽃

우리나라에서는 아직 청소년들의 사랑을 주제로 다룬 소설이 많지 않다. 그러나 서구에는 꽤 있다. 프랑스 소설 번역 기획에 한창이던 때에 그 나라 작가들은 아이들의 사랑을 어떻게 그리고 있는가 궁금해서 꽤 찾아 읽었다. 필자가 기억하는 한, 그런 소설들에는 거의 공식이 있다. 아이들이 만나고 사랑을 느끼고 서로에게 빠져들고 성관계를 가지게 되고 임신을 하거나 이별을 하는 서사가 이어지는 동안 이미 어른이 된 주변 인물들의 사랑이 배경처럼, 그러나 매우 현실적으로 그려진다. 다양한 어른 커플들이 살아가는 모습 속에서 성과 사랑은 자연스럽게 한줄기에서 피어나는 꽃으로 이해된다.

우리나라에도 소개된 바 있는 벌리 도허티의 『이름 없는 너에게』[2]도 그런 소설 중의 하나이다. 주인공 여자아이는 임신을 하고, 그 아이의 엄

---

2 벌리 도허티 글, 장영희 옮김, 『이름 없는 너에게』, 창비, 2004.

　　　　　책 밖의 어른 책 속의 아이

마는 기어코 딸을 수술대 위에 눕힌다. 거기서나 여기서나 미성년자들이 아이를 낳는 것을 막아야 한다는 것은 기성세대들의 지배적인 생각인 것이다. 그러나 우리의 주인공은 수술대를 박차고 나온다. 모텔이나 화장실에서 아이를 낳아 유기하는 여고생들의 기사를 가슴 아프게 읽을 수밖에 없었던 한국인 독자인 나는 이 부분에 주의를 기울였다. 미혼모의 아기들을 수출하는 부끄러운 나라의 국민인지라 걱정스러웠다. 어쩌라는 걸까, 무엇이 답일까. 이런 일에 겁에 질리는 것은 모든 아이들이 마찬가지지만 자의식이 강하고 주체적인 삶을 영위하도록 교육받는 서양 아이들은 역시 달랐다. 그렇게 가르치는 어른들 또한 달랐다. 아이를 낳고 동시에 대학 진학도 준비하는 헬렌은 엄청나게 힘든 현실 속에서 갖가지 어려움을 겪으며 남자아이와는 다르게 성장한다. 아직은 아무도 아닌(nobody) 뱃속의 아기에게 말을 걸면서, 두려움과 혼돈과 슬픔이 버무려진 사랑을 느끼면서 헬렌은 남자아이들은 물론 다른 여자아이들과도 다른 특별한 성장을 한다. 헬렌은 자신이 아기 아빠인 크리스와 영원히 함께할 준비가 되어있지 않다는 것을 깨닫고 그와 헤어진다. 간단하게 요약했지만 이 소설은 영국식으로 느리고 진지하게 진행되는, 깊은 맛이 느껴지는 작품이다. 여기서 필자가 주목한 것은 작가를 비롯한 어른들의 교육적 배려이다. 미혼모가 되는 일을 막으려고 하기도 하지만, 사랑한다고 다 결혼하는 것이 아니며, 결혼했다고 상대방에게 끝까지 충실한 것이 아닐 수도 있으며, 결혼하지 않고 상대방을 존중하면서 동반자로서 살아가는 관계도 있다는 등등 사랑의 여러 가지 빛깔을 보여주려 노력하기도 한다.

이런 주제를 다룬 서양 청소년 소설들은 대부분 비슷한 서사 구조를 가지고 있는데 그들의 교육적 배려란, 사랑은 불장난이 아니라거나, 준비되지 않은 성관계는 위험하다거나, 임신이 청소년에게 얼마나 엄청난 문제인지 경각심을 불러일으키는 것이 아니다. 성과 사랑과 임신의 이야기를 통해서, 한때 우리 누구나 태아였던 점을 일깨우며 우리가 잊고 사는 생명에 대한 경외감을 불러일으키고, 처음에, 특히 어렸을 때 순수했던 혹은 장난스러웠던 눈 먼 사랑은 살아가면서 당연히 변하는 것이며, 그게 현실이라는 걸 받아들이도록 돕는다. 그리고 괜찮다고 말한다. 또 다른 사랑은 언제든지 시작될 수 있으며 진심으로 사랑한다면 상대가 미혼모여도 이해할 수 있다고 말한다. 실제로 유럽의 많은 청소년 소설은 미혼모가 된 여자아이가 자기 삶을 개척하면서 다른 사랑을 만나는 게 암시되면서 끝난다. 물론 그들에게도 현실이 그렇게 낭만적이지는 않다. 그래도 원칙은 그렇다. 한국인 독자로서 이런 류의 유럽의 청소년 소설들을 읽으면서 인상적으로 느낀 것은 그들이 최근 10년간 자극적인 내용의 작품을 쏟아내는 우리보다 훨씬 조심스럽고 동시에 보수적이라는, 다시 말해서 성과 사랑에 관한 아이들 교육에서 원칙을 지키며 급격한 변화를 추구하지 않는다는 점이다. 어쩌면, 성적인 억압이 많은 우리와는 달리 현실이 성적으로 분방하기 때문인지도 모르겠다. 그러나 청소년들에게는 꽤

책 밖의 어른 책 속의 아이

락이 아니라 책임에 대해서, 사랑의 본질에 대해서 말하는 자세를 유지한다. 거짓말을 하고 있는 것이 아니다. 사랑이라는 인간사의 본래 모습, 오염되거나 망가지지 않은 순수한 상태의 그 감정, 그리고 그것을 가꾸고 지켜나가는 일의 어려움과 중요함에 대해서 말하는 것이다. 그런 만큼 진지하고 사색적이다. 그래야 하지 않겠는가!

어른은 어른이고 아이는 아이다

그들과는 다른 교육 제도, 입시, 학교라는 울타리 속에 만연한 억압과 그 반대급부로 생겨나는 폭력과 일탈 등을 떠올리면 과연 우리 청소년들의 삶 속에 문학이 스며들 자리가 있을까 싶기도 하다. 우리 아이들에게 특히 더 청소년 문학이 필요한 이유는, 자신들에게 아무 것도 묻지 않고 그저 미리 정해진 답만을 암기하도록 훈련시키는 교육 방식 때문에 차마 주체적으로 살아가지 못하는, 어른과 아이의 경계에 어정쩡하게 존재하는 우리 아이들. 그 아이들이 언뜻언뜻 경험하지만 망각해버리는 온갖 감정의 찌꺼기들을 소화하여 자기 나름의 사유로 통합할 기회를 마련해 주기 위해서이다. 자신과 동시대를 살아가는 또래 아이들의 삶 속에서 생겨나는 사건들을 따라가며, 자신도 느낀 적이 있으나 깊이 생각해보지 못하고 밀쳐 두었던 감정들을 소환하여 조용히 반추하고 사색하며 조금씩 자라는 일을 도와주는 것이 청소년 문학이 하는 일이다. 빠른 시간에 성장한 우리나라 청소년 소설을 보면서 필자의 눈에 가장 들어오는 것은 어른다운 어른 인물들을 발견하기 어렵다는 점이다. 현실에서도 소설 속에서도, 십여 년 만에 우리 어른들은 갑자기 쿨해졌고, 아이들을 이해하다 못해 아이처럼 되어 버려, 아이들은 철없는 어른들을 견뎌내느라 더 힘이 든다는 점이다. 서구의 청소년 소설에는 해야 할 것과 하지 말아야할 것을 구별해 주는 좋은 어른이 적어도 한 사람은 항상 등장하고, 자기 감정을 히스테리컬하게 쏟아내는 어른이 등장하는 일은 극히 드물다. 그래서 보수적으로(기존의 가치를 지키려 노력한다는 측면에서) 보이기도 한다. 그만큼 교육적 배려가 굳건하다. 어쨌거나 어른은 어른이고 아이는 아이다. 현실에서 어른다운 어른을 만날 수 없다면 소설 속에서라도 아이들에게 어른다운 어른을 선물해 주는 것이 필요하지 않겠는가.

성교육, 상호 존중

성에 대해서도 그렇다. 우리는 아직 아이들에게 성에 대해서 이야기할 준비가 되어있지 않은 것 같다. 성교육을 받은 적이 없고 성에 대해서 제대로 사고해본 적이 없는 어른들이 부모, 교사, 작가가 되어서 아이들을 가르친다. 인터넷 덕분에 너무 빨리, 그리고 많이 세상에 떠도는 소문에 의하면 성은 사랑보다는 금지와 일탈과 폭력과 연결되어 있는 무엇처럼 보인다. 최근에야 미투 운동이 시작되는 것을 지켜보면서, 이것은 혁명이고 반드시 성공해야만 한다는 조마조마한 마음으로 성추행, 성폭력, 성희롱이라는, 성과 관계된 나쁜 낱말들이 연일 보도되는 것을 보는 마음

책 밖의 어른 책 속의 아이

이 착잡하다. 성교육은 어려운 문제다. 생식기에 관한 사실적인 정보를 전달하는 것이 현재 성교육의 주 내용인 모양인데 그렇게 할 수밖에 없을까 싶다. 성은 남자와 여자가 관계하는 방식의 하나인 만큼 상호 존중에 뿌리를 두어야 한다는 것을 가장 먼저 가르쳐야 하지 않을까?

미투 운동을 지켜보면서 역시 가르쳐야 할 것은 성적 자기 결정권을 포함하여 여성과 남성이 인간으로서 서로를 존중해야 한다는 기본적인 윤리라는 확신이 든다. 정치권, 종교계, 학교 내, 그리고 친인척 사이에서 오랫동안 있어왔던 성과 관련된 폭력적인 일들이 하나하나 드러나는 것을 보면서 어쩌면 이 일은 근절되지 않을 것 같다는 암울한 생각이 든다. 동시에 이런 일은 인간이 성 정체성을 알아갈 무렵부터 정신 신체적으로 제대로 교육되지 않으면 안 된다는 생각이 든다. 가해자를 법으로 판단하고 처벌하는 일만으로는 피해자가 입은 상처를 치유하지 못한다. 다른 범죄와 달리 성범죄는 피해자 자신이 아니면 제3자는 물론, 가해자 자신도 자기 죄를 인지하기 어려운 경우도 있어서 피해자가 고소를 해도 2차, 3차 가해가 발생할 확률이 높고 그래서 피해를 가슴에 묻어버리는 일이 많으니 비슷한 범죄가 끊이지를 않는다. 오로지 피해자 개인만이 알 수 있고, 평생 동안 싸워 나가야할 고통을 줄이기 위해서 우리가 할 수 있는 일은 정말 없을까? 세상의 모든 책임은 결코 아이들에게 있지 않다. 한때 아이였던 어른들이 책임과 권리를 배워 나가던 시절에 성희롱, 성추행, 성폭행, 성적 자기 결정권 같은 것들을 배웠다면 그래서 성범죄에 대한 무감각에서 벗어날 수 있었다면 사정은 다르지 않았을까? 세상이 아무리 원칙대로 돌아가지 않고, 이런 생각이 순진한 발상이라고 해도 우리 어른들은 아이들에게 원칙이 살아있는 사회, 최선을 다하는 인간에 대한 존경을 가르칠 필요가 있다. 청소년 문학이 어느 정도는 그 일을 할 수 있다는 생각으로 출간된 소설이 두 권 있다. 성폭력 피해자가 주인공인 『그냥 들어봐』와 『얼음붕대 스타킹』[3]이 그것들이다.

진실을 말하는 용기

『얼음붕대 스타킹』의 선혜는 학교 부근의 공터에서 성폭행을 당할 뻔한다. 뺨을 때리며 온몸을 밀착해오는 낯선 남자로부터 가까스로 빠져나오지만 몸과 마음의 충격에서 벗어나오지 못해 여름에도 검은 스타킹을 신고 다니면서 추위를 느낀다. 설상가상으로 선혜가 느낀 굴욕과 폭력은 학교에서 심심풀이 이야깃거리로 퍼져 나가고 명문외고에 다니는 딸의 미래에 모든 것을 걸고 있는 선혜의 엄마는 "니는 아무 일 없었던 기다. 알긋나"라면서 딸의 침묵을 강요한다. 다행히 멍든 얼굴을 화장해주는 현이 언니와 선혜의 이야기를 다 듣고 힘들었겠다고 말해주는 소꿉동무 창식이가 있어서 선혜는 마음의 안정을 찾아가게 된다. 사건의 전말이나 이야기의 흐름은 무척 다르지만 『그냥 들어봐』의 애너벨이 성폭행 사건에서 살아남는 과정도 비슷하다. 학교 파티에서 단짝 친구의 남자친구로부터

---

3   사라 데센 글, 박수현 옮김, 『그냥 들어봐』, 바람의아이들, 2010.
     김하은 글, 『얼음붕대 스타킹』, 바람의아이들, 2014.

성폭행을 당할 뻔한 사건 이후, 애너벨은 친구도 잃고 학교에서 '창녀'라는 오해와 비난을 받으면서 홀로 지낸다. 애너벨이 부당한 왕따 생활에서 벗어나게 되는 것은 외톨이 생활을 즐기지만 늘 진실을 말하고 정직하게 발언하는 오언을 만나면서부터다. 진심을 말하는 일에 필요한 용기를 키워 나가면서 애너벨은 그동안 자신을 괴롭혔던 목소리는 가해자 윌의 목소리가 아니라 바로 자신의 목소리였음을 깨닫고 오언과 가족에게 사실을 털어놓고 가해자 윌을 지목하면서 법정으로 나아간다.

창식이 선혜에게, 그리고 오언이 애너벨에게 해준 것은 피해자인 친구의 이야기를 마음 깊이 들어주고, 그 친구가 정말 힘들다는 것을 제 몸으로 직접 느낀 것이다. 창식이는 "너, 정말 힘들었겠다" 이렇게 말했고, 오언은 "애너벨 미안해" 이렇게 말했다. 오언이나 창식이가 아닌 두 소설 속 어떤 인물도 애너벨이나 선혜에게 그렇게 말하지 않았다. 선혜나 애너벨이 자신의 고통을 이야기할 수 없었기 때문이다. 왜 가해자가 아닌 피해자가 이렇게 힘들어 해야 하는가! 그 부당함은 가해자가 유죄 선고를 받는 것만으로 쉽사리 없어지지가 않는다. 재판이 있는 날 오언이 윌을 주먹으로 때리는 것은 그 때문이다. 때리고 나서 엄마에게 자신의 폭력 행사에 대해서 스스로 털어놓고 벌을 받는 인물을 그려놓은 작가에게 나는 박수를 보내고 싶었다. 어떠한 경우에도 폭력은 정당화될 수 없지만 오언의 폭력은 애너벨이 입은 상처와 피해를 그리고 오언 자신의 공감을 그 어떤 말보다도 더 잘 설명해준다. 그리고 독자의 공감을 얻어낸다.

책임은 어른들에게 있다

어쩌면 지금쯤은 많은 작가들이 미투 운동을 지켜보면서 청소년 소설을 집필 중인지도 모르겠다. 그러나 『그냥 들어봐』가 출간된 해는 2010년이었고, 당시만 해도 청소년 소설에 '성폭력'은 금기였다. 내게 이 책을 소개한 에이전트는 아무래도 우리나라에서는 바람의아이들이라야 이 책을 출간할 수 있지 않을까 한다고 했다. 슬픈 일이었다. 정치권과 문화계에서 시작된 미투 운동이 학교로 번지고 있다. 스쿨 미투 사이트에는 수많은 사례들이 올라오고 있다. 어느 지역의 학교에서는 교직원 십여 명이 성범죄로 한꺼번에 직위 해제된 일도 발생했다. 말할 수 없던 일들이 말해지고 징계와 처벌이 이루어지는 일은 다행이지만, 얼마나 더 많이 말해져야 성범죄에 대한 사람들의 인식이 달라지고 남성과 여성이 좀 더 존중하고 성숙한 관계를 맺을 수 있는 사회로 나아갈 수 있을지 매우 걱정스럽다. 아무리 생각해도 아직 성과 연관된 상처와 고통을 모르는 아이들에게 선혜나 애너벨의 고통을 공감하도록 해주는 일이 필요하다고 생각된다. 인생에는 완벽한 회복이 불가능한 고통들이 존재한다. 성범죄의 피해가 그 중 하나이다. 아이들이 피해자가 되면 안 되지만 아이들은 가해자가 되어서도 안 된다. 그 책임은 어른들에게 있다. 작가이며, 교사이며, 부모인 우리들에게 있다.

성장의 체험과

독자의 권리

어린이 책 독자의 권리에 대해서 말하는 일은 다소 복잡하다. 작가도 출판사도 어린이를 위해서 책을 쓰고 만들지만 그것을 구매하는 것은 어른이기 때문이다. 일찍이 다니엘 페낙은 명저 『소설처럼』[1]에서 읽고 싶은 책을 읽을 권리에서부터 읽고 싶은 부분만 골라서 읽을 권리, 읽고 나서 아무 말도 하지 않을 권리 그리고 아예 책을 읽지 않을 권리에 이르기까지, 오늘 우리가 고민하는 독서 교육의 문제를 다 알고 있다는 듯이 속 시원하게 우리 어린 독자들의 권리를 대변해준 바 있다. 필자가 처음 그 책을 발견하고 국내에 번역 기획할 당시 우리나라에서는, 뜻을 가진 일부 어른들이 어떤 책이 좋은 책인지 가려내고 소개하는 작업의 열기가 뜨거웠고 그 뜨거움만큼 잡음도 끊이지 않았기에 다니엘 페낙의 파격적인 제안을 우리나라 독자들이 어떻게 받아들일까 궁금하고 조심스러웠다. 그런 우려와는 달리 그 책은 출간되자마자 알아보는 사람들이 적지 않았고 십여 년이 지난 지금도 꾸준히 읽히고 있다. 그럼에도 불구하고 그가 외친 '독자의 권리'는 여전히 요원한 소망처럼 보인다.

어린이 책은, 교육과 연계해서 보지 않을 수 없다. 청소년 책도 마찬가지

---

1 다니엘 페낙 글, 이정임 옮김, 『소설처럼』, 문학과지성사, 2004.

다. 어린이·청소년 책의 본질적인 특성이 이러하니, 교육이 제대로 이루어지지 않고 있는 우리 학교 현실은 출판에 고스란히 영향을 미칠 수밖에 없다. 어린이와 청소년에게 가장 중요한 것은 '성장'이지만 현재 우리나라 교육은 성장을 오히려 방해하거나 지연시키는 방향으로 행해지고 있다. 얼마 전 EBS에서 세계의 교육을 취재한 프로그램이 있었는데 프랑스의 교육 전문가가 자국의 입시 제도인 바칼로레아에 대해서, 아이들이 교육 과정 내에서 읽은 것을 바탕으로 글을 쓰면서 자신의 생각을 발달시켜 나가는 것, 즉 성장이 이 시험의 목적이라고 말했다. 당연하지 않은가. 학교에 다니면서 해내야 하는 그 많은 공부들을 통해서 아이들이 성장하지 않는다면 도대체 왜 우리는 그 고통, 때로는 죽음으로 몰아가는 그 고통을 아이들에게 강요한단 말인가. 과연 누구에게 그럴 권리가 있다는 말인가. 시험이 아이들을 가려내기 위한 수단이자 고도의 기술이 되는 것은 시험 제도를 만들어내고 당락을 가려내는 작업을 맡고 있는 어른들의 일이다. 그들의 기준은 그들이 만들어 놓은 세상(참으로 문제도 많은!)에 무리 없이 편입할 수 있는 사회인의 자질이다. 어른이 없는 사회와 가정에서, 아이들의 성장은 관심사가 아니다. 그 결과 아이들은 성장하지 않는다. 요즘 아이들은 사춘기를 대학생이나 되어야 맞이하는 것 같다. 입시의 지옥에서 벗어나야만 방황이라는 것을 시작할지 말지 갈등이라도 해볼 수 있기 때문이다. 청년 실업이 날로 심각해지고 있는 현실인지라 대학생들 역시 방황을 짧게 맛보고 빨리 끝낸다. 학점과 스펙에 밀려서

책 밖의 어른 책 속의 아이

대학생이 되어도 여전히 '독자의 권리'를 보장 받지 못한 채, 고액의 교재비를 지불하면서 수업에 도움이 되는 책들을 울며 겨자 먹기 식으로 사들일 뿐이다. 이 아이들이 과연 어른이 될 수 있을까?

방황과 아픔과 상처 없이 인간은 성숙할 수 없다. 인간은 아픈 만큼 자란다. 청소년 소설 『프루스트 클럽』[2]에서 작가 김혜진은 이렇게 말했다. "어쩔 수 없는 상처를 받았다면, 말끔히 지워질 것 같지 않다면, 그걸로 아름다운 흉터를 만들도록 해." 그런 것이다. 성장은. 자기 흉터를 사랑할 수 있는 힘을 키우지 못하고 자존감을 가질 수 있을 리 없건만 오늘날의 부모들은 자기 자식을 최소한의 상처도 없이 키우려고 전전긍긍한다. 그런 부모의 마음을 고스란히 반영하는 것이 어린이와 관련된 모든 마케팅이다. 책도 예외가 아니다. 지난날 어린이도서연구회가 나쁜 책들로부터 아이들을 보호하고 좋은 책들을 육성시키기 위해 노력을 기울였다면, 정보의 홍수 시대에 살고 있는 오늘날의 부모들은 보다 좋은 책을 보다 더 많이 자기 아이에게 읽히기 위해서 몸살을 앓고 있다. 필자가 번역 기획을 하면서 해외 출판사들과 교류하던 시절, 전집과 방문 판매는 우리나라 출판 시장의 독특한 형태이며 고질적인 문제라는 것을 알게 되었다. 한동안 그런 인식이 널리 퍼지면서 단행본이 보다 더 주목 받는 듯 했지만 전집들은 새롭게 태어나고 그 판매 방식 역시 날이 갈수록 진화하고 있다. 과거와는 달리, 좋은 책들도 적지 않다. 그러나 전집이란 역시 마

---

2 김혜진 글, 『프루스트 클럽』, 바람의아이들, 2005.

케팅을 위한 형식이고 빨리 만들어서 많이 팔아야하는 특성을 지닌 만큼 독자-아이보다는 소비자-부모를 타깃으로 공략한다. 비교와 경쟁 속에서 불안하게 버티고 있는 대한민국 부모들의 마음을 흔들기가 비교적 쉽다. 홈쇼핑에서 쇼호스트의 상세한 안내를 구경하다 보면 애초에 살 생각을 해본 적이 없던 물건이 꼭 필요한 것처럼 느껴지고 할인율이 크니 절약하는 기회라고 생각되곤 한다. 어린이 책도 그렇게 팔리고 있다. 이제는 임신 몇 개월이면 수십만 원짜리 그림책 전집을 들여놓는 일이 트렌드가 된 모양이다.

전집물과 권장 도서 목록은 마케팅과 밀접한 연관이 있는 만큼 종종 '전쟁'이 된다. 도서정가제를 피하기 위해서 대형 출판사들은 교묘한 방법으로 기존의 단행본들을 세트로 묶어서 판매하는 방식을 개발하고 있다. 어떤 정책을 어떻게 시행해도 그것을 피해서, 불안한 부모-소비자들을 유혹하는 일이 가능한 것이다. 도대체 이 악순환의 고리에서 어떻게 벗어날 수 있는지, 궁금해서 프랑스의 도서관 사서에게 질문을 던져본 적이 있다. 당신들의 도서 구입 기준은 무엇이냐고. 대답은 의외로 단순했다. 문화부에서 발행하는 권장 도서 목록이 있다면서 복잡한 내 마음을 알 수 없다는 표정을 했다. 이번에는 출판사 관계자에게 물었다. 문화부의 권장 도서 목록이 출판사들에게 문제를 일으키지는 않느냐고. 그 역시 무슨 소리냐는 듯이 말했다. 자기들이 만든 책이 몇 권이나 그 목록에 선정이 되었는지가 관심사이기는 하지만 오히려 너무 편하고 좋다는 것이다. 알고 보니 도서 선정을 하는 상설 기구가 있고, 그 기구의 인원은 백여 명쯤 되며 그 사람들은 일 년 내내 출간되는 책을 읽고 추천하는 일만 하기 때문에 공신력이 있다고 했다. 경쟁과 비리, 홍보와 광고에 대한 제 살 깎기 식의 투자 같은 것들을 상상을 했던 나는 이렇게나 단순하고 상식적이며 이상적인 제도에 말을 잊었다. 다니엘 페낙이 학생들을 가르치면서(그는 교사이기도 하다), 책을 읽히고 좋은 책을 가려내어 상을 주는 행사를 매년 치르고 있다는 걸 알고 그보다 좋은 독서 교육이 있을까 부러워하던 때와 비슷한 감정이었다. 아이들이 책을 읽고 토론해서 수상작을 선정하고 시상을 하는 행사는 프랑스 전역에 널리 퍼져있다. 그래서 그들의 어린이 청소년 문학상은 수십 개에 달하고 경우에 따라서는 한 권의 동화나 청소년 소설이 십수 개의 상을 받는 일도 일어난다. 바칼로레아가 아이들이 독서 경험을 자신의 사고로 통합해서 글로 적어내는 성장의 의식인 것처럼, 아이들이 제정하는 문학상도 읽고 말하고 남들과 의견을 조율하는 과정을 통해서 아이들이 자라는 경험인 것이다.

이제 우리나라에서도 이런 상이 만들어졌다. 청문상. 중학교 아이들이 청소년 소설을 읽고 토론해서 가려낸 수상작의 저자를 초대해서 강연과 북 콘서트를 함께 하는 시상식을 하고 있다. 아직은 극소수이지만 이런 상은 풀뿌리처럼 퍼져서 전국으로 번져 나가야 한다. 상의 의미는 무엇보다도 명예와 공신력이다. 청문상은 마케팅 전략의 일환임이 점점 분명해져가고 있는, 출판사들이 제정한 문학상이나 문단의 권력이 복잡하게 얽힌 문학상들과 근본적으로 다르다. 우리나라에도 널리 알려진 프랑스의 '엥코륍티블incorruptible' 상은 '부패할 수 없는' 상이라는 뜻이다. 그렇게 아예 부패의 싹을 없앨 수 있다면, 작가는 다만 자유롭게 작품을 쓰고 출판사는 그저 소신 있게 책을 만들 수 있다면, 독자의 권리도 조금은 더 자연스럽게 지켜질 수 있지 않을까.

❝

어린이 문학은

어렵다

아이들은 책을 읽으면서 무슨 생각을 할까? 『길모퉁이 행운돼지』[1] 한 권을 읽고 혼란스런 생각의 실타래들을 정리하려다 말고 나는 어느새 원점으로 돌아와 있었다. 아이들에게서 직접 대답을 얻어듣는 것은 무척 어려운 일이다. 아니, 좋은 대답을 얻기 위해서는 좋은 질문을 해야 하는데 그럴 자신이 없었다. 무얼 어찌 물어야 좋을지 모르는 채, 나는 오래간만에 이 책에 푹 빠져서 읽는 듯하던 우리 집 작은 아이에게 물었다. "재미있었어?" "꽤." 대부분의 질문에 대한 대답이 "몰라" 아니면 "그냥"인 이 녀석의 반응치고는 호의적인 편이었지만 나는 뭔가 좀 더 알아내야만 했다. 어찌어찌 물으니 이 녀석이 이런다. "……음, 난 나중에 엄마가 돌아올 줄 알았어." 그래, 그랬겠지, 그러면서도 물었다. "왜? 그래야 된다고 생각한 거야?" 이번에 돌아온 대답은 영락없이 "그냥"이었다. 성급한 마음에 짜증스런 대꾸를 했던가, 무엇으로 보아도 더 이상 '어린이'가 아닌 열아홉 살짜리 큰 애가 대신 나선다. "뭐! 애들 책은 원래 그렇잖아. 다 좋게 끝나잖아." 이 녀석은 읽지도 않고 하는 대답인데, 아들 녀석은 은근히 누나의 대답에 만족하는 것처럼 보였다.

---

1 김종렬 글, 김숙경 그림, 『길모퉁이 행운돼지』, 다림, 2006.

'공주님과 왕자님은 결혼해서 행복하게 살았습니다'로 대표되는 해피엔딩에 대한 불만과 문제가 제기된 지는 오래다. 아니, 동화를 어느 정도 아는 독자라면 이제 더 이상 동화의 결말이 그런 식으로 되어야 한다고는 믿지 않는다. 그래서 그런 걸까, 언제부터인가 유행하기 시작한 생활 동화(왜 이런 용어가 있어야 하는지 모르겠다!)는 지치지 않고 아이들의 생활을 복사해 내고 있다. 문학적 장치에 대한 고민 없이 생활이 그대로 동화가 되고, 동화가 생활이 되는 어정쩡한 상황. 불행인지 다행인지 일정한 나이의 아이들은 해마다 새로이 생겨나고 비슷비슷한 '생활 동화'들은 수요-공급의 법칙과 그럭저럭 맞아떨어진다. 이제 낯익은 중견 작가의 이름이 표지에 얹힌 고만고만한 생활 동화가 베스트셀러도 되고 스테디셀러도 되는 일이 전혀 놀랍지 않아졌다. 그러다 보니 아이들 생활의 잡다한 소동을 그린 동화들에 대해 반감을 가지는 부류의 독자들과 작가들이 생겨나기 시작한다. 나도 그렇다. 호기심을 유발하는 제목과 약간 낯설고 답답해 보이는 표지의 『길모퉁이 행운돼지』가 내 눈길을 강하게 끈 것은 이러한 작품 외적인 상황과 무관하지 않다.

　언제부터인가 동화책을 펴면 일러스트레이션부터 훑어보는 버릇이 생겼다. 이 책의 일러스트는 매우 독특했다. 몇 가지 기법을 섞어 사용한 그래픽적인 요소들도 그랬지만 '책'이라는 형태를 충분히 감안한 것처럼 보이는 화면 구성도 몹시 인상적이었다. 그럼에도 불구하고 그 그림들에서는 묘한 매력과 거북함이 동시에 느껴졌다. 텍스트를 읽지 않은 상태에

　책 밖의 어른 책 속의 아이

서 일러스트를 판단하는 것은 어리석은 일이지만 뭔가 억눌린 듯하고 의문을 갖게 하는, 불편한 느낌의 일러스트였다. 이야기를 읽어 나가면서야 비로소 이해가 되었다. 이야기 자체의 분위기에 그런 점이 있었던 것이다. 동화책에서는 어차피 일러스트가 '주'가 아니고 '부'가 될 수밖에 없는데 우리나라 동화책들은 주객이 전도된 게 아닌가 싶을 때가 많다. 괜찮은 단편 동화 한 편이 발표되면 어느새 풍부한 그림이 곁들여져서 한 권의 단행본이 되어 나온다. 그림이 전혀 없는 채로 문학 잡지에 실린 단편 동화와 멋지게(?) 단행본으로 만들어진 같은 동화가 주는 감동이 같은지 다른지 그리고 그것이 과연 바람직한 현상인지에 대해서는 생각해 볼 점이 많다.

이런 우리나라 특유의 현상은 번역 동화에서 두드러진다. 날이 갈수록 화려해지는 우리나라 동화책들의 만듦새에 익숙해져 있다가 번역할 책을 고르기 위해 원서들을 보면 가끔 너무 성의 없이 만든 게 아닌가 싶을 때도 많다. 그래서 그런지 작품은 뛰어나지만 그림이 없는 고학년 동화를 수입할 경우, 대부분의 출판사들은 일러스트레이터에게 그림을 따로 발주한다. 다행히 원서보다 아름답고 훌륭한 책이 만들어지기도 하지만 그 반대로 글 자체의 이미지가 풍성하고 치밀한 경우, 그 이미지들이 일러스트레이션과 부딪히는 난감한 상황도 발생한다. 어린이 책의 일러스트레이션 의존도가 높아지면서 그림이 없는 책은 아예 읽지 않으려는 아이들도 생겨나고 있다. 문학 텍스트라는 것은 어차피 읽으면서 마음에 이미지들이 생겨나게 되어 있는 것인데, 미리 만들어진 이미지(일러스트레이션)들이 아이들이 저마다 제 마음 속에 달리 그려 나갈 수 있는 이미지들을 하나로 통일해서 보여 주는 격이 되는 셈이다. 극단적으로 말하면 일러스트가 아이들의 능동적인 독서를 일정 부분 방해하고 있는 것이다. 아닌 게 아니라 이러다 책 읽기마저 인스턴트화 되는 것은 아닐까 걱정되는 책들도 심심치 않게 눈에 띈다. 이러한 일러스트 인플레 현상에도 불구하고 신기한 것은 일러스트의 꽃이라고 할 수 있는 그림책 일러스트레이션은 그다지 양적 팽창을 하지 않고 있다는 점이다. 뭔가 앞뒤가 맞지 않아 보인다.

서두부터 작품 외적인 이야기가 너무 길어졌지만 사실 내가 하고 싶은 얘기는 『길모퉁이 행운돼지』는 글도 그림도 개성 있고 재미있는 작품이라는 점이다. 우리 곁 어디에라도 있을 법한 평범한 진달래 마을 어느 길모퉁이에 행운돼지라는 새로운 가게가 생기면서 일어나는 이 이야기는 그러나 전혀 평범하지 않다. 사람들의 물욕과 요행을 바라는 심리를 풍자적으로 보여 주는 작가의 능숙한 솜씨가 단연 눈에 띈다.

'진달래 시민 여러분! 길모퉁이 행운돼지로 오십시오. 커다란 행운이 당신을 기다리고 있습니다. 당신이 원한다면 행운돼지에 있는 물건은 무엇이든지 가질 수 있습니다. 돈은 한 푼도 받지 않습니다. 정말입니다'로 시작해서 '진달래 시민 여러분! 오랫동안 기다리셨습니다. 드디어 내일,

행운돼지의 문이 열립니다'로, 그리고 '행운을 차지하는 사람은 하루에 딱 열 분입니다'로 이어지는 행운돼지의 광고 문구가 만들어 내는 진달래 시의 소동(소문, 줄서기, 새치기, 밤샘, 분쟁, 불법 시비, 좀도둑, 유괴범, 비상사태 선언, 형식적인 방송, 엉터리 보도 등등……)은 그대로, 어른들이 아이들에게 보여 주고 싶지 않아하는 우리 사회의 적나라한 모습이며 우리 삶의 부끄러운 속살이기도 하다. 어른인 작가가 어린이인 독자에게 드러내 보이기에는 쉽지 않았을 인간 본성의 추한 부분들을 김종렬은 솜씨 있게 동화로 풀어낸다. 과감하고 적절한 생략을 통해 이야기를 속도감 있게 진행하고, 정곡을 찌르는 대사들로 자칫 지루하거나 우울하게 흐를 수 있는 서술을 쳐내고 오히려 리얼한 느낌을 주었으며 예측 불가능한 모티프들을 새록새록 등장시켜 아기자기한 재미를 주고 있다. 그 중에 하나가 고유 명사의 사용이다. 고래고래 아저씨, 야물차 아줌마, 다잡아 경찰관, 똑똑해 아저씨, 잘났어 아줌마, 조용해 선생님, 소심해 반장, 꼬치꼬치 기자…… 등등 있을 수 없는 일들이 일어나는 이 이야기가 진실이면서 거짓(허구)이라는 점을 매번 상기시키는, 웃음이 나게 만드는 이름들.

이 작품을 읽는 또 하나의 잔재미는 종횡무진의 상호 텍스트성 (intertextualié)이다. 깨끗해 세탁소 아저씨가 행운돼지에게서 얻은 물건이 옛날 아라비아의 어느 왕이 쓰던 다리미라든가, 아름다워 미용실의 머리해 아줌마가 얻은 것은 이집트의 클레오파트라가 쓰던 거라든가, 맛있어 식당 아줌마가 얻은 냄비는 명나라 최고 요리사가 쓰던 것이고, 진달래 책방 아저씨가 얻은 펼칠 때마다 새로운 이야기가 나오는 신비한 책은 안데르센이 마지막으로 남긴 책이란다. 그뿐 아니다. 먹어도 먹어도 줄지 않는 막대 과자는 헨젤과 그레텔의 과자로 만든 집에서 가져왔고, 아무리 걸어도 닳지 않는 구두는 피노키오의 제페토 할아버지가 만들었고, 바퀴가 없이도 씽씽 달리는 자전거는 말괄량이 삐삐가 타던 것이며 세계 구석구석에서 일어나는 특종감의 사건들을 보여 주는 마법의 거울은 백설 공주를 괴롭히던 왕비가 쓰던 것, 항상 좋은 점수를 맞게 해주는 연필은 아인슈타인이 연구할 때 쓰던 것이란다.

그 가운데 절정은 다잡아 경찰관이 얻은, 한번 쓰고 사람을 쳐다보기만 하면 범인을 알아 낼 수 있는 안경이다. 명탐정 홈즈가 쓰던 것이라는 이 안경을 쓰고 다잡아 경찰관은 진달래 은행에서 돈을 훔치려고 '생각'한 사람을 붙잡는다. 그러자 곧 '은행을 털려고 생각했다면 틀림없이 훔쳤을 거'고 다잡아 경찰관이 그 전에 붙잡았으니 다행이라는 궤변이 생겨난다. 이런 류의 궤변들은 이 작품을 일관하고 있는 풍자와 일맥상통한다.

행운돼지가 하루 열 명에게만 행운을 선사하는 까닭에 진달래 시민들이 모두 노숙자처럼 길에서 밤을 지새우는 일이 일어나고 이 사태를 취재하는 기자에게 하는, 다잡아 경찰관의 다음과 같은 달변에 이르면 웃음이 터지지 않을 수 없다. "진달래 시의 경찰관으로서 말씀드린다면, 그 점은

책 밖의 어른 책 속의 아이

전혀 문제가 안 된다고 확신하오. 또, 하루에 열 명에게 주든 백 명에게 주든 그것은 주인 맘이요. 옛말에 '엿장수 맘대로'라는 명언이 있지 않소? 공짜로 행운을 얻겠다는 사람을 막는다면 그것이 오히려 불법이지요."

점입가경이다. 읽는 재미가 쏠쏠한 이 작품을 읽어 나갈수록 나는 결말이 궁금해졌다. 도대체 진달래 시는 어떻게 될까? 무엇이든 두 개로 만들어 주는 '북극의 어느 여왕이 쌍둥이 요정에게 명령해서 만든 항아리'를 얻은 '엄마와 아빠'가 직장도 그만두고 폐인이 되어 마침내는 현금을 무한 복제하는 사태에 이르자 불안에 떠는 우리의 주인공이 걱정되었다. 행운에 눈이 먼 사람들이 끝을 모르는 욕망을 충족시키는 일에 혈안이 되어 있을 때 그들의 입가에 번지는 야릇한 미소를 보는 것은 우리의 주인공뿐이다. 행운돼지의 비밀을 캐내고자 그 가게로 들어가는 방법을 알아 내는 것도 욕망에 눈이 멀지 않은 우리의 주인공뿐이다. 짙은 안개를 몰고 나타나고 사라지는 행운돼지의 주인은 그걸 알고 이렇게 말한다. "……어느 나라를 가도 아이들은 호기심이 무척 많지요. 더구나 이 꼬마 손님처럼 호기심이 매우 강한 아이도 많이 만나 보았지요."

온갖 종류의 모험 이야기에서 아이들의 호기심은 종종 사건 해결의 열쇠가 되곤 한다. 행운돼지의 주인이 이렇게 말할 때 나는 우리의 주인공이 어떤 활약을 해서 진달래 시에 일어난 이 엄청난 사태를, 아니면 적어도 돼지가 되어 버린 엄마 아빠를 구출해 낼 것인가 매우 궁금했다. 사람들이 하나둘 옷 입은 돼지로 변해 가더니 급기야는 네 발로 걷는 진짜 돼지들이 거리를 가득 메우는 사태가 일어나는 가운데 사람들의 야릇한 미소와 행운의 관계 그리고 그들의 귀가 늘어나고 코가 커지면서 돼지가 되어 가는 걸 혼자서 지켜봐야 하는 아이의 '싫고 무서'운 마음을 과연 작가는 어떻게 마무리할 것인가 몹시 긴장이 되었다. 그런 독자의 마음을 아는 듯 작가는 끝까지 긴장을 고조시킨다.

'행운 따위 필요 없'다며 돼지가 된 사람들을 모두 원래대로 해 달라는 아이의 말에 작가는 행운돼지로 하여금 이렇게 대답하게 한다. "그건 곤란합니다. ……하지만 꼬마 손님의 부모님이 다시 제 모습을 찾을 수 있는 방법이 있답니다. ……원인을 없애면 다시 원래의 모습으로 돌아갈 수 있습니다. ……행운을 준 물건을 없애야 하지요. 단, 그 물건을 사용한 사람이 직접 없애야만 한답니다."

아, 우리의 꼬마 주인공이 문제의 항아리를 없애는 거구나 생각할 무렵 마치 할리우드 영화에서처럼 대단원의 막이 내리기 직전인데 또 한 번의 서스펜스가 연장된다. 돼지가 되어 버려 아무 것도 할 수 없고 먹이고 씻겨야 할 뿐만 아니라 말도 안 통하는 엄마 아빠로 하여금 도대체 이 아이가 어떻게 행운의 항아리를 깨어 버리게 만들 수 있을 것인가. 끝까지 '행운'의 유혹에 빠지지 않은 우리의 용감한 주인공은 먹을 걸 달라고 보채는 엄마 아빠의 소리를 들으며 다리 하나가 모자라는 의자에 항아리를

　　　　　　　　　　　　　　책 밖의 어른 책 속의 아이

올려놓았건만 엄마 아빠는 매번 아들의 기대를 무너뜨리고 의자를 피해 음식 그릇으로 다가간다. 암울하다. 아이의 불안과 두려움이 전해져 오는 듯하다. 집안을 난장판으로 만들고 닥치는 대로 먹어 치우는 돼지들을 보면서 어찌할 바를 모르고 눈물을 흘리는 우리의 꼬마 주인공에게 "돼지가 되었지만 틀림없는 아빠 엄마였다. 이제 하는 말이라고는 고작해야 꿀꿀거리는 소리가 전부이지만 눈동자를 보면 아빠와 엄마가 분명했다. 아빠와 엄마를 돌볼 사람은 나뿐이다"하고 생각하게 만드는 건 너무 가혹하다. 작가가 야속하다.

작가는 독자의 이런 마음에는 아랑곳하지 않는 걸까, 항아리를 놓은 의자를 비껴서 음식 그릇을 향하는 엄마 아빠(돼지들)를 보면서 우리의 주인공이 하는 다음과 같은 혼잣말로 작품을 끝내 버리고 있다. "언제쯤, 엄마와 아빠가 다시 사람으로 돌아올 수 있을까? 지금 내가 할 수 있는 일은 기다리는 것뿐이다. 내게도 어서 행운이 찾아오기를……." 앞부분의 재치 있는 입담들과는 대조적으로, 돼지로 변한 엄마와 아빠를 돌봐야 하는 꼬마의 독백은 벌레로 변한 그레고르를 보고 충격을 받은 어머니나 누이 동생(카프카의 『변신』의 경우)만큼이나 암울하고 불쌍해 보인다. 호기심이 강하고 올이 곧고 눈이 밝은 우리의 꼬마 주인공. 그러나 그뿐이다. 작가는 아이의 맑은 영혼으로 혼탁한 세상을 잠시나마 뒤집을 어떠한 묘수도 만들어 보여주지 않는다. 정말 이 아이가 할 수 있는 일이 '기다리는 것'뿐이라고 생각하니 끔찍하다. 게다가 행운이라니! 그 지긋지긋한 행운 때문에 이 모든 일이 일어난 게 아닌가. 우리의 꼬마가 '인간'으로 살아남은 것은 '행운'을 바라지 않았기 때문이 아닌가.

나는 동화란 모름지기 세상을 맑고 밝게 그려야 한다거나, 나쁜 일들은 반드시 바로 잡는 식으로 결말을 내야 한다든가 그런 이야기를 하고 있는 것은 아니다. 가령 로알드 달의 『마틸다』[2]를 보라. 속임수로 중고차를 팔아 떼돈을 버는 아빠, 빙고 놀이와 연속극에 정신이 팔려 가족들 식사도 챙기지 않는 엄마, 상상조차 하기 어려운 악의 화신이며 아이들에게 폭력을 일삼는 교장 선생님 등 세상은 부조리와 모순으로 가득하다. 대담하고 뻔뻔스런 이 인물들은 그 자체로 불쾌하면서도 우스꽝스럽기 그지없다. 작가가 구사하는 엄청난 과장법 덕분에. 그러나 로알드 달은 자신이 벌려 놓은 사태(?)에 책임을 진다. 만일 이 작품에 '하니 선생님' 같은 인물이 나오지 않았더라면 어땠을까? 게다가 마틸다는 100년에 한번 나타날까 말까한 신동이라는 점만 빼면 지극히 평범하고 온순하고 사랑스러운 그리고 무엇보다도 조그맣고 예의 바른 어린아이다. 너무나도 아이다운 방법으로 하니 선생님의 복수를 대신해 주고 교장 선생님을 쫓아 낸 마틸다가 사기극을 벌이고 스페인으로 도망치려는 엄마 아빠에게서 벗어나 하니 선생님을 새로운 가족으로 선택하는 결말은 독자를 안심하게 만든다. 악이 횡행하는 세상이 과연 변할지는 알 수 없지만 적어도 마틸다의 행복을 방해하는 요소들이 모두 없어졌으니까.

---

2 로알드 달 글, 퀸틴 블레이크 그림, 김난령 옮김, 『마틸다』, 시공주니어, 2000.

책 밖의 어른 책 속의 아이

어린이 문학은 어렵다. 벌레가 되어 영영 다시 돌아오지 못한 채, 징그럽고 끔찍한 모습으로 가족들을 본의 아니게 괴롭히는 그레고르의 삶을 건조하고 우울하게 그리다가 하녀의 빗자루에 쓸려 나가는 결말을 맺게 만드는 문학적 충격은 일반 문학에서는 문제가 되기는커녕 문학사의 한 획으로 남는다. 카프카의 『변신』에서 생각을 얻어 만들었다는 그림책 『변신』[3]은 어린이 문학과 일반 문학의 차이를 극명하게 보여 준다. 묘사와 서술의 차이는 그만두고 내가 여기서 짚고 싶은 것은 '변신' 모티프와 결말의 처리이다. 자기 정체성에 대한 의문과 개별적 존재감 그리고 가족들과의 소통 불가능에 대한 절망감 이야기를 그림책 『변신』은 너무나도 상큼하고 귀엽게 그리고 있다. 카프카의 『변신』이 이런 식으로 변신할 수 있다는 것이 믿어지지 않을 만큼.

잠에서 깨어나 하루아침에 딱정벌레로 변한 자신을 가장 친한 친구인 마이클 이외에는 아무도 알아보지 못하자 그레고리 샘슨은 이렇게 생각하기에 이른다. "혹시 내가 원래는 벌레였는데, 오늘 아침에야 그걸 알게 된 건 아닐까?" 그렇게 어려운 이야기를 이렇게 쉽게 하다니! 결국 그레고리는 자신이 벌레로 변한 사건을 도대체 인식하지 못하는 가족들 때문에 울음을 터뜨리게 되고 엄마 아빠로 하여금 "네가 어떻게 변해도 우리는 늘 널 사랑한단다" "벌레건 사람이건 말이야" 하고 말하게 만든다. 시종일관 사소한 언어와 귀여운 느낌의 문제로 진행되는 이 이야기는 명백

---

3   로렌스 데이비드 글, 델핀 뒤랑 그림, 고정아 옮김, 『변신』, 보림, 2000.

한 그림에도 불구하고 그레고리가 진짜 벌레로 변한 것인지 저 혼자 그렇게 생각하는 것인지 모르게 만든다. 엄마, 아빠, 누이동생도 벌레로 변한 그레고리의 모습을 진짜로 확인한 건지, 아니면 그냥 그레고리의 말을 믿어 주는 것인지 알 수 없게 만든다. 이러한 의도적인 애매함은 마지막 페이지에 이르면 분명해진다. 다시 사람으로 돌아온 그레고리의 모습을 담은 그림과 함께. 로렌스 데이비드는 카프카처럼 독자들을 혼란과 충격 속에 빠뜨릴 권리가 없다고 생각했는지 모르겠다. 과연 『길모퉁이 행운돼지』의 작가는 어떤 생각을 하는 걸까?

잠시 로알드 달과 카프카와 로렌스 데이비드 쪽으로 에둘러 가면서 얼핏 윤리적인 태도 문제로 접근해 보았지만 작품 내적인 논리로 보아도 『길모퉁이 행운돼지』의 결말은 여전히 미흡하다. 작품의 초반부에서부터 행운을 얻은 사람들의 얼굴에 '야릇한 미소'라는 공통점이 생긴다는 것을 발견한 우리의 주인공, 작품의 중반에 이르면 자기 눈에만 보이는 것이 아니라 새침떼기 소심해 반장 눈에도 어른들과 몇몇 아이들까지도 돼지로 변한 것이 보이며 그 아이에게서도 자기 눈에 보이는 엄청난 사실을 감히 발설할 수 없는 불안과 공포가 확인된다. 그렇게 이어지는 서스펜스는 돼지의 모습을 하고 있는 행운돼지의 주인과 만났을 때 절정을 이룬다. 그러나 그뿐이다. 그 절정은 어떤 식으로도 정리되고 맺어지지 않는다. 마지막 장을 덮고 나도 이야기가 끝난 것 같지 않고 미흡한 느낌이 남는다.

책 밖의 어른 책 속의 아이

우리 동화 문단에 풍자는 흔하지 않다. 『길모퉁이 행운돼지』는 이현주의 아주 짤막한 단편 「알 게 뭐야」라든가, 김리리의 『엄마는 거짓말쟁이』[4] 같은 단순한 풍자와는 그 스케일과 깊이에 있어서 확실한 차이를 보여 준다. 오래간만에 만나는 눈을 씻어 줄 만한 작품이었는데 아쉽다. 하지만 재미있게 읽을 만하고 깊이 생각해 보게 한, 반가운 작품이었다. 작가의 정진을 빈다.

---

4 한국아동문학학회 엮음, 「알 게 뭐야」, 상서각, 1996.
   김리리 글, 한지예 그림, 『엄마는 거짓말쟁이』, 다림, 2003.

그림책의

기억

아이들을 다 키우고 나면 가끔씩이나 만나게 되는 어린아이들이 참 새삼스러워 보인다. 어느 아이건 귀엽고 사랑스러운 건 여전하지만 내 영혼의 상태는 어느새 내 아이에게 맞춰져 있다. 아이가 자라는 꼭 그만큼씩 부모도 자라는 모양이다. 그렇게 아이가 자라 어른이 되면서 잃어버리고 잊어버리는 것들이 있다. 그림책은 대부분의 가정에서 그런 것들 중 하나일 것이다. 요즘은 그림책 한 권 갖지 못하고 자라는 아이가 그렇게 많지는 않은 것 같다. 그런데 또 웬만한 집에서는 아이가 자라면 그림책을 치워버린다. 아무래도 아이들 책은 소모품 정도로 여겨지는 탓이 아닐까 싶다.

그러나 어떤 그림책들은 읽고 또 읽고 잊었다가도 생각나고 오랜 세월이 흐른 후에야 그 의미를 이해하게 되는 경우도 있다. 『바람이 불 때에』[1]도 그런 작품 중의 하나다. 버섯구름을 배경으로 다정하게, 기념사진 촬영이라도 하는 듯 포즈를 취하고 있는 제임스씨 부부의 선량하디 선량한 모습이 그려진 표지만 보고 이해할 수 있는 것은 별로 없다. 그러나 작품을 다 읽고 다시 표지를 보면 슬프기 그지없다. 순진하고 죄 없는 이들

---

1 레이먼드 브릭스 글·그림, 김경미 옮김, 『바람이 불 때에』, 시공주니어, 1995.

　　　　　　　　　　　　　　책 밖의 어른 책 속의 아이

부부는 생을 한 장의 기념사진으로 남기고 싶기라도 한 걸까⋯. '저 멀리'에서 벌어지는 전쟁과 내게 만져지는 일상 사이에는 커다란 거리가 있다. 아니, 그 둘 사이에는 아무런 관계도 없다! 만화 형식으로 그려진 이 작품은 한 페이지에 평균 28개의 작은 컷이 들어가 있다. 그 컷들은 은퇴하고 시골에서 조용하게 살고 있는 노부부의 자잘한 일상들을 온전히 보여 준다. '정부 지침서'와 '지방의회'와 '회담'과 '꼼푸터'를 신뢰하는 그들이 기억하는 전쟁은 다분히 낭만적이다. 입구를 초록색으로 칠하고 한련을 잔뜩 심은 제임스씨 부인의 앤더슨 방공호, 여자들 사진을 잔뜩 붙여 놓고 잠자리에서 촛불을 켜고 책을 읽다가 잠이 들곤 했던 제임스씨의 모리슨 방공호. '방공호', '등화관제', '경보해제 사이렌', '홍차', '공습 경보대'⋯ 이런 것들을 추억하며 제이슨씨 부부는 2차 대전 때가 '정말 좋았다'고 추억한다. 그런지도 모른다. 전쟁 속에서도 사람들은 사랑하고, 희망을 품고, 기다린다. 결핍 속에서 작은 것들은 더 빛을 발하고 사람들은 쉽게 행복해지니까. 그런데 이제 그런 시대는 가버린 것일까. 이들 부부가 소소한 일상 속의 '지금, 여기'를 살고 있는 동안 '저 멀리' 평원과 바다와 하늘에서 일어나는 전쟁은 한 컷이 두 쪽에 걸쳐서 그려져 있다. 산술적으로 계산하면, 만화 한 컷에 비해 28×2=56배가 큰 그림이다. 작은 그림들 속에서 제임스씨 부부가 끊임없이 말들을 뱉어 내는 데에 비해서 압도적인 크기의 전쟁 장면에는 말이 없다. 설명이 없다. 주어도 동사도 없이 '저 멀리' 평원과 바다와 하늘이라는 지시어들이 끌어들인 것은 모든 것을 무화시켜버리는 '폭발'. 어두운 잿빛으로 '저 멀리'에서 다가온 핵폭탄은 네 쪽에 걸쳐서 폭발한다. 처음 두 쪽은 세상이 무화된 듯 아무 것도 보이지 않는 하얀 화면이다. 천 개의 태양이 뜬 것 같다는 열복사의 그 순간이 지나면 그 다음 두 쪽에 걸쳐서 떨어지는 낙진….

무시무시하고 참담한 핵 전쟁의 이야기는 레이먼드 브릭스 특유의 유머와 풍자를 관통한 다음 슬프고 아름답게 맺어진다. 전쟁은 말없이 다가오고 사람들은 이유 없이 죽어간다. 만일 정치하는 사람들이 그림책을 치워버리지 않았더라면, 새롭게 어린이 책을 읽는다면 세상은 훨씬 살만한 곳이 될지도 모른다. 그림책은 절대로 소모품이 아니다!

책 밖의 어른 책 속의 아이

"

국내 창작 그림책 2006,

작품과 상품 사이에서

이 글을 청탁하면서 편집자는 내게 2006년 10월부터 2007년 9월, 한 해 동안 나온 그림책들의 목록을 전해주었다. 147종이었다. 전집과 학습 및 정보 책은 이미 제외한 나머지라고 했다. 평소에 우리나라 그림책이 너무 없다고 생각하던 내게는 깜짝 놀랄만한 숫자였다. 내 게으름이 문제 이기는 하지만 도대체 이 많은 책들은 어디에 숨어 있다가 나온 것일까? 물론 단순 통계에 의한 자료라고는 하지만 하루에도 수십 종씩 쏟아져 나 오는 수많은 그림책들이 복잡하고 어지러운 유통망 속에서 독자들의 손 에 가닿는 것 자체가 행운이라는 사실을 새삼 확인하는 듯 하여 씁쓸했 다. 그 중에서 주목할 만한 가치가 있다고 생각되는 책 39종을 편집자가 다시 추려 주었다. 이 글은 그 책들을 찾아 읽고 우리나라 일러스트레이 션의 현주소를 파악하고 문제점을 짚어보고 나아갈 바를 모색하려는 작 은 시도이다.

이 그림책들을 지난 몇 년간 『창비 어린이』, 『어린이와 문학』, 『열린 어 린이』 등에 서평, 좌담, 심포지엄 등등의 형태로 실렸던 다양한 글들과 함께 읽고 있자니, 우리가 다 같이 동의하는 바, 90년대 이후 양적인 팽창에 따른 질적인 변화를 모색하려는 움직임이 눈앞에 그려지는, 풍성한 그러나 혼란스러운 느낌이었다. 계중에는 그림이 훌륭한 책도 있고, 이 야기가 재미있는 책도 있고, 아이들 눈높이에 잘 맞춘 책도 있는데 그 세 가지가 한꺼번에 담긴 책은 극히 드물었다. 왜 그럴까. 화가들의 이야기를 들어봐도 편집자들의 이야기를 들어봐도(주로 아래에 인용한『창비 어린이』,『어린이와 문학』그리고『열린 어린이』몇몇 권을 통해서) 우리나라 작가들이 쓰고 그린 좋은 그림책을 만들려고 모두들 최선을 다하고 있는데 말이다. 질문이 너무 단순한가. 그러나 답은 종종 단순함에서 찾아지는 경우가 많다고 나는 생각한다.

상품과 작품, 그 사이

외국의 유명 그림책 작가들 작품이 속속 수입되면서 그에 따라 생산자(작가와 출판사)와 연구자들 사이에서 그림책이라는 장르에 대한 관심이 커지고 무엇보다도 독자들의 그림책 사랑이 두드러지게 눈에 띄게 된 것은 대략 10년 안팎의 일이다. 10년 안에 이루어진 우리나라 그림책의 발전은 동화나 동시 그리고 기타 정보 책이나 학습물 등등 어린이 책의 다른 장르에 비해 괄목할만하다. 이제 한눈에 둘러보아도 어린이 책 '시장'에서 우리나라 그림책이 정말 많아지고 좋아졌다. 아니 좀 더 정확하게 말하자면 '그림'이 많아지고 좋아진 것은 이제 자명한 사실인 거 같다. 시장이라고 쓰고 보니 그림 작가들의 불만이 떠오른다. 그 절정이 이형진이 애기하는 '상품성과 순수성 사이의 무게 중심'이다. 화가로서 '책을 상품으로 볼지 문학으로 볼지 헤매고 있다'면서 일러스트레이션이 어린이 책 속에서 어떠해야 하는지 누구보다 잘 알고 있을 그가 "화가가 그림을 그려 먹고 살려면 많은 책에 매달려야 한다. 그렇게 바쁘다 보면 자기가 그리는 그림이 상품성 증대를 위한 것인지 책을 더 따분하게 만드는 것인지 분간도 못하게 된다. 그러면 책에 대해, 어린이 문학의 세계에 대해 참 미안한 생각이 든다"(「누구를 위하여 어린이 책 속에 그림이 있는가」, 『창비 어린이』 2006년 여름호, 19쪽–24쪽)고 말하는 것을 읽으면 우리들의 일그러진 자화상이라는 생각이 들지 않을 수 없다. 그만큼 어린이 책 속의 그림은 포화, 과잉 상태이면서 동시에 작가들의 경제적 상황은 여전히 힘들다. 생계를 위한 노동의 존엄이야 어디 그림책 작가들에게만 문제이겠는가마는 이 지점에서는 그림책의 일러스트레이션과는 다른 어린이 책의 삽화 과잉에 대해서 이야기 하지 않을 수 없다.

단편 동화나 동시, 옛이야기 등 그 자체로서 문학적 완결성이 있는 작품들을 그림책 혹은 그림책을 방불케 하는 풍성한 일러스트레이션이 들어간 저학년용 책으로 엮어내는 시도는 몇 년 전부터 꾸준히 계속되고 있다. 이에 대한 비판은 이억배의 「환장하게 어려운 그림책」(위의 책, 15쪽–18쪽), 김상욱의 「익숙한 관계, 새로운 모색」(같은 책, 47쪽) 그리고 『어린이와 문학』에 실린 토론문, 「동화 속의 삽화, 그 삽화의 안과 밖」

(2007년 10월호, 130쪽-149쪽)에서 발견할 수 있는 김환영의 말 등등에서 충분히 이루어지고 있다. 그리고 문승연은 "처음엔 그저 책을 좀 더 잘 꾸며 조금 더 팔아보겠다는 소박한 욕심에서 출발했을지 모른다. 지금은 우리 안에 있는 사소한 천박함이 어떤 결과를 만들어내는지 출판사나 일러스트레이터 모두 심각하게 반성할 때가 되었다. 동화 작가들 입에서, 현실의 벽 때문에 양보할 수밖에 없지만 삽화가가 자기 인세를 깎아먹는 내부의 적이라는 말이 나온 지 오래다"라고 정리하며 삽화와 그림책 그림을 구별해서 논의해야 한다는 것을 강조하고 있다. 사실 그렇다. 삽화와 그림책 그림은 글과의 관계나 책 속의 기능에 있어서 다른 종류의 그림이어야한다. 그럼에도 불구하고 화가들도 출판사들도 별 고민 없이 양자를 넘나들고 있는 것이 우리 어린이 책 시장의 현실이다. 그렇다. 역시 시장이라고 말해야만 할 것 같다. 이렇게 되풀이되는 비판에도 불구하고 삽화 과잉인 어린이 책들은 오히려 점점 더 많아지고 있는 것을 보면 아름다운 상품에 대한 소비자의 만족도는 생각보다 큰 모양이니까. 일러스트레이션이 순수 회화의 하위 장르인가, 그림책이 어린이 문학의 주변적인 위치에 있는 장르인가에 대한 불만스러운 논의들은 이렇게 삽화와 그림책 그림이 혼동되어 보이는 경향과도 무관하지 않을 것이다. 극단적으로 말해서 그림이 없어도 그 자체로 완결성이 있는 텍스트에 그림을 더해서 책을 만들다 보면 책의 모양새를 고민하는 편집자도 자신의 예술을 주장하고 싶은 화가도 그림이 책을 만드는 데에 부수적인 요소라는 사실을 인정할

수밖에 없을 테니까 말이다.

'그림책'은 어린이 '문학'일까?

동화책과 그림책을 넘나드는 일러스트레이션에 대해서는 이렇게 여러 사람들의 억눌린 감정이 많은 것 같지만 "그림책을 '어린이 문학'으로 볼 것인가?" 하고 묻는 임정은의 이야기(「그림책은 오리너구리?」, 『창비 어린이』 2006년 여름호)에 귀 기울일 필요가 있다. 그는 "'만화'나 '영화'를 '어린이 문학'에 포함시킬 것인가?" 하고 반문하면서 그림책이 매체의 특성으로 볼 때 만화나 영화에 훨씬 가깝다는 점을 상기시킨다. 당연히 맞는 말이다. 그림책은 '그림'책이다. 그리고 영화나 만화와 비슷한 부분이 참 많다. 그래서 화가들이 그림책을 만들려고 하면 문학 작품을 많이 읽는 것보다는 영화나 만화를 참고하는 쪽이 더 유용하리라는 생각이 들기도 한다. 실제로 만화를 전공한 사람들이 그림책 문법을 빨리 익히는 것도 사실이다. 그런데 과연 그림책이 '하위' 장르인지 아닌지 혹은 어린이 문학이 일반 문학에 비해 소외되고 주변적인 장르인지 아닌지에 대해서 열중하는 것을 보면 씁쓸하고 쓸쓸하다. 주류와 비주류를 구별하는 일보다 작품 자체에 집중할 수는 없을까. 예술은 원래 쓸모란 없는 것이어서 주류로 분류되는 예술에 종사하는 사람들 역시, 작가로서도 생활인으로서도 살아가는 일은 녹록치 않다. 예술가 일반의 세계가 이러함에도 불구하고 어린이 문학에서는 불만의 소리가 유독 많이 들린다. 왜 그런가.

일반 문학보다 작가들이 많은 것을 포기하고 큰 각오로 자신의 길을 선택한 다른 예술의 경우와는 달리 어린이 문학은 상업주의와 깊이 연관되어 있기 때문일 것이다. 오죽하면 상업성과 순수성 사이의 무게 중심에 대한 고민 때문에 작품성을 생각하지 못한다는 말까지 나오겠는가. 이제 반성적으로 생각할 때도 되었다고 본다. 원칙적 반성적 사유는 늘 발전에 도움이 되는 반면, 불평불만은 성장에 혼란을 초래하지 않는가.

회화와 일러스트레이션은 차이가 있다. 그럼에도 불구하고 오랫동안 그리고 지금까지도 많은 사람들에게 일러스트레이션이 회화의 하위 장르로 여겨지는 것은 과연 개념의 혼동 문제일까. 일러스트레이터의 사회적 위상 문제일까. 꼭 그렇지만은 않은 것 같다. 그림은 글에 비해서 '손'의 작업이 중요하다. 그런 만큼 작가가 선이나 색이라는 이미지 언어를 능숙하게 구사해야 하는 것은 작업의 기본이다. 다양한 스타일의 창조라는 것도 기본적인 데생 능력과 재료를 다루는 훈련된 힘이라는 탄탄한 기초 위에서 빛을 발할 수 있다. 회화의 역사에 비추어 생각해봐도 추상이라는 것은 방법적 해체와 변형이라는 과정을 거쳐서 이루어졌다. 물론 일러스트레이션이 순수 회화와 다른 것은 순수하게 조형적인 요소들 외에 그림을 '이야기'로 만들어 보이는 또다른 능력이 필요하기 때문인데, 그래서 '손'만큼이나 '머리'를 사용하는 일이 중요하다. 수없는 연습이 훌륭한 정물화나 인물화 한 점을 만들어내는 것은 가능하지만 반복적인 연습으로 이루어 낸 좋은 그림만으로 좋은 일러스트레이션이 되는 일은 불가능하

책 밖의 어른 책 속의 아이

다. 그런데 또한 바로 여기에 일러스트레이션의 함정이 있다. 아이디어가 빛을 발하는 그림책은 뛰어나지만 아이디어만으로 독자를 설득하려고 하는 그림책은 곤란하다. 단단하게 구축된 이야기를 이미지로 해석해내는 힘이 일러스트레이션의 성패를 좌우하는 것이다.

그림책은 화가 중심으로

이래저래 그림책 작업은 어렵다. 그러나 다시 묻자. 그림책 작업이 정말, 과연, 그렇게, 어려운가? 서른두 쪽에 글과 그림을 적절히 조합해서 어떤 이야기를 담고 대여섯 살 아이들에게 다가가도록 만드는 게 그렇게도 어려운 일일까? 모든 창작은 당연히 어렵다. 그럼에도 불구하고 작가들이 소설이나 시, 혹은 희곡이나 시나리오가 쓰기 어렵다는 푸념을 지면에서 늘어놓은 것을 본 기억은 없다. 그런데 유독 어린이 책은 어렵다, 그림책은 더 어렵다는 얘기가 전문가들 사이에서 공공연하게 떠도는 것은 우리가 여전히 미숙하기 때문은 아닐까. 한편으로는 어린이 문학계에는 채찍보다 당근이 더 많기 때문이 아닐까. 그리고 또 한편으로는 작가—화가—편집자로 이루어진 작업 구조가 원천적으로 혼선을 빚을 수밖에 없기 때문이 아닐까. 위에서 언급한 『어린이와 문학』 2007년 10월호에 실린 토론문에서는 오죽했으면 이 3자 구도의 '민주적이고 철학적인 연대'가 이야기되고 있다. 이 토론문에서 김환영은, 나로서는 공감이 갈 만한 이야기를 상당히 많이 하고 있는데, 마지막에 가서 좋은 그림책을 만들기 위한 방안으로 글 작가들이 그림 공부를 좀 해야 한다고 결론을 내린 것은 아쉽다. 현실적 가능성을 놓고 보면 오히려 바람직한 것은 그림 작가가 혼자서 완성한 더미북을 출판사에 투고하는 일이다. 그림 언어를 읽는 것은 특수한 능력이 요구되는 일이다. 감각도 필요하고 훈련도 필요하다. 그림은 일상 언어가 아니지 않은가. 그러나 글에 관해서라면 다르다. 누구나 날마다 사용하는 일상 언어를 재료로 사용하는 게 문학이다. 더구나 '그림'책은 그림으로 이야기를 이끌어가야 하는 만큼 화가가 주도적으로 작업하면 더 좋은 결과물이 나온다. 그러니까 바깥에서 글 텍스트를 찾는 것보다는 화가 스스로 이야기를 만들어내는 것이 훨씬 바람직하다. 뛰어난 그림을 그려내는 기성 작가들이 자기 그림책을 만드는 일의 어려움에 충분히 몸담지 않고 좋은 글, 좋은 기획을 외부에서 찾는 것을 지켜보는 심정은 참으로 안타깝다. 어린이 책이 어른인 우리 모두에게, 읽기엔 쉽고 만들기엔 정말 어렵게 느껴진다면 그건 또한 우리가 독자인 어린이를 모르기 때문이 아닐까. 좋은 그림책을 만들고자 한다면 어떤 독자에게 읽히기를 원하는지 작가 스스로 또렷하게 알아야 할 것이다. 어린이 책에 대해서라면 흔히들 '이 책은 아이들뿐만 아니라 어른들도 충분히 함께 즐길 만한 가치가 있는 책이다'라는 식의 말로 책을 광고한다. 알게 모르게 그림책이 가장 그렇기도 하다. 책을 읽는 것은 아이지만 책을 고르는 것은 100% 부모이기 때문일 것이다. 요즘은 '0세에서 100세까지'를 독자로 설정하는 경향까지 생겨나고 있다. 실제로 아이보다는 어른

책 밖의 어른 책 속의 아이

을 위한 그림책도 많이 있고 그런 책들은 그 자체로 독자적인 가치를 지닌다. 그러나 우리가 그림책을 만들 때는 타깃 독자를 분명하게 설정하는 일이 꼭 필요하다. 막연하게 5~6세 아이들이라는 생각은 위험하다. 관념이기 쉽다. 그보다는 구체적이고 개별적인 실제의 5살 혹은 6살인 어떤 아이를 떠올리는 것이 바람직하다. 그 아이와 소통하는 법을 익히고 그 아이를 위한 책을 만든다면 그 아이와 비슷한 연령대의 다른 모든 아이들과 소통할 수 있을 것이다. 예술적 보편성은 그렇게 개체의 표면에서 심층으로 파고 들어갈 때 획득될 수 있다. '어린이 책 그림은 이렇게 그려야 되는 거 아닐까' 하는 애매하고도 모호한 기준은 이제 버릴 때가 되었다. 오로지 아이와 이야기와 그림만을 참조할 축으로 삼고 좋은 그림책이 나올 때까지 작업에만 집중하는 것이 답이다. 어린이 책 시장은 늘 수상하고 베스트셀러가 쉽게도 나타나고 또 사라지는 것 같지만 작업자들은 어린이 책에 그림을 그리는 일도 다른 모든 창작 작업만큼 꼭 그렇게, 땀과 외로움의 산물이라는 점을 잊지 않아야한다. 그리고 무엇보다도 그 작업 역시 다른 모든 예술 분야에서처럼 쉽게 성공할 수 없고, 다른 모든 창작 작업처럼 시간이 많이, 아주 많이 걸리는 일이다.

2
책 밖의
어른

아이의 현재는

어른의 과거와

같지 않다

내가 초등학교를 다니던 60년대만 해도 자기 책을 가지고 있는 아이들은 그렇게 많지 않았다. 좀 잘 산다 싶은 집에 가야 아이들 책을 구경할 수 있었고, 그것도 기껏해야 계몽사에서 펴낸 몇 십 권짜리 세계명작전집이 고작이었다. 그러나 요즘은 사정이 아주 다르다. 이제는 책이 없어서 못 읽는 아이들은 옛날만큼 많지 않다. 무슨 책을 읽혀야 할까가 문제이고, 수없이 쏟아져 나오는 책들 중에서 아이들에게 읽히지 말아야 하는 책들을 솎아내는 것이 문제이다. 일견 단순한 것 같아 보이는 이 문제를 해결하는 일은 실제로 그렇게 쉽지가 않다는 것을 내 스스로 아이를 키우면서 절실하게 체험하고 있다.

책과 가깝게 해주는 것만이 우리 같은 부모가 아이에게 베풀어줄 수 있는 유일하고도 최선인 재산이라고 판단한 나는 첫아이가 그림책에 관심을 보이기 시작하던 무렵부터 책방에 갈 때마다 심심찮게 어린이 책 코너에 들렀다. 그러나 주욱 훑어보아도 딱히 눈에 들어오는 책도 없고 판단도 서지 않고 해서, 머릿속이 시끄럽다는 기분으로 서둘러서 책방을 벗어나곤 했다. 결국 나는 좋은 책을 읽히겠다는 욕심을 포기하고, 우리 집 주변에 널린 좋지 않은 그림책들로부터 아이의 눈을 보호해야겠다는 지극히 소극적인 태도를 가질 수밖에 없게 되었다. 그러나 아이는 점점 자라났고, 내가 치워주고 갖춰주는 데에 따라서만 책을 읽지는 않게 되었다. 책방에 데리고 가면 조야한 그림, 다듬어지지 않은 문장들로 엉성하게 만들어진 애니메이션 그림책 앞에만 붙어서 살았고, 초등학교에 들면서는 명랑 만화 같은 것에도 부쩍 관심을 보이는 것이었다. 아이에게 그 책들이 왜 나쁜지를 설명해주는 일은 그다지 바람직해 보이지 않았다. 그 책들이 주는 말초적인 재미가 추상적인 설명을 훨씬 웃도는 영향력을 아이들에게 행사하고 있는 것이 분명하기 때문이었다.

하는 수 없이, 나는 열일 제치고 아이들 책을 읽기 시작하였다. 이것은 그렇게 만만한 일이 아니었다. 거짓말 안 보태고 나는 겨우 식구들 밥 안 굶길 정도의 가사 노동을 제외하고, 책 읽고 글 쓰고 번역하는 등의 직업적인 일을 완전히 중단한 채 아이들 책만 읽었다. 그렇게 몇 달이 흘렀다. 부엌에도 거실에도 안방에도 동화책이 쌓여갔다. 아이들이 "엄마!" 하고 불러도 "잠깐만……" 해놓고 눈을 책에서 떼지 않았고, 해거름이 되어서야 "벌써 저녁 먹을 때가 되었네!" 하면서 겨우 손에서 책을 놓았다. 드디어 우리 아이는 무슨 책이기에 엄마가 저렇게 재미있게 읽을까 하고 책에 관심을 보이기 시작했다. 에너지가 넘치는지, 밥 먹는 시간만 빼면 밖에 나가서 사는 아이였다. 엄마 아빠의 직업상 책으로 가득한 집 안이

지겨운지, 자기는 이담에 커서 절대로 공부는 안 할 거라고 말해서 우리를 걱정시키던 아이였다. 집에 놀러 온 제 동무가 "너네 아빠는 책방 하시다가 망쳤니?"하고 물었다고 자존심 상해했던 아이였다. 남들은, 엄마 아빠가 늘 책을 보고 공부를 하니, 아이는 저절로 책을 읽겠다고 했지만 천만에, 엄마 아빠는 아이에게 책 읽어줄 시간이 없었고, 아이는 책에 신물이 나있었다. 그러던 아이가 집 안 구석구석에 쌓인 책들을 들여다보며 한 권 한 권 읽어나가기 시작하였다. 나가 놀지도 않고 하루 종일 빈둥대며 책만 읽었다. 재미있다고 생각되는 책은 읽고 또 읽었다. 초등학교에 입학하기 전 겨울, 아이가 저 혼자 깨친 글 읽는 솜씨를 반신반의하고 있던 나는 글씨가 좀 큼지막한 저학년용 장편 동화 한 권 정도는 하루에 너끈히 읽어내는 아이를 보고 깜짝 놀랐다. 그제서야 나는, 주변에서 아이가 책을 읽지 않는다고 걱정하는 엄마들에게 아이에게 강요하지 말고 엄마들이 먼저 아이들 책을 읽으라고 권하기 시작했다. 더할 나위 없이 좋은 방법이라고 생각되었기 때문이다. 책에 나오는 재미난 일화에 대해 넌지시 아이에게 말을 던지면 아이는 솔깃해서 책을 찾는다. 아이들이 재미있어 하는 책들이 다 좋은 책은 물론 아니다. 그러나 정말 좋은 책은 반드시 아이들이 좋아한다. 따라서 아이들 곁에 좋은 책만 가려 놓아준다면 아이들은 분명히 책을 읽는다. 문제는 좋은 책을 가려내는 수고를 감당하는 일이다. 이것은 단순히 시간을 투자한다고 되는 일도 아니고 의욕만으로 되는 일도 아니다.

수없이 책방과 도서관을 들락거리면서 얼마나 여러 번 짜증이 났었는지 모른다. 몇몇 사립 학교를 제외한 보통 공립 초등학교에는 도서관이라는 것이 유명무실하다는 게 내가 그동안 아이를 학교에 보내면서 파악한 현실이다. 담임에 따라서 학급 문고를 비치하기도 하는 모양인데, 학급 문고용으로 아이들 혹은 학부모들이 제출하는 책이란, 집에서 없애버리고 싶은 책 정도의 수준이라서 아이가 학급 문고에서 책을 빌려 읽었다고 하면 안심이 안 될 지경이었다. 그러다 보니 가장 손쉬운 것이 구립 도서관인데, 내가 살고 있는 서대문구만 해도 도서관이라곤 딱 한 곳뿐이며 어린이 전문 도서관은 서울시를 통틀어서 단 한 곳에 불과하다.[1] 그 밖에 인표 도서관 등의 공공시설이 있지만 찾아다니기가 쉽지 않다. 이렇게 책을 빌려볼 수 있는 시설이 턱없이 부족하기 때문에 대부분의 부모들은 아이들에게 책을 사준다. 그러기 위해서 드는 시간적·경제적 소비는 차치하고라도 책을 잘못 골랐을 경우는 처치가 곤란해진다. 밥을 먹여야 할 아이의 손 닿는 곳에 단것을 이리저리 늘어놓았을 때처럼 마음이 안 편해진다……

아이 책을 고르기 위해 책방에 드나들면서, 이리저리 구해온 책들을 읽으면서 나는 나보다 이런 일들에 덜 익숙한 사람이 겪을 고충을 상상하니 끔찍했다. 도대체 부모 노릇을 하는 일이 이렇게 어려워서야 어떻게 살겠나 싶었고, 학교 교육에 대해서는 어디까지 포기해야 하는 건지 화가

---

1 (이 책이 초판으로 나왔던 90년대 상황을 뜻한다. 현재에는 약 80여 곳의 어린이 전문 도서관이 서울시에서 운영되고 있다. -편집자주)

치밀었다. 이 땅에 허다한 어린이 문학가들은 다 근무 태만이라는 생각에 또 화가 났다. 아이들 학교 앞에서 불량 식품을 판다고 텔레비전 뉴스에서 보도를 하던데 상업주의에 빠진 어린이 책 시장에 대해서는 왜 아무 말이 없는지, 아이들 먹는 음식에 대해서는 신경과민이다 싶을 정도로 열심인 엄마들이 아이들 책은 그저 전집으로 사다 안길 정도로 왜 편한 것만 찾는지, 신문마다 잡지마다 서평란이 있는데, 왜 아이들 책에 대해서만은 그런 지면도 없는지 이해가 안 되었다. 한마디로 큰일 났다는 생각이 들었고, 사회의 무관심 속에 방치된 채 중구난방으로 쏟아져 나오는 아이들 책을 학부모 자신들이 꼼꼼하게 들여다보고 비판의 소리를 높이는 수밖에 없다는 생각이 들었다. 우리나라처럼 교육열이 높은 나라도 없다. 우리나라 어머니들처럼 자식들의 거름이 되기를 마다하지 않는 어머니를 찾아보기도 쉽지 않다. 그런 우리의 어머니와 아버지들이 아이들 책에 조금씩만 관심을 보태어 준다면 우리 어린이들은 지금보다 훨씬 질 높은 읽을거리를 가질 수 있을 거라고 생각한다. 어린이 책에 관심을 가지고 일을 하는 동안 나는, 많은 부모들이 나처럼 아이들 책 읽히는 문제로 고민을 한다는 것을 확인하였다. 그럼에도 불구하고 그 고민이 진지한 물음의 형태로 우리 문화 속에 자리하지 않는다는 것은 내겐 이해할 수 없는 현상이었다. 필요한 일은 어떤 형태로든 시작을 해야 한다. 앞으로 점점 더 많은 사람들이 눈을 밝히고 아이들 책을 읽기를, 이 책을 읽는 낯모르는 독자가 내 생각에 전염되기보다는 내가 아직 읽지 않은 또 다른 책들에 대해 더 많은 생각을 하게 되기를, 그리고 무엇보다도 좋지 않은 책들에 대해서 비판의 소리가 높아지기를 바란다.

여기에 실린 글들은 문학적이기보다는 일상적인 사유의 결실이다. 그간의 직업적 편력에도 불구하고 평론을 한다는 마음보다는 아이를 기르는 어미의 입장에서, 아이 기르다가 보면 부닥치게 되는 여러 가지 상념들과 연관 지어서 이 글을 썼기 때문이다. 굳이 이런 말을 하는 까닭은 누구보다도 아이 키우는 부모들이 이 책을 읽어주었으면 좋겠다는 뜻에서이다. 그러나 이 작은 한 권의 책에서 아이들 책을 고르는 요령이나, 어떤 책이 좋다는 조언 같은 것 혹은 어린이 문학 비평 자료 같은 것을 바라는 독자는 실망을 하리라는 것을 미리 말해두고 싶다. 여기에 실린 글들은 아이들 책을 하나하나 읽어나가면서 숱하게 떠오르는 생각들을 그저 정리해둔 것에 불과하므로. 어린이 책을 읽는 일은 어른 책을 읽는 일과는 또 다른 의미로 힘이 든다. 어린이 문학을 둘러싼 지면에서는 희망과 정열의 흔적을 보기란 쉽지 않고, 공공연한 회의와 절망, 심지어 미움(!)의 말들만 낡은 녹음 테이프처럼 반복, 재생될 뿐이어서 무력감이 팽배해 있기 때문이다. 나 역시 그 무력감의 포로가 되지 않기 위하여 끊임없이 긍정적으로 생각하고 인내해야 했다. 그것을 가능하게 해준 것은 역시 우리 아이들이었다. 나의 두 아이들, 그리고 이 땅에서 그 아이들과 함께 살아갈 다른 모든 아이들을 지켜주어야 하겠다는 어미로서의 본능이었다.

하지만 아이들 책을 읽는 것은 사실, 그렇게 나쁘지만은 않았다. 매일매일 쓰다듬고 야단치면서 키우는 아이지만 아이의 속생각을 알 수 없어 답답할 때가 많다. 그럴 때마다 내가 내 아이만 했을 때를 기억해보지만 이미 어른이 된 나의 유년은 과거 속에 묻힌 채 보일 듯 말듯 모습을 드러내는 것이 고작이다. 뿐만 아니라 나의 현재는 나의 과거에 서로 다른 여러 개의 해석 가능성을 쉬임 없이 부여한다. 따라서 내가 아이였을 적, 분명 현재의 기억과는 다르게 느꼈을 모든 체험들을 있었던 그대로 아이의 입장에서 되짚어본다는 것은 본질적으로 불가능한 일이다. 그러므로(?) 어른인 나는 매일매일 밥해 먹이고, 머리 빗겨주고, 숙제도 돌보아 주는 내 아이의 머릿속, 가슴속을 편견 없이 헤아려볼 수는 없으리라는 깨달음은 차라리 슬픔이었다. 내 손이 조금만 덜 필요해지면 아이는 곧장, "엄마는 몰라!" 하고 신경질을 부리며 내 품을 떠날 것만 같은 위기감. 어쩌면 나의 어린이 책 읽기는 이런 위기감, 어른들의 과거는 아이들의 현재와 같지 않다는 깨달음에서 비롯되었다고 할 수 있다. 실제로, 동화 속에 나오는 수많은 아이들을 통해서 나는 아이들 마음을 읽는 연습을 했고, 아이들의 현실을 좀 더 자세하게 들여다볼 수 있었다. 어쩌다가 한 권씩 마음에 드는 동화라도 만날라치면 삶을 다시금 긍정적으로 바라다볼 힘이 생기기도 했다. 이 세상 어디에나 아이들이 자란다는 사실을 기억하는 일은 분명 행복이었다. 자식들과 함께 어린이 책을 읽는 부모들이 점점 많아지기를, 그래서 좋은 작품을 쓰는 작가들이 하나둘 늘어나기를, 그리하여 어느 날엔가는 부모들이 일일이 간섭하지 않아도 아이들 스스로 책을 골라 읽어도 괜찮은 날이 하루빨리 오기를 기대해본다.

책 밖의 어른 책 속의 아이

"

개미와 베짱이

이야기

이솝에서 라퐁텐 그리고 레오 리오니에 이르기까지

동서양을 막론하고 「개미와 베짱이」 이야기를 한 번이라도 들어보지 않은 사람은 없을 것이다. 우화라는 독특한 형식을 지니고 있는 이 이야기를 대부분의 아이들은 말귀를 알아듣기 시작하는 나이에 접하게 된다. 그러나 재미와 교훈성을 고루 갖추고 있는 이 이야기들을 자세히 들여다보면 판단력이 거의 없는 유아들보다는 상당한 지력을 갖춘 나이에 이른 아이들에게 읽히는 것이 옳다는 생각이 든다. 어렸을 때에 읽은 이후 또렷하게 머릿속에 박혀 있는 이 이야기를 내가 다시 접하게 된 것은 첫아이가 자라면서 그림책을 읽어달라고 조르기 시작했을 때였다. 무더운 여름날, 개미는 땀을 뻘뻘 흘리면서 일을 하고 베짱이는 시원한 나무 그늘에서 노래만 부르고 있다. 베짱이는 "저 미련한 개미들 좀 봐……" 하고 놀렸고, 개미들은 "추운 겨울이 오면 무얼 먹고 살려고 저렇게 놀기만 할까?" 하고 걱정하였다. 드디어 겨울이 왔고, 먹을 것이 없는 베짱이는 초라한 행색으로 구걸을 나서지만, 여름내 땀 흘려 일한 개미는 풍요롭고 따뜻한 집 안에서 안락한 생활을 한다. 그리고 양식을 구걸하러 온 베짱이를 "일하지 않고 놀고 먹으려 하다니 정말 게으름뱅이군"[1] 하고 야멸차게 거절해서 내쫓는다.

「개미와 베짱이」는 물론 그 유명한 『이솝 이야기』 중의 한 편이다. 기원전 5세기 그리스 역사가 헤로도토스에 의하면 이솝은 기원전 6세기경에 살았던 노예라고 전해지지만 이솝의 존재에 대해서는 여러 가지 설이 있으며 심지어 실제로 존재했던 인물이라기보다는 전설적인 인물이라는 설도 있다. 기록에 의하면, 기원전 3세기부터 엮어졌다는 이솝 우화집에서 출발하는 이솝 이야기는 이천 년이 넘는 세월 동안 지역과 언어의 경계를 달리하면서 사람들에게 읽혀지고 있다. 그렇게 널리널리 오래오래 퍼져 나가는 동안 이솝의 우화들은 간단 명쾌한 이야기의 골격과 교훈만이 유지될 뿐 시대를 달리하면서 옮겨 쓰는 사람에 따라 수없는 윤색을 거쳐서 여러 가지 모양으로 전해져 오고 있다. 「개미와 베짱이」의 경우도 예외는 아니어서 개미와 베짱이라는 인물과 그들의 관계에 대해서 수많은 첨삭과 왜곡이 행해졌다. 옮겨 쓴 이가 누구이든, 이 이야기의 중심 인물은 베짱이이다.

이야기의 초반부, 베짱이는 "무슨 겨울 준비를 벌써부터 해?" 하면서 근면하고 묵묵하게 일하는 개미들을 비웃는다. 장면이 바뀌어 겨울이 오자, "춥고 배고파서 죽을 것 같은" 베짱이는 "개미님! 개미님! 먹을 것 좀 주세요"[2] 하고 거의 비굴하게 태도를 바꾼다. 이준연과 심경석이 각각 다

---

1 심경석 글, 홍성찬 그림, 「개미와 베짱이」, 동화출판공사, 1989.
2 이준연 글, 이우경 그림, 『이솝 이야기』2, 한국프뢰벨주식회사, 1992.

시 쓴 이 이야기는 시간의 순서를 따라 여름에서부터 시작되면서 개미의 부지런함과 베짱이의 게으름을 더욱더 대비시키고 있지만, 러셀 애시, 버나드 하이튼이 새로 편집한 『이솝 이야기』[3]나 『라퐁텐 우화』에 따르면 이야기는 보다 극적으로 어느 추운 겨울날 베짱이가 개미에게 먹을 양식을 구하러 오는 것으로 시작된다. 어쨌든 이 이야기의 절정은 겨울이 다가온 다음 베짱이가 개미에게 먹을 것을 구하러 가는 대목이다. 그림책마다 조금씩 다르지만 이 부분에서 글쓴이들은 베짱이의 모습을 초라하고 불쌍하게 보이게 하기 위해서, 그리고 개미를 보다 풍요롭게 보이게 하기 위해서 글과 그림을 수없이 윤색하고 있다. 내가 우리 아이에게 이 이야기를 읽어주던 때, 아이는 채 세 돌이 못 되었었는데, 베짱이가 개미의 집에 먹을 것을 구하러 가는 장면, 개미에게 문전박대당하는 장면에서 훌쩍훌쩍 우는 것이었다. 아이가 보인 뜻밖의 반응은 나를 한참 생각하게 만들었다.

열심히 일하는 근면 성실을 미덕으로 강조하는 이 이야기에서 개미가 먹을 것을 충분하게 쌓아두고 있으면서도 추위와 배고픔에 떠는 베짱이에게 야박하게 거절을 하는 것에 대해서 이상하게도 그때까지 나는 한번도 의심을 품어본 적이 없었다. 일하지 않고 게으르게 지낸 베짱이는 그런 대접을 받아 마땅하고, 여름내 열심히 일을 해서 양식을 모은 개미는 추운 겨울을 따스하고 배부르게 나는 것이 당연한 것이라고, 누군가에게서, 언제부터인가 세뇌당해 있었다는 사실이 아이의 반응을 통해서 새삼

---

3 러셀 애시 글, 버나드 하이튼 편집 구성, 박상률 옮김, 『이솝 이야기』, 중앙일보사, 1995.

스럽게 울림이 되어왔다.

　이솝은 곱사등이에다가 난쟁이였던 보기 흉한 그리스의 노예였고, 이리저리 팔려 다니며 인간답지 못한 삶을 살면서도, 삶의 위기를 넘기는 고비 고비에서 뛰어난 지혜를 발휘하여 살아남은 것으로 유명하다. 당시 유행하던 궤변 철학에 빠진 학자들도 따르지 못할 우화의 논리로 사람들의 존경을 한 몸에 받았던 이솝이 전하는 수많은 이야기들은 노예로서 어떻게 처신해야 몸을 지키고 살아남을 수 있는가를 '가르쳐 준다.' 그래서 더 이상 노예가 없는 시대, 노예의 철학과는 다른 철학이 요구되는 오늘날에는 「개미와 베짱이」 같은 대표적인 우화들을 비판하거나, 시각을 달리하여 다시 쓰거나 하는 작업들이 많이 행해지고 있다. 근면 성실의 표상인 개미의 태도는 뒤집어보면 지나친 순응주의의 함정일 수도 있다는 해석이 그것이다. 주로 글쓰기 연습용으로 씌어지는 이러한 논의와 다시 쓰인 예문들은 참으로 타당하고도 필요하다.[4] 그럼에도 불구하고, 그런 이야기들은 이솝의 이야기가 이천 년이 넘는 세월 동안 세계 여러 나라 사람들의 수많은 사랑을 받아왔던 것과는 비교가 안 될 정도로 빈약하다. 이솝의 이야기나, 이솝의 이야기를 비판하기 위하여 개작한 이야기나 양자가 다 문학 작품과는 거리가 먼, 순전한 지력(智力)의 산물이라는 공통성을 지닌다. 전자가 생존을 위한 치열한 투쟁이었다면 후자는 일정한 이

4　이렇게 다시 쓰인 이야기의 예는 가령, 이덕주·공분근 글, 「다시 읽는 이솝 우화」, 내일을여는책, 1994에서 찾아볼 수 있다.

데올로기를 합리화하기 위한 탁상공론일 수 있다는 것이 차이라면 차이일 뿐이다. 인간의 감성에 호소하기보다는 지력에 의존한다는 바로 이 점이 이런 이야기들이 쉽게 독자의 관심을 끌고, 또 쉽게 독자를 식상하게 한다.

이야기가 전하는 어떤 분위기보다는 근면 성실해야 한다는 교훈으로 기억하고 있던 「개미와 베짱이」 이야기에 대해서, 나로 하여금 새롭게 관심 갖게 만든 것은 순전히 딸아이의 감성적인 반응 때문이었다. 물론 아이의 울음은 이 우화의 본질적인 부분보다는 베짱이가 구걸하러 가는 정경에 대한 과장된 묘사 때문이었지만, 아이의 울음으로 인해 나는 프랑스의 라퐁텐의 우화 원전을 확인해보고 싶은 호기심을 갖게 되었다. 「개미와 매미」라는 제목이 붙은 라퐁텐의 텍스트는 개미가 더운 여름날 땀을 흘리며 일하고 매미는 시원한 그늘에서 노래를 부르는 장면에 대한 묘사를 쑥 빼고,

여름 내내 노래만 불렀기 때문에
찬바람이 불어 닥쳤을 때
매미는 형편이 말이 아니었습니다. [5]

---

5 이 글이 인용한 라퐁텐의 글은 La Fontaine, Fables, GF-Flammarion, 1966에 실린 것을 필자가 우리말로 옮긴 것이다. 참고로, 라퐁텐 우화는 다음과 같은 두 개의 대표적인 번역본이 국내에 출간되어 있음을 밝혀둔다. 민희식 옮김, 「라퐁텐 우화집」, 창우사, 1986; 장소원 옮김, 「라퐁텐 우화집」, 삼일서적, 1996.

하고 행동의 결과만을 제시하는 것으로 시작된다. 그리고 매미가 개미에게 "배고픔을 호소하러" 간 장면을 자세히 그리고 있는데, 매미는 개미에게 전혀 '구걸'하지 않는다. 그리고 식량을 빌려달라는 말을 하면서도 매미는 품위를 조금도 잃지 않는다.

> 새 봄이 되면,
> 원금에 이자를 합쳐서
> 꼭 갚아드리리다.
> 동물의 신의를 걸고·약속을 드리지요.

그러나 개미도 만만치 않다. 밤낮으로 노래만 했다는 매미의 말에, 여전히 예의를 다한 말투로 이렇게 비웃어준다.

> 노래를 부르셨다구요? 그럼, 이제
> 춤을 추시면 딱 맞겠는데요!

이솝 우화 속에서처럼, 개미는 "놀고 먹는 베짱이한테 줄 식량은 없어"[6] 하고 모욕적인 거절을 하거나, "일하지 않고 놀고 먹으려 하다니 정말 게으름뱅이군"[7] 하고 잔소리를 하거나, 여름엔 노래를 했다니 이젠 춤

---

6 이준연 글, 앞의 책.
7 심경석 글, 앞의 책.

책 밖의 어른 책 속의 아이

이나 추라며 "깔깔 웃으면서 다시 일을 계속"하지는 않는다. 그렇게 직선적인 개미의 모습은 여기에서는 더 이상 찾아볼 수 없다. 게다가 라퐁텐은 개미에 대해서

개미는 빌려주는 것을 좋아하지 않았다.
개미는 다 좋은데 그게 나빴다.

하고 새로운 해석을 붙이고 있다. 이솝의 우화가 살아남기 위한 심각하기 짝이 없는 직설법으로 쓰여 있다면, 라퐁텐의 우화는 노래가 되는 아름다움, 여유로움을 풍기는 간접 화법으로 쓰여 있다. 이솝은 근면 성실을 미덕이라고 단도직입적으로 가르치고 있는 반면, 개미의 탐욕에 대해서는 전혀 언급하지 않는다. 그러나 라퐁텐은 굶을망정 먹을 것을 구걸하기 위해 비굴해지지 않고 "동물의 신의"까지 내거는 매미와 빌려주는 것을 좋아하지 않는 단점을 가진 개미를 새로운 시각으로 조명하고 있다. 큰 차이가 있다, 근면 성실한 개미와 탐욕스런 개미 사이에. 게으름뱅이에다가 배고픔 앞에서 "전 몹시 배가 고파요"라고 구걸하면서 개미의 동정을 구하는[8] 베짱이, 개미의 쌀쌀맞은 태도 앞에서 눈물을 흘리는 베짱이,[9] 개미의 야유 앞에서 "내가 어리석었어요. 당신들이 부지런히 일할 때 놀지 않고 일했더라면, 지금 이런 꼴이 되지는 않았겠지요"[10]라고

---

8 러셀 애시 글, 앞의 책.
9 심경석 글, 앞의 책.
10 이덕주·공분근 글, 앞의 책.

말하며 비굴해지는 베짱이와 여름내 노래를 불렀을망정 원금에 이자까지 갚겠으니 곡식을 약간만 '빌려'달라고 품위 있게 청하는 매미 사이에. 산문과 운문 사이에. 이솝의 우화를 읽으면 시종일관 '게으른 자는 게으른 대가를 받는다'는 뼈아픈 가르침을 받게 된다. 라퐁텐의 우화를 읽으면 매미와 개미 사이의 팽팽한 긴장과 평등 위에 감도는 경쾌한 이성의 빛을 즐기게 된다. '교훈'과 '문학'의 차이.

「개미와 베짱이」 이야기를 이솝의 우화로가 아니라 라퐁텐의 우화로 읽었더라면 딸아이가 울기는커녕 웃었으리라는 짐작을 하면서 이 주제를 좀 더 다르게 형상화한 책을 찾던 내 눈에 뜨인 것은 이탈리아의 그림책 작가 레오 리오니의 『잠잠이』[11]였다. 남들이 다 일하는 데 혼자서만 놀고 (?) 있는 인물을 다룬 주제는 같지만, 『잠잠이』에는 매미나 개미가 등장하지 않음으로써 우선, 독자로 하여금 이솝이나 라퐁텐으로부터 떠날 수 있는 자유를 맛보게 한다. 잠잠이는 주인이 떠나버린 빈 곳간에 살고 있는 다섯 마리 쥐 가족 중의 한 마리이다. 또한 다른 네 마리의 쥐와 같은 종족에 속할 뿐만 아니라 가족이기까지 하다. 매미와 개미가 종족을 달리하는 근본적인 차이성을 내포하고 있는 반면 잠잠이와 나머지 네 마리의 쥐는 같은 가족의 구성원으로서 쉽게 서로에게 적대감을 가질 수 없다. 레오 리오니는 이런 식으로 다섯 마리 쥐들이 동질성을 갖게 함으로써 모종의 정서적 공감대를 전제로 이야기를 시작한다. 따라서, 머지않아 다가올

---

11 레오 리오니 글·그림, 이승희 옮김, 『잠잠이』, 분도출판사, 1980.

책 밖의 어른 책 속의 아이

겨울을 위해 양식을 준비하느라 분주한 쥐들과 가만히 앉아 있는 잠잠이 사이의 대화도 매미와 개미 사이의 그것에 비해 훨씬 따뜻하다. 왜 너는 일을 하지 않느냐는 다른 쥐들의 물음에 잠잠이는 이렇게 대답한다. "나도 일하고 있어…… 춥고 어두운 겨울날을 위해 햇빛을 모으고 있는 중이란다" 혹은 "빛깔을 모으는 거야…… 겨울은 잿빛이니까" 또는 "말을 모으고 있는 거야. 길고 긴 겨울철, 얘깃거리마저 없어지는 날을 위해……"

이윽고 겨울이 닥치자 잠잠이의 가족은 그동안 모아놓은 양식으로 따뜻한 겨우살이를 시작한다. 처음 한동안은 모든 게 풍족하고 모두들 행복하다. 그러나 차츰 양식이 동이 나고 기나긴 겨울 속에서 봄의 기억이 가물가물하다. 집 안은 썰렁하고 식구들은 모두 말을 잃었다. 이때쯤 모두들 잠잠이가 모은다던 햇빛과 빛깔에 대해 궁금해하기 시작한다. 그러자 잠잠이가 그들 모두에게 눈을 감으라고 한 후, 이야기를 시작한다. "자, 너희들에게 햇빛을 보내주마. 얼마나 눈부신 햇살인지 알겠니?" 이상하게도 모두들 따스함을 느꼈다. 잠잠이는 또 "새파란 덩굴 꽃이며 빨간 양귀비, 노란 밀 이삭과 짙푸른 딸기 잎" 같은 것들에 대해서 이야기를 했다. 모두들 그 빛깔들이 또렷이 보이는 기분이었다. 잠잠이는 또 봄·여름·가을·겨울의 변화에 대해서, 날씨에 대해서, 자연에 대해서 가만가만 노래하듯 그동안 '모아둔' 말들을 읊조린다. 잠잠이가 말을 마치자 모두들 박수를 치며 말한다. "야, 너는 시인이구나!" 이 말에 잠잠이가 수줍은 듯 대답한다. "나도 알고 있어."

잠잠이와 다른 쥐들 사이의 대화에는 매미와 개미 사이의 그것과 같은 어떠한 적대감도 비아냥거림도 끼어들어 있지 않다. 서로가 서로를 존중하고 차이를 인정한다. 다른 쥐들이 양식을 모을 동안 잠잠이는 색과 빛과 말들을 모은다. 그리고 정작 겨울이 와서 양식과 마찬가지로 색과 빛과 말들이 귀해졌을 때에 잠잠이와 다른 식구들은 이 모든 것을 함께 나눈다. 그리고 무엇보다도 잠잠이를 시인으로 인정해주고, 잠잠이도 다른 가족들이 몸의 굶주림을 위한 양식을 모으기 위해 땀 흘려 노동한 것과 영혼의 풍요를 위해 자신이 정신적으로 노동한 것을 등가의 것으로 인식한다. 스스로 시인으로서의 자기 정체성을 믿는다. 수줍은 듯, 그러나 또한 자신의 존재에 대한 확신을 가지고. 이솝에서 라퐁텐으로 그리고 라퐁텐에서 레오 리오니로 그러니까 기원전 3세기에서 17세기로, 그리고 17세기에서 20세기로 거쳐오면서 「개미와 베짱이」 이야기가 전하는 교훈은 이렇게 변하고 있다. 뿐만 아니라 점점 더 감성에 호소하는 시의 아름다움을 가진 문체로 변해감으로써, 지력에 호소하는 교훈성 강한 우화라는 형식에 문학성을 더해가고 있다.

책 밖의 어른 책 속의 아이

똥 이야기 그림책

세 권

프로이트의 정신성적(精神性的) 연령에 따르면 만 3세에서 5세에 이르는 나이는 항문기에 해당한다. 이 또래의 아이들은 엉덩이·똥·배꼽 같은 낱말에 쾌감을 느끼는지 깔깔거리면서 재미있어 한다. 그래서 그런지 아이들 그림책에 똥을 주제로 부각시킨 작품들이 꽤 나와 있다. 가도노 에이코 글, 사사키 요코 그림의 『아기 코끼리의 똥』, 권정생이 쓰고 정승각이 그린 『강아지 똥』, 베르너 홀츠바르트 글, 울프 에를브루흐 그림의 『누가 내 머리에 똥 쌌어?』가 그 대표적인 예이다.

이 세 권의 그림책은 다 똥과 관계되는 공통된 제목을 갖고 있지만 일본과 독일과 한국이라는 작가들의 국적만큼이나 참으로 서로 다르다. 『아기 코끼리의 똥』[1]은 코끼리·하마·악어·사자·원숭이·고슴도치가 누구 똥이 제일 큰가 내기를 하기로 하고 밥을 많이 먹고 와서 똥을 누지만 결국 코끼리가 일등을 하고 몸이 가장 작은 고슴도치가 꼴찌를 하지만 치울 때는 고슴도치가 일등을 한다는 내용이다. 똥 누기 시합을 한다는 소재 자체가 아이들에게 상당히 감각적인 재미를 준다. 그리고 똥에 관하여, 몸집이 가장 크고 따라서 가장 많이 먹는 코끼리(내기를 하는 동물들은 모두 '아

---

1 가도노 에이코 글, 사사키 요코 그림, 『아기 코끼리의 똥』, 지경사, 1992.

기'들이며, 그 중에서 코끼리가 다른 동물들에 비해 현저하게 크게 그려져 있다)가 가장 큰 똥을 눈다는, 따라서 똥은 먹는 것과 관계가 있다는 이야기를 하고 있다. 눈에 보이는 똥과 음식이 똥으로 변하는, 뱃속에서 일어나는 보이지 않는 변화 과정의 관계를 보여준다. 똥 누기 내기를 통해서 '큰 똥 – 일등'에 집중되었을지도 모르는 어린 독자들의 가치관을 마지막에 똥 치우기 내기를 통해서 '작은 똥 – 일등'으로 뒤집어 보여주는 배려도 눈에 띈다.

『아기 코끼리의 똥』이 감각적인 재미와 적당한 교훈을 주는 데에 비하여 『누가 내 머리에 똥 쌌어?』[2]는 똥에 대한 상당히 체계적인 관찰 태도를 보여주고 있다. 땅에서 고개를 내밀던 두더지가 느닷없이 똥 세례를 받는다. 눈이 나쁜데다가 똥이 머리에 얹힌 두더지는 복수를 하려 해도 누구 똥인지 알 수가 없다. 비둘기·말·토끼·염소·소·돼지에게 차례로 따지고 다녔지만 비둘기·말·토끼·염소·소·돼지는 각각 똥을 싸보이며 두더지 머리 위에 얹힌 똥과 자기 똥은 전혀 다른 모양인 것을 입증해 보여준다. 그러다가 만난 파리가 두더지 머리 위에 얹힌 똥의 냄새를 맡아보고는 개의 똥이라는 것을 알려준다. 마지막으로 개를 찾아간 두더지가 개 집 지붕에 올라가 자신의 작은 똥을 개의 넓은 이마에 톡 튀겨주어 앙갚음을 한다. 글과 그림이 모두 군더더기가 하나도 없다. 카메라의 렌즈를 클로즈업시켰을 때처럼 대상 물체(더러 부분)를 커다랗게 확대한 전혀

2 베르너 홀츠바르트 글, 볼프 에를브루흐 그림, 『누가 내 머리에 똥 쌌어?』, 사계절, 1993.

책 밖의 어른 책 속의 아이

배경이 없는 그림. 대화를 할 때는 동물과 동물의 얼굴이, 똥을 누어보일 때에는 엉덩이가 그려져 있다. 글 또한 똥에 관한 것 말고는 그림으로 치면 배경이라고 할 만한, 등장하는 동물의 생활이나 환경에 관한 어떠한 언급도 없다. 독자의 눈은 자연스럽게 두더지의 눈에 합해져 똥에 집중될 수밖에 없다. 그리고 집중된 만큼 자세하게 들여다볼 수밖에 없다. 자세히 들여다보고서 비둘기·말·토끼·염소·소·돼지의 똥의 모습이 각각 다르다는 사실을 깨닫게 된다. 그러나 결국 두더지 머리 위에 얹힌 똥이 누구 똥인가를 알아내는 것은 냄새로 사물을 감지하는 파리이다. 너무나 구체적인 냄새와 모양으로 완성된 똥. 그러나 그 똥을 찾아가는 경로는 철저하게 실증적이다.

『강아지 똥』[3]은 이와는 정반대인 경우다. 강아지 한 마리가 길을 가다 누고 간 똥. 그 똥이 역시 길가에 떨어진 밭에서 온 흙과 만난다. 더럽다고 외면당하고 슬피 우는 똥에게 흙은 가뭄 때문에 제 몸으로 키우던 채소를 다 말려 죽이는 몹쓸 짓을 했다는 죄의식으로 눈물을 흘리며 강아지 똥에게 이야기한다. 참회의 눈물을 흘리던 흙덩이를 우연히 지나가던 밭 주인이 수레에 주워 담아가자, 아무짝에도 쓸모없다는 열등의식에 시달리던 강아지 똥은 민들레를 만난다. 거름으로 변하면 민들레를 도와 고운 꽃을 피울 수 있다는 말을 듣고 기쁨의 눈물을 흘리며 잘게 잘게 부서져 흙 속으로 빨려들어가 돌담가 한 송이 어여쁜 민들레가 피어나는 데

---

3 권정생 글, 정승각 그림, 『강아지 똥』, 길벗어린이, 1996.

에 자기 몸을 바친다. 권정생 동화의 많은 부분이 그러하듯, 『강아지 똥』 역시 흙과 자연과 생명 그리고 올바른 삶에 대한 꼿꼿한 가치관을 보여준다. 비와 똥과 흙이 어우러져 한 송이 민들레로 피어나는 장면은 정승각의 설득력 있는 그림의 힘을 더해서 몹시 감동적이다. 흙과 멀리 사는 요즘음 아이들이 흙에 새롭게 눈뜨게 될지도 모르겠다. 『아기 코끼리의 똥』이나 『누가 내 머리에 똥 쌌어?』의 똥은 더도 덜도 아닌 똥이다. 그냥 똥이다. 그러나 『강아지 똥』의 똥은 그냥 똥이 아니다. 강아지 흰둥이가 돌담가에 누고 간 구체적인 사물 똥은 의인화를 거쳐서 존재의 문제라는 추상이 되어 있다. 냄새, 모양, 음식물이 소화 흡수되고 난 찌꺼기라는 똥의 본질에서 멀어진 채, '착하게 살고' 싶은 의지 '무엇엔가 소용'이 되고 싶은 욕망을 담고 있는 하나의 관념이 되어 있다. 똥이 비와 어우러져 흙속에 스며들어 한 송이 꽃을 피우는 데에 거름이 되는 이야기를 이렇게 비장하게 해야 할까? 자기 몸을 부수어 흙 속에 섞여 꽃의 거름이 되면서 없어지는 것은 커다란 희생이다. 크든 작든 인간과 인간이 모여 살아가면서 희생과 봉사 정신은 꼭 필요한 덕목이다. 그런 덕목은 아이들에게 몸으로 익혀주어야 한다. 몸에 익도록 해주기 위해서는 관념보다 훨씬 구체적인 것을 통해서 아이들에게 다가가야 한다. 착하게 살고 싶고, 쓸모 있는 존재가 되고 싶어서 눈물 흘리는 강아지 똥, 가뭄에 채소가 말라 죽었기 때문에 벌을 받아 밭에서 버림받았다고 생각하는 흙덩이(가뭄 때문에 채소가 죽었다면 그것은 흙의 죄가 아니지 않을까?)는 강요된 희생정신, 죄의식을 보여준다.

책 밖의 어른 책 속의 아이

1996년 길벗어린이에서 출간된 그림책『강아지 똥』은 1969년 월간『기독교 교육』에 당선된 이 작가의 같은 제목의 동화를 줄여 놓았다. 원작을 찾아보면 흙덩이의 죄의식이 이렇게 간단하지 않다. 흙덩이의 자책에 대해 강아지 똥은 가뭄에 고추나무가 말라 죽은 것을 자기 잘못이라고 하는 것은 잘못된 생각이 아니냐는 문제를 제기한다. 그리고 흙덩이가 죄의식을 느끼는 것은 고추나무가 햇볕에 말라 죽었다는 외부 상황 때문이 아니라, "내 몸뚱이에다가 온통 뿌리를 박고 나 하나만을 의지하고 있"는 동안 제 몸뚱이의 물기를 다 빨아버리는 고추나무를 너무나 미워한 나머지 죽어버리라고 저주까지 했던 기억이 잊혀지지 않기 때문이다. 이렇게 노출된 자의식은『강아지 똥』의 세계가 죄의식에 대한 단순한 흑백 논리를 강요하고 있지 않음을 보여준다. 그리고 이 부분에 이어지는, 흙덩이가 자기 밭주인의 달구지에 다시 실려가게 되는 것은 완전한 우연에 의해서가 아니라 흙덩이의 사뭇 종교적인 성찰과 관계가 있음을 짐작하게 해준다. 그림책은 종종 원작 동화를 줄여서 싣는다. 무책임한 줄거리 요약은 이런 결과를 낳는다.

이렇게 깊고 커다란 사유를 담고 있는『강아지 똥』은 저만치 앞에서 밝은 눈으로 아이들을 이끌어주려 한다. 단순함을 존재의 특성으로 가진 아이들은『강아지 똥』의 깊이와 크기를 얼마나 감지할 수 있을까. 이제 우리 창작 동화도 방향을 바꿔서 아이들 쪽에 서서 세상과 사물을 바라보고 사유할 때가 되지 않았을까. 같은 이야기라도 아이들 눈에 잘 보이고, 아이들 마음에 쏙 들어가 자리하도록 쓸 때가 되지 않았을까. 균형 감각이 전혀 없이, 질에 대한 고려가 쏙 빠진 채, 뺄셈과 나눗셈에는 통 관심을 보이지 않고 덧셈과 곱셈만 거듭하듯 기형적으로 '발전'하는 이 사회, 그 불어나는 숫자의 그늘 속에서, 개혁에 개혁을 거듭해도 또 개혁을 해야 한다는 목소리만 높은 교육 현실 속에서, 어른들에 의해 이리저리 내몰리는 아이들의 삶을 좀 자세히 들여다 보아야 할 때가 되지 않았을까. 어린이 문학이 어둠 속에서 고고하게 빛나는 "영원히 꺼지지 않는 아름다운 불빛"(줄이지 않은 원래의 『강아지 똥』 중에서)이기보다, 지치고 힘든 아이들을 밑에서, 뒤에서 받쳐주고 밀어줄 수 있는 보이지 않는 손일 수는 없을까. 제 몸을 드러내지 않고도 양분이 되어 아이들을 활짝 피어나게 하는 '거름'이 될 수는 없을까.

책 밖의 어른 책 속의 아이

어른들의 수채화,

아이들의 크레파스화

나는 어린이 문학을 전공하지도 않았고, 아동 문학계 사람들도 전혀 모르기 때문에 어떤 동화를 읽는 경우, 그 작가와의 만남은 전혀 편견 없는 작품과의 만남이 된다. 작품을 선택하는 과정에서도 알 만한 사람들에게 귀동냥을 하는 일이 없다. 사전 정보가 전혀 없이 서점과 도서관을 뒤지며 아이에게 열심히 책을 골라주는 부모의 입장을 몸으로 구현하기 위해서 부러 고집스럽게 그러기도 하지만 일반 소설이나 시에 대해서처럼 각종 지면에서 언급하는 일이 거의 없기 때문에 그다지 애를 쓰지 않아도 내 입장은 저절로 순수(?)해질 수밖에 없다. 그런데 정채봉이라는 작가의 경우는 좀 달랐다. 그의 책이 서점가에서 꽤 많은 판매 부수를 기록하면서부터는 여러 가지 광고의 형태로 그의 책에 대한 일차 정보들이 자꾸 눈에 들어왔다. 다른 작가들의 경우는 제목 위에 아무개 창작집, 아무개 장편 동화 정도의 언급이 되어 있는 반면, 이 작가의 책들에는 '생각하는 동화' '어른들을 위한 동화' '사색 동화' 등의 알 듯 말 듯한 꼬리표들이 달려 있었다. 불행히도 나는 정채봉의 동화를 읽어보기 전에 그런 꼬리표들이 무얼 의미 하는가를 곰곰 생각해보기 시작했다. 모든 문학 작품은 당연히 생각하면서 읽어야 한다. 좋은 작품일수록 사색의 깊이를 더해준다. 따라서 생각이나 사색 같은 낱말은 굳이 내세우지 않아도 작품 속에

녹아 있다. 그래서 어떤 문학 작품에 대해서도 사색 소설, 생각하는 시, 사색 수필, 생각하는 희곡이라고 말하지는 않는다. 그런데 동화만 왜 예외인가. '사색 동화' '생각하는 동화'라고 강조하는 것은 사색하지 않고도, 생각하지 않고도 동화는 쓸 수 있거나 읽을 수 있다는 말인가. '생각하는 동화'는 생각 없이 읽을 수 있는 동화와는 변별성을 지니고 싶다는 뜻인가. '사색 동화'는 사색의 깊이가 없는 작품과는 격을 달리한다는 뜻인가. '어른들을 위한 동화'란 애들이나 읽는 유치한 것이 아니라 고상한 어른들도 읽을 수 있는 수준 있는 책이란 뜻인가. 일반적으로 동화란 어린이들을 위한 이야기책을 말한다. 어른들을 위한 이야기책은 동화라고 하지 않고 소설이라고 한다. 그런데 굳이 '어른들을 위한 동화'라고 따로 이름을 붙이는 이유는 무엇일까.

아이들은 어서어서 자라고 싶어한다. 이제 막 유아기를 벗어나려는 아이들에게 다른 아이들이 보는 앞에서 아기 대접을 하면 몹시 싫어한다. 이 시기의 아이들은 기회만 있으면 자기가 더 이상 아기가 아니라는 것을 증명해보이고 싶어한다. 아이는 자라서 어른이 된다. 따라서 아이가 어른이 되고자 하는 것은 실현 가능한 희망이다. 그러나 어른이 아이가 되고 싶어하는 것은 불가능한 욕망이다. 불가능한 모든 것, 손에 넣을 수 없는 모든 것은 이상화되기 쉽다. 티 하나 없이 맑은 동심, 천사 같은 어린아이의 눈망울과 같은 언어로 아이들의 존재를 수식하는 것은 티 많은 어른들 마음, 깨끗할 수 없는 어른들의 눈망울이 잃어버린, 다시 되돌아갈 수 없는 유년을 향하여 발하는 탄성이다. 이렇게 불편한 생각들이 웅성대는 무거운 마음으로 책방에 들러 정채봉 작품을 찾았을 때, 그의 작품 대부분은 시내 대형 서점에서 문학 코너 혹은 종교 서적 코너에 분류되어 있으며 어린이 코너에 분류되어 있는 것은 20여 권이나 되는 그의 저서 중, 단 세 권뿐이라는 데에 다시 한번 놀랐다. 『문학사상』, 1996년 6월호는 '한국 아동 문학의 현실적 과제'라는 기획 특집을 싣고 있다. 그 속에 실린 「정보화 시대의 한국 아동 문학」이란 글의 필자로서의 정채봉의 공식 직함은, 그럼에도 불구하고, '동화 작가'였다. 자기 저서의 대부분을 어른들을 위한 책이라고 자타가 인정하면서 자신을 동화 작가로 소개하는 것을 어떻게 이해해야 하나 하는 어지러운 마음으로 나는 그의 저서들 중 '어린이를 위한 책'으로 분류되어 있는 『물에서 나온 새』[1]를 읽었다.

『물에서 나온 새』는 1983년 초판이, 11년 후인 1993년 재판이 발행되었다. 초판과 재판 사이에는 많은 거리가 있다. 출판사도 같고 작품의 내용도 같지만 포장은 완전히 다르다. 삽화가가 바뀌었고, 장정이 바뀌었다. 초판본은 그냥 정채봉 동화집이지만 재판본은 정채봉 사색 동화집이다. 초판에는 불문학자 오증자, 샘터사 이사장 김재순, 시인 정중수의 발문, 머리글이 있고, 여느 작품집에서나 흔히 볼 수 있는 작가의 말 같은 것은 보이지 않는다. 재판에는 이들 이웃들의 글은 모두 빠지고, 베스트셀러 작가 정채봉의 글이 책머리에 실려 있다. 이 재판에 실린 작가의 말 중 "나의 이 신앙은 동심이다. 흔히들 동심을 아이 마음으로만 말하나 나

---

1 정채봉 글, 『물에서 나온 새』, 샘터사, 1983.

는 한걸음 나아가 영혼의 고향이라고 생각한다. 이 동심으로 우리는 악을 제어할 수 있으며, 죄에서 회귀할 수 있으며 신의 의지에로 나아갈 수 있다. 이 영혼의 고향(동심) 구현이 나의 작품 세계의 기조이다"라는 부분은 정채봉의 작가로서의 신념을 보여주고 있다. 그는 또 이어서 서점가에서 자신의 책이 잘 팔리고 있는 데 대해서 어떻게 생각하느냐는 어느 서적상의 질문에 대해서, "내 개인적으로는 사회가 흐려지면 흐려질수록 내 저서는 더 많이 나가서 부자가 될 것 같은데 그것은 인류를 위해선 불행한 일이라고 생각한다. 내 동화 속 내용 같은 세상이 이루어져서 내 책이 필요치 않은, 곧 내가 동화를 써서 팔 수 없어 망하게 되는 동화 세상이 하루빨리 오기를 기다린다. [……] 이 말을 하고 나서 나는 가장 많은 박수를 받았던 것으로 기억한다"라고 덧붙이고 있다. 이 글을 읽고 나서 나는 아주 우울했다. 그들과 어우러져서 박수를 칠 수가 없어서. 점점 잠언록처럼 변해가는 작품들을 발표하면서 이 혼탁한 세상에 지친 자들을 위로하고자 하는 그의 갸륵한 정성을 "평화 정제로 써"줄 수 없어서, "그래도 살아볼 만한 가치 있는 세상이라는 것과 행복 예감"[2]을 느낄 수 없어서. 그리고 무엇보다도 이 한 권의 사색 혹은 그냥 '동화집' 속에서 어린이에게 말을 거는 작가의 따뜻한 목소리도 눈길도 발견할 수 없어서.

『물에서 나온 새』를 읽으면서 나는 황순원의 「소나기」 같은 작품을 생각했다. 그리고 동시에 「소나기」를 처음 읽었던 것이 중학교 교과서에서

---

2 정채봉 글, 「돌 구름 솔 바람」, 샘터사, 1993.

였다는 것을 기억했다. 정채봉의 작품과 황순원의 작품을 등가의 수준으로 보자는 뜻에서가 아니라, 고집스럽게 과거의 어느 시절을 추억하고 있는 듯한 『물에서 나온 새』에 실린 작품들이 시간의 흐름을 언뜻 혼동하게 만든 까닭이다. 어린이는 어느 시대에나 자란다. 빠르든 늦든, 인생의 어느 시기에 이르면 누구나 어른이 된다. 그리고 그 어른 시절은 우리의 욕망과는 상관없이 죽을 때까지 오래오래 계속된다. 그에 비하면 유년 시절은 상당히 제한된 짧은 시간이다. 젊거나 늙은 어른에게 시간은 현재 외에도(아니, 어쩌면 현재보다 더 많은) 과거와 미래로 이루어지지만, 어린이에게 어린 시절은 오로지 현재일 뿐이다. 지나간 것을 쉽게 잊고, 아직 오지 않은 것을 미리 그려보지 못하는 것은 아이들의 특성이다. 『물에서 나온 새』에 실린 여러 편의 단편 동화들은 우리들 누구나와 꼭같이, 더 이상 천사 같을 수는 없는 마음으로 세상을 살아가는 작가가 가슴속 깊이 고집스럽게 간직하고 있는 고향과도 같은 유년의 세계를 펼쳐 보여준다. 팬지 화분에서 더부살이를 하고 있는 보잘것없는 제비풀이, 주인공 승태가 앓아누워 물을 주지 못한 사이 팬지꽃·제라늄·튤립이 모두 시들어버렸을 때 "좋은 뜻을 가지려는, 그리고 좋은 것을 보려는 마음"으로 꼿꼿하게 참고 견뎌 꽃을 피운다는 이야기(「제비꽃」). 부모·형제도 없이 할머니와 살아가면서 간질이라는 몹쓸 병까지 앓는 서문이, 그 서문이의 부모가 6.25 때 공산당 편을 들다가 죽었다는 이유로 따돌림을 받아야 하면서도 서울로 떠나는 친구를 위해 목걸이를 만들어주기 위해 비단고둥을 캐러

갔다가 밀물에 휩쓸려 죽은 이야기(「비단고둥의 슬픔」). 산업 재해로 몸져누운 아버지의 치료비를 구하기 위해 아버지 공장 사장 집의 담을 넘었다는 어느 도둑의 사연을 듣고 자기 주인인 사장을 물어버린 불독 이야기(「어떤 갠 날」). 십 년 동안 감옥살이를 하면서 "마음을 밝히고" 돌아온 남자가 수몰되어버린 고향 마을 위에 생긴 호수의 뱃사공이 된 아내를 만나는 이야기(「노을」) 등등…… 절제된 언어, 섬세한 감성, 나지막한 목소리, 아름다운 묘사문 등이 흡사 한 폭의 투명 수채화처럼 짧게 짧게 펼쳐지는 하나하나의 작품들은 밀도 없는 언어들을 이유 없이 늘어놓은 대다수 우리 창작 동화들에 견주어볼 때 확실히 빼어난 단편들이라고 할 수 있다. 이외에도 정채봉 동화에서 눈에 띄는 점은 또 한 가지 삶에 대한 성찰이 깊다는 점이다. 그래서 더러 그의 동화 문장은 사색적이다. "아름다움이란 꽃이 어떤 모양으로 피었는가가 아니야. 진짜 아름다움은 보는 사람에게 좋은 뜻을 보여주고 그 뜻이 상대의 마음속에 더 좋은 뜻이 되어 다시 돌아올 때 생기는 빛남이야. [……] 네가 품은 좋은 뜻이 누구한테로 가서 좀 더 퍼질 수 있다면 너도 누구보다 아름다운 꽃이 될 수 있어"(「제비꽃」) 하는 선인장의 말이라든지, "돌로 무엇을 만들려고 해선 안 된다. 돌 속에 감춰져 있는 모습을 그대로 가만히 드러내 모신다고 생각하는 것이 돌쟁이의 참다운 태도란다"(「우리 부처님」) 하는 석공의 아버지 말씀, 또는 "너도 어른이 되면 알게 될 거다. 사람들이란 누구나 뽑혀지지 않는 나무 밑동 같은 아픔을 갖고 있단다. 그래, 그 아픔을 느낄 때마다 나무뿌리를 때리듯이 제 가슴을 치면서 살아가는 거란다"(「나무를 때리는 아

책 밖의 어른 책 속의 아이

저씨」) 하는 아저씨 말씀처럼.

사색이 깊어질수록 언어는 시적인 형태를 띤다. 시 한 줄이 감행하는 생략법, 시 한 줄이 지닌 깊이 그리고 거기서 태어난 아름다움. 그 아름다움을 이해하기 위하여는 행간에서 떠도는, 하나의 형태로 규정되지 않은 무수한 언어들의 웅얼거림을 읽어야 한다. 그러기 위하여는 그, 아직 태어나지 않은 언어들로 얼마나 많은 문장들이 가능한가를 가늠할 수 있는 생각의 깊이와 그 깊이를 언어로 탄생시킬 줄 아는 지력(智力)이 필요하다. 울림의 여운이 남는, 위에 인용한 정채봉의 문장들은 '현재형'의 아픔과 고통과 미움과 슬픔과 아우성과 힘겨움을 오래 인내한 후에 그것들을 '과거형'으로 녹여 굳혀낸 언어의 결정(結晶)이다, 그리움이다. 따라서 이 문장들을 이해하기 위해서는 무엇보다도 '시간'이 필요하다. 현재를 과거화 하는 데에 걸리는 시간. '그리워하다'라는 동사에 내재된 시간. 결국 사람의 마음속에서 시간은 직선으로 흐르지 않는다. 과거로 향하는 시선은 현재를 소홀히 하기 쉽다. 초점이 흐려지는 눈으로 디테일을 놓치기 십상이다. 그러나 아이들은 시간의 흐름을 직선으로 이해한다(다행히도!) 그리고 살아온 날보다 살아갈 날이 많음에도 아이들에게는 또 미래에 대한 불안이 거의 없다. 아이들 특유의 단순함. 그리고 진지함. 아이들 눈으로 보면 세상은, 인생은 해독되지 않는 기호들로 가득한 무엇인지도 모른다. 차원이 마구 뒤섞인 "뭐예요?"라는 질문을 거듭하며 눈을 반짝이는 아이들은 진지할 수밖에 없다. 그리고 그 아이들에게 모든 것은 현재형이다. 훗날 그리움으로 승화할 고통도 그들에게는 지금, 여기서 살아내야 할 현실이다. 아이들은 아프면 울고, 좋으면 웃는다. 좋아도 웃음을 참을 때, 아파도 울지 않게 될 때 아이들은 벌써 자란 것이다. 동심을 잃어가고 있는 것이다.

수채화 물감에 물을 많이 타면 색이 자꾸만 엷어진다. 엷어질수록 색과 색의 경계가 불분명해진다. 경계가 불분명해질수록 디테일이 죽고 분위기가 사는 그림이 된다. 그런 그림은 멀리서 보아야 더 눈에 잘 들어온다. 『물에서 나온 새』라는 한 권의 '동화집'을 읽으면서 나는 그런 생각을 했다. 아이들은 뭐든지 바짝 붙어서 보는데…… 물을 많이 섞은 투명한 수채화보다는 크레파스로 진하게 그린 그림에 더 익숙해 있는데…… 잘 보이지 않는 것을 잘 보려면 생각을 많이 해봐야 된다. 그래서 정채봉 동화집에는 늘 '생각하는'이라는 수식어가 붙는 것인가. 생각 없이 단순한 '애들이나 보는' 책이 아니라서 '어른들을 위한' 동화라고 하는 것인가. 장유유서 정신이 깊이 뿌리를 내린 우리 사회의 어린이 경시 풍조는 골이 깊다. 방정환으로 시작된 어린이 운동이 환갑을 넘겨도 '애들 같은'이란 낱말은 거의, '진지하지 않은'이란 뜻으로 쓰인다. 호랑이가 담배 먹던 시절의 이야기는 예나 지금이나 아이들을 사로잡지만, 오늘날의 아이들은 그 이야기들을 뒤집어보고, 고쳐 쓰고, 이어 쓰는 수많은 이야기들에 익숙해 있다. 우리가 어렸을 적에는 "아침 바람 찬 바람에 울고 가는 저 기러기……" 하면서 손짓 발짓을 배웠고 더 커서는 "푸른 하늘 은하수, 하얀 쪽배에······" 하면서 친구와 손바닥을 위로 아래로 맞추며 놀았다. "금강산 찾아가자 일만 이천 봉, 볼수록 아름답고 신기하구나······" 하면서 고무줄놀이를 하였다. 요즘 아이들은 "딱다구리 구리 마요네즈, 마요네즈 케첩은 맛있어, 인도 인도 인도 사이다, 사이다 사이다 오 땡큐" 하는 알쏭달쏭한 노래를 신나게 불러대며 고무줄을 넘고, "내가 열 살 되던 날, 아버지 말씀이, 델몬트 같은 사랑은 하지도 말래요, 델몬트는 향기롭고 아름다운 꽃이지만 먹을 수는 없잖아요, 아프리카 사람들은 만두를 좋아해, 만두를 먹고 배탈이 났대, 배탈이 나서 병원에 갔더니, 호박 같은 간호사와 장미 같은 간호사가 얘, 얘, 얘, 가위, 바위, 보" 하면서 말도 안 되는 뜻 모를 노래에 마음을 맞춰가며 흥에 겨워 손놀이를 하고 논다. 어이없다고 실소할 것인가. 요즘 애들은 참, 기가 막혀할 것인가. 애들 문화가 저러니 큰일 났다고 탄식을 할 것인가.

어떠한 환경에서도 아이들은 자란다. 만 원짜리 지폐를 사과 상자로 나르고, 전직 대통령이 법정에 서고, 국민이 뽑아준 야당 국회 의원이 당선 후 여당 의원으로 탈바꿈하고, 중학교 교장이 여학생을 성추행하고, 아기들이 먹는 이유식에 사료가 섞였다, 우유에 고름이 들었다, 온 국민이 날마다 먹는 소금, 간장에 유해 물질이 들었다고 매스컴이 떠들썩하다가 부침개 뒤집듯 며칠 후면 무해하다는 발표가 나는 세상, 날마다 날마다 탈출 욕망을 부채질하는 이 법석스런 오늘날의 세상 속에서도 옛날과 똑같이 아이들은 자란다. 아이들 눈을 가릴 것인가. 아이들에게 있는 그대로의 현실이 아니라 있어야 할 현실을 가르칠 것인가. 어른들이 만들어 놓은 세태 속에서, 어른들과 함께 지금 여기서 살아가고 있는 아이들의 삶을 밀착렌즈로 들여다본 동화, 저 높은 곳에서 아련히 손짓하지 않고 믿음직스럽고 힘 있는 손으로 아이들의 등뒤를 밀어주고 어깨를 토닥거 려 주며 인생이라는 길 위를 함께 걸어가는 뚝심 있는 동화 작가의 출현 이 절실하다. '아이들을 위해서'는.

좋은 텍스트,

나쁜 번역

외국 동화 번역 실태 1

우리말을 가꾸어간다는 점에서 문학은 다른 어떤 분야보다도 맡은 바 책임이 크다. 하물며 자기 나름의 말을 아직 완전히 다 익히지 못한 어린이들을 독자로 하는 어린이 문학에는 교육적인 책임까지 더해진다. 어린이 문학에 쓰인 문장들은 아이들이 그대로 따라 외워도 좋을 정도의 완성도 높은 문장들이어야 한다. 그런데 우리나라 창작 동화도 문제이지만 특히 번역 동화의 경우 우리말이 제대로 구사되지 않은 것이 너무나 큰 문제이다. 동화 이론서들에서 본 적이 있는 좋은 동화가 속속 번역되어 읽을 수 있게 된 기쁨도 잠시, 눈살을 찌푸리게 하는 문장들에 큰일 났다는 생각이 나로 하여금 이 글을 쓰게 만든다. 외국말을 우리말로 옮겼을 경우 우선 의미가 분명해야 하고 그러기 위해서는 구문과 어순이 전혀 다른 서양말의 경우, 자연스러운 우리말로 바꾸어주어야 한다. 그런데 언뜻 그 의미가 들어오지 않는 문장들이 '좋은 동화책'들 속에 버젓이 자리를 잡고 있다. 가령,

> 갑자기 퍼시 아저씨와 동물 친구들은 호수와 연결된 개울 하류 쪽으로 자신들이 손수레에 실린 채 떠내려가고 있음을 알게 되었습니다. [1]

---

1 닉 버터워스 글·그림, 공원지기 퍼시 아저씨 시리즈2, 「폭풍우가 지난 후」, 사계절, 1993.

전형적인 영어 투의 문장이다. 어른들이라면 '아마도 역어체의 문장이로군' 하고 넘길지도 모르겠다. 그러나 아이들이 이 문장을 이해하려면 몇 번은 다시 읽어야 할 것 같다. 이런 문장은 조금 변형을 하더라도 과감히 의역을 하는 것이 옳다고 생각된다. 예를 들자면,

> 퍼시 아저씨와 동물 친구들은 퍼뜩 정신을 차렸습니다. 아니, 그런데 자기들이 타고 있는 손수레가 개울 하류 쪽으로 떠내려가고 있지 뭐예요.

이렇게 고쳐놓고 보니 '호수와 연결된 개울' 부분을 단순히 개울이라고 처리해버린 것이 마음에 걸린다. 그러나 이 문장의 앞부분에서 퍼시 아저씨와 동물 친구들은 '개울'을 건너려던 참이었고, 이 문장 이후 물 속에 빠진 그들은 개울을 거슬러 올라가 호수 반대편 기슭에 이른다. 그 과정을 잘 살펴보면 개울은 호수와 연결되어 있다는 결론이 나온다. 호수 건너편으로 노를 저어가기로 한 퍼시 아저씨의 결정은 "일어나 주위를 잘 살펴"본 후에 내린 결정이므로 물에 빠진 것을 깨닫는 순간을 나타내는 위의 문장에서 호수와 연결된 개울을 그냥 개울로 줄인다고 해서 논리적 오류가 생기지는 않는다. 직역과 의역은 번역을 하는 데에 있어서 영원한 논란이 될 문제이지만 경우에 따라서 양자택일을 해야 할 것이며, 특히 어린이 독자를 대상으로 할 때에는 간결함에 역점을 둔 자연스러운 우리

말이 되어야 한다. 또 하나의 예를 들어보자.

오! 수리. 만일 둥지 속에 있는 매우 잘생긴 부리를 가진 아름
다운 새들을 보게 되면 조심해주게. 그 애들은 바로 내 자식들
이니 잡아먹지 말게나. [2]

이는 이 작품의 두번째 문장이다. 뭔지 모르게 불편해서 나는 이 문장
을 두 번쯤 읽어보고서야 좋은 문장이 아님을 알게 되었다. 우선 이 문장
은 '만일 ……하면'이란 종속절을 가진, 가장 까다로운 구문 중의 하나이
다. 이를 우리말로 옮길 때에는 우리말에 없는 구문이므로 일단 '만일'이
란 접속사는 생략하고 '……하면'이란 어미 변화를 활용하는 편이 간결하
게 처리하는 지름길이다. 서양말은 접속사와 대명사를 많이 사용한다. 대
명사의 경우는 아주 논리적이고, 그 성과 수에 따라서 앞의 어떤 명사를
대신하는지 쉽게 알 수 있다. 그러나 우리말의 경우는 그렇지가 않다. 게
다가 사람과 사물을 같은 대명사로 받아주는 불어와 같은 경우, 우리말로
옮길 경우는 그 대명사가 무엇을 가리키는지 명시하지 않으면 이해가 어
려운 경우도 생긴다. 뿐만 아니라 아이들을 가리켜서 여자아이를 그녀,
남자아이를 그로 옮긴다는 것은 또 얼마나 어색할 것인가. 문제는 접속사
의 경우에서도 생긴다. 서양말은 접속사를 자주 사용함으로써 글의 논리
적인 흐름을 분명히 하고, 문장 간의 관계를 분명히 하지만 우리말은 그

---

2 어린이도서연구회 엮음, 「장난꾸러기 코피트코」, 우리교육, 1994, p.8.

렇게 하면 논문 투의 딱딱한 문체가 되거나 현학 취미의 문장이 되어버리기 십상이다. 그보다는 우리말은 동사의 어미를 다양하게 변화시킴으로써 문장을 간결하게 하고 논리를 추정할 수 있게 한다. 위에 예로 든 문장도 가령 다음과 같이 고치면 한결 이해가 쉬울 것이라고 생각된다.

> 오! 수리. 부리가 아주 잘생긴 예쁜 새들이 둥지 속에 있는 걸 보거든 조심해주게. 내 자식들이니 잡아먹지 말게나.

이렇게 고쳐놓은 문장은 위에서 설명한 접속사와 대명사 문제 외에도 목적어 '아름다운 새들'을 수식하는 '둥지 속에 있는'과 '매우 잘생긴 부리를 가진'을 변형시켰다. 우리는 그 사람 코가 잘생겼다거나 입이 예쁘다는 말은 하지만 잘생긴 귀를 가졌다거나 멋진 코를 가졌다고는 말하지 않는다. '가진다'라는 또 하나의 동사가 수식절에 들어감으로써 문장이 복잡해진다. '가진'을 생략함으로써 문장은 간결해지고 훨씬 우리말답게 되었다. 또 '둥지 속에 있는' 것은 '아름다운 새들'이다. 먼저 인용한 문장에서는 양자의 사이가 너무 벌어짐으로써 의미망에 혼선이 생겨버린다. '보거든'의 목적어 '새들을'을 '새들이 둥지 속에 있는 걸'로 변형시켜 의미를 명확하게 하고 문장을 간결하게 할 수 있다.

이 동화가 들어 있는 『장난꾸러기 코피트코』는 '쑥쑥문고'라는 예쁜 이름으로 우리교육에서 펴내는 저학년 어린이용 동화집이다. 동화책이 많

책 밖의 어른 책 속의 아이

이 쏟아져 나온다고는 하지만 이 책이 나올 당시만 해도 초등학교 저학년 어린이 책의 특수성을 고려하는 출판사는 거의 없을 정도였다. 초등학교 1, 2학년은 독서 지도에 아주 세심한 배려가 필요한 시기이다. 우리나라 어린이 책 출판은 유아 부문과 10세 이상 정도의 아이들이 읽는 책에 편중되어 있다. 그래서, 부모가 그림책을 읽어주던 유아기에서 막 벗어나는 초등학교 저학년 어린이들이 내용의 질이나 양에 있어서 마음 편하게 읽을 만한 책들이 양적으로도 형편없이 부족하다. 이 시기의 아이들에게는 책을 손에서 놓지 못하게 할 정도로 재미있으면서도 정확하고 간결하고 아름다운 문장으로 쓰인 책, 읽는 맛, 완성감을 다 느낄 수 있게 해주는 책을 아이들 곁에 많이 놓아주는 것이 아이들을 책과 가까이하게 해주는 지름길이다. 그런 점에서 우리교육의 '쑥쑥문고' 시리즈는 우리 어린이 출판계에 공헌한 바가 분명하다. 커다란 활자, 보통 동화집보다 훨씬 많은 일러스트레이션, 변형 판형을 이용한 눈에 띄게 산뜻한 장정 등을 장점으로 하는 『장난꾸러기 코피트코』를 비롯한 '쑥쑥문고'가 나오면서 여러 출판사에서 저학년용 어린이 책을 앞다투어 내기 시작했기 때문이다. 옥에도 티가 있다. 그러나 그 티를 볼 줄 모르는 아이들을 위해서는 티 없는 옥을 만들려는 손과 눈의 부지런함이 참신한 기획에 늘 따라다녀야 할 것이다.

참으로 불행하게도 이러한 번역상의 문제는 수도 없이 열거할 수 있을 것이다. 게다가 위에서 예로 든 작품들은 평균적으로 보아, 괜찮은 책들, 나아가 괜찮은 번역에 속한다. 어린이들은 책을 읽을 때 책의 제목은 기억하지만 저자나 출판사 더구나 옮긴이는 기억하지 않는다. 이는 자연스러운 일이다. 어린이가 갖고 싶은 것은 이야기의 내용일 뿐이기 때문이다. 그러나 그 내용을 충실하고도 견고한 모양으로 전해주는 것은 어른들의 몫이다. 아이들에게 먹일 음식에 대해서는 잘 살건 못 살건 이 땅의 모든 어머니들은 신경을 곤두세우고 있다. 거기에 편승한 과대 광고가 사회 문제를 일으키고도 남을 정도로. 그런데 왜 아이들이 섭취할 정신적 영양에 대해서 우리 어른들은 이렇게 무감한가? 언어 습득은 아주 중요한 문제이다. 그 어떤 기능 교육보다도. 아이의 생각의 질을 결정하고 생각의 질은 그 아이의 미래 삶의 질을 결정하기 때문이다. 그 언어 교육, 그러니까 생각하는 힘을 길러주고 글을 쓰게 하는 교육을 어떻게 할 것인가. 우선 언어 환경이 좋아야 한다. 동화나 동시 등 아이들과 가장 가까이 있는 읽을거리들은 질적으로 우수한 문장들로 쓰인 것들이라야 한다. 외국의 좋은 동화들을 수입하고 그럴듯하게 포장하여 출판하기 이전에 출판사들은 좀 더 꼼꼼하게 원고를 매만져야 한다. 그리고 무엇보다도 믿을 수 있는 번역가에게 번역을 의뢰해야 한다. 아이들 책이라 내용이 쉬울 것[3]이라는 안이한 생각으로 해당 외국어 학과를 졸업한 정도의 인력에게 번역을 맡기는 저임금 정책은 이제 중지해야 한다. 어른들보다 훨씬

---

3 어느 정도는 그렇다. 독자의 연령을 고려한 어린이 책의 경우 어른 책에 비해서 어휘도 훨씬 쉽고 내용도 단순한 편이다. 그러나 또한 그렇기 때문에 어른 책보다도 구어(口語)를 많이 사용하고 있다. 구어는 외국어에 아주 익숙해져 있어야 그 뉘앙스까지 제대로 된 우리말로 옮길 수가 있다. 그리고 어린이 책은 좋은 책일수록 단순하면서도 정형시를 읽을 때와도 같은 문장의 아름다움을 갖추고 있다. 번역자는 그러므로 작품을 입체적으로 해석해서 우리말로 옮겨야 할 책임이 무겁다.

책 밖의 어른 책 속의 아이

분별력이 약한 우리 아이들에게 잘못된 문장들을 파는 행위는 불량 식품이나 싸구려 상술로 아이들을 현혹하는 것이나 마찬가지로 아니, 어쩌면 그보다 더 심각하게 상도덕에 위배된다. 불량 식품을 사먹지 말자거나 뽑기를 하지 말자는 등의 얘기는 심심치 않게 언론에서 보도가 되고 있다. 이런 류의 악영향은 또 일시적이기도 하다. 불량 식품이 유해하다 해도 그것이 아이들의 몸에 오래도록 남아 있지는 않기 때문이다. 그러나 잘못된 문장들이 아이들의 머릿속에 새겨지면 그 아이의 언어생활, 따라서 사고 체계 그리고 나아가서 삶의 질에 문제가 생기기 때문이다.

이렇게 심각한 일에 대해서 이 땅의 지성인들은 왜 입을 열지 않는지, 감독하고 충고하지 않는지 정말 모르겠다. 어린이를 인격체로 존중하는 문제는 아이를 우선으로 떠받드는 것이 아니라 교육을 '제대로' 하는 일에서 시작되어야 한다. 읽을거리가 제대로 없던 6, 70년대의 사정과는 달리 하루에도 수십 종씩 쏟아져 나온다는 책의 공해 속에서 바르지 않은 읽을거리로부터 아이들을 보호하는 일이야말로 오늘날 아이들 교육의 기본이 되어야 할 것이다. 어린이들의 읽을거리를 상혼들로부터 보호하는 일에 있어, 우리는 아주 엄격하고 단호해야 한다.

“

번역 속의

과잉 친절

어린이 문학 번역 실태 2

예술의 나라답게 프랑스에는 미술 교육을 위한 책들이 많이 있다. 같은 종류의 수많은 그림책 중에서 나로 하여금 우리나라 아이들에게 읽히고 싶은 욕심을 내도록 만든 것은 쇠이유 출판사에서 나온 'Salut l'artiste' 시리즈이다. 우리나라에서는 '내가 처음 만난 예술가'라는 이름으로 소개된 이 책들의 가장 큰 특징은 불필요한 언어의 중개 없이 독자의 눈이 한 편 한 편의 그림에 직접 가닿도록 만들어져 있다는 점이다. 어린이들은 게임을 즐기면서 각각의 예술가들이 살았던 시대를 역사 속에서 가늠해 볼 수 있을 것이며, 동심을 완벽히 이해한 재치 있는 말로 독자의 마음을 잡아당기는 수수께끼 같은 놀이를 통해서 그림의 형태, 제작 기법, 색채 등에 자연스럽게 익숙해질 것이다. 미술사를 이해하는 데에, 그림을 보는 눈을 기르는 데에 꼭 필요한 화가들을 선별하여 그들의 그림을 한 편 한 편 반복해서 꼼꼼히 뜯어볼 수밖에 없도록 만들어진 이 책들의 구성은 같은 종류의 미술 교육용 그림책들 중에서도 그 독창성과 우수성이 단연 돋보인다.

이러한 판단으로 나는 이 책들을 구하고 원출판사와 우리나라의 한 출판사간에 다리를 놓아 우리말로 번역을 하게 되었다. 그러나 막상 번역이 끝나고 나서 원고가 내 손을 떠나 출판사의 손으로 넘어가자 계획에 없던 일이 일어났다. 우리 어린이들에게 익숙하지 않은 이 작가들의 작품을 소개하기 위해서는 원문에 없는 보충 설명들을 넣는 친절을 보여야 한다는 편집자의 주장이 그것이었다. 문화적인 차이가 크다는 이유로 과감한 '윤문'과 '수정'을 거친 충격적인 교정지를 받아들고 나는 한마디로 깜짝 놀랐다. 친절함을 본질로 하는 편집자의 윤문은 불필요한 언어를 배제한다는 작가의 의도를 필연적으로 배반하고 있었다. 윤문에 대해 항의하자 옮긴이인 내게 돌아온 편집자의 대답은 옹골찼다. "원서에 담기지 않은 내용일지라도 독자를 고려해 필요하다고 생각되는 부분에서 부연하거나, 친절한 풀어쓰기를 염두에 둔다는 것을 편집 방향"으로 삼고 있다는 것이었다. 이 대목에서 나는 이 출판사에서 내는 많은 외국 동화들이 잘 알려지지 않은 번역자의 작은 이름 위에 '우리말 다듬기'를 했다는 어린이 문학계의 저명인사의 큰 이름이 얹혀 있었던 것을 기억해내었다. '우리말 다듬기'를 맡은 문제의 저명인사가 많은 외국어에 능통하리라는 추측은 하기 어렵다. 그렇다면 그의 '우리말 다듬기' 작업은 원문에 구애받지 않고 '자유롭게' 행해지는 것이리라. 번역자를 노하게 하는, 그리고 그 노기를 공개적으로 문제 삼아야 한다는 의무감을 느끼게 만드는 편집자의 만용은 그 자유에 힘입은 것일까. 이처럼 겁 없는 '편집 방향'을 가진 교정자의 손을 거치는 번역 작품들은 극단적으로 말하면 어느 나라, 어느 작가의 것이든 다 똑같은 우리말 문체로 다시 태어난다는 얘기가 된다. 무서운 일이다. 이러한 문제 제기가 애매하거나 모호한 비판, 혹은 개인적인 감정 토로로 오해받지 않도록 하기 위하여 아래와 같이 대표적인 몇 가지 예를 들어 논의를 구체화하고자 한다.

죽는다는 얘기는 아이들한테 좀……

피카소를 다룬 책의 경우를 들어본다. 이 책의 대부분은 아이들이 피카소의 실제 작품을 가능한 한 자세하게 뜯어봄으로써 그의 그림에 친숙해지도록 구성되어 있다. 막상 '그림 읽기'로 들어가기 전, 피카소의 생애에 대한 간단한 소개가 들어 있다. 천재는 요절한다는 설도 있지만 피카소는 아주 오래 살았던 예술가였다. 피카소의 삶을 설명하는 첫 번째 문장은 "Picasso a vécu très longtemps: il est mort à plus de 90 ans(피카소는 오래오래 살았어요. 아흔 살도 넘어서 죽었거든요)." 내가 번역해놓은 이 문장의 후반부를 편집자는 "아흔 살 가까이 살았죠"로 교정해놓았다. '돌아가셨다'고 할 수도 없고 죽었다는 얘기를 아이들한테 직설적으로 한다는 것이 좀 그렇다는 것이 이유였다. '아흔 살 가까이'라는 말은 굳이 따지자면 90세를 중심으로 87~89세에서 91~93세에 이르는 나이를 가리키지만 우리말 관습에 따르자면, 90을 넘는 나이보다는 90을 육박해가는 나이를 가리킨다. 피카소는 1881년에 태어나서 1973년에 죽었다. 따라서 정확하게 92년을 살았다.

그러므로 "아흔 살 가까이 살았죠"라고 교정해버리면 필자나 옮긴이의 의도와는 상관없이 사실을 거스르는 번역이 되어버린다.

이 문장을 번역하면서 나 역시 '죽었다'라는 표현에 대해서 망설였었다. 그러나 죽음의 문제는 이렇게 사실들 속에서 가장 직설적으로 전달하는 것이 좋다는 결론에 도달하였다. 인간은 죽음에 익숙해져야 할 필요가 있다. 아이들도 예외는 아니다. 지극히 추상적일 수 있는 죽음에 대한 담론을 경험하기 이전에 아이들이 죽음이라는 낱말을 단순하게 받아들이는 연습을 자연스럽게 하는 것은 바람직하다고 생각된다. 많은 아이들이 조부모라든가 가까운 사람의 죽음을 경험하게 된다. 함께 지내던 사람의 죽음은 아이들에게도 어른들에게도 받아들이기 힘든 문제이다. 죽음이 아이들에게 일으킬 수 있는 충격을 지나치게 배려한 나머지 거짓말을 하거나 죽음을 또 다른 삶으로만 추상적으로 이해시키려 한다면 아이들 특유의 엉뚱한 상상력은 죽음에 대한 오해를 일으킬 수 있고, 그 오해는 실제의 죽음이 일으킬 수 있는 것보다 훨씬 심각한 공포를 일으킬 수 있다. 유럽에서는 유아들이 보는 그림책에서조차 죽음의 문제를 다루고 있다. 죽음은 부재를 경험하게 한다. 무언가 소중한 것을 잃게 한다. 함께 지내던 가까운 사람을 잃는다는 것은 견디기 어려운 슬픔이지만, 죽은 자와 함께하던 지나간 시간들의 아름다움은 나의 기억 속에서 영원할 수 있다는 것이 그 책들 대부분의 논리이다. 간단하지만 아이들이 죽음을 현실로 받아들이면서 마음을 정리할 수 있게 도와주는 실제적인 힘을 지닌 논리이다. 인간의 삶이 유한하다는 명제에서 수많은 철학적·종교적 사색이 탄생하지만, 죽음은 또한 시도 때도 없는 사고의 위험 속에서 살아가는 우리들이 현실적으로 받아들여야 할 숙제이기도 하다. 나에게 이처럼 많은 생각을 하도록 한 것은 오해의 소지가 전혀 없는 피카소가 90세가 넘어서 죽었다는 하나의 문장이었다. 원문에서 이 문장은 완전히 독립된 하나의 문장이라기보다는 앞의 문장인 "피카소가 오래오래 살았다"는, 작가의 유머가 담긴 의도적인 표현에 대한 논리적 근거의 역할을 하고 있다. 따라서 "아흔 살도 넘어서 죽었거든요"라는 문장은 사실과 원문의 의미 그리고 작가의 의도에 충실한 번역이다. "아흔 살 가까이 살았죠"와 "아흔 살도 넘어서 죽었거든요"의 차이는 이 그림책에 본질적인 관심사에 거의 아무런 영향을 미치지 못한다. 그러나 우리는 작은 차이에 대해서 충분히 까다로워야 한다. 어느 광고 문구처럼 "작은 차이가 명품을 만"들기 때문이다.

청색 시대에 대해서는 아무래도 보충 설명이……

'그림 읽기'가 시작되면 맨 처음 피카소의 젊은 날 자화상이 나온다. 오른쪽 페이지에는 작품 전체가 사진으로 실려 있고, 왼쪽 페이지에는 그림을 뜯어보게 하는 게임과 최소한의 그림 설명이 실려 있다. 단 세 개의 문장으로 되어 있는 이 설명을 그대로 번역한 나의 태도에 불만을 품은 문제의 편집자는 교정시 보충 설명을 더했다. 아무래도 피카소의 청색 시대에 대한 도움말이 필요하다는 것이 이유였다. 원저자의 의도는 아이들이 그림을 얼마나 정확하게 보는가 시험하기 위한 것이었다. 이 그림책 작가는 그림의 색조에 대해, 푸른색이 그 시절 피카소가 겪었던 우울과 상관이 있다는 것을 지극히 간단하게 언급하고 있을 뿐이다. 풍부한 교양을 갖춘 우리의 편집자는 청색 시대를 떠올릴 수밖에 없었고, 이론적인 배경을 간략하게나마 소개해야 한다는 사명감에 불탄 나머지 과감한 운문을 하고 말았다. 작가는 애써 낱말들을 고르고 골라 최소한의 언어에 머무름으로써, 어린 독자들이 머리가 아니라 '눈으로' 그림을 보도록 하는 데에 성공하고 있지만 결단력 있는 우리의 편집자는 어린이 독자들의 머리 쪽에 더 많은 관심을 표명함으로써 원래의 텍스트를 변형시키고 작가를 그리고 옮긴이를 소외시켰다.

피카소의 '청색 시대'란 이상적인 번역이 못 된다. 푸를 '청'자는 우리말 습관을 따르면 '푸른 신호등' '푸른 소나무' '독야 청청하리라' '청춘' 등의 예에서 볼 수 있듯이 녹색인 경우가 많고 그 이미지도 절대적으로 긍정적인 의미를 지닌다. 그러나 여기서 문제가 되고 있는 푸른색은 이러한 의미망을 완전히 벗어나 있다. 프랑스 말로 'bleu'는 크레파스로 치자면 파랑색에 해당한다. 따라서 우리말로 옮기면 영락없이 '푸른'이 되지만 주지하다시피 색깔에 관한 형용사는 프랑스 말보다 우리말이 비교가 안 되게 풍부하다. 문제는 여기서 언어가 아니다. 온통 푸른빛으로 칠해진 자화상이 한 페이지 전체에 그대로 실려 있어서 독자는 '도움말'의 필요 없이 그림을 '느낄 수' 있기 때문이다. 국경을 넘으면 언어가 달라지지만 색과 선이라는 보다 보편적인 미술의 언어는 국적을 가리지 않고 어느 독자에게나 똑같이 가닿는다. 따라서, 인물의 표정과 자태와 화면의 색채에서 정상적인 독자는 우울한 분위기를 감지한다. 그러므로 원문에도 없는 "나이가 훨씬 들어 보이지요?"라든가, "검은 눈 좀 보세요! 어쩐지 우울해 보이지요?"라든가, "이즈음 피카소는 푸른색을 좋아해서 그림에도 이렇게 푸른색들을 주로 칠했어요"(백번 양보해서 이런 설명이 옳다고 하더라도 피카소가 '푸른색을 좋아'한 것이 빨강색을 좋아하는 것과는 전혀 다르다는 것을 이 문장 속에서 읽어내기는 어렵다)라는 문장을 끼워넣는 행위는 독자의 눈에 집중된 신경을 두뇌 어딘가 다른 곳으로 분산시킴으로써 작가의 의도를 비껴가는 결과를 낳는다. 전혀 바람직하지 못한 과잉 친절.

입체파는 추상 예술이라 아이들이 이해하기가……

이 교정자는 '뽀뽀하는 사람들'이란 그림에 대해서도 같은 종류의 실수를 저지르고 있다. 이 그림은 소위 입체파 화가로서의 피카소의 면모가 두드러지는 작품인데, 한눈에 아이들이 '뽀뽀하는 사람들'이란 주제를 알아보기 힘들 만큼 그림 속의 인물이 분해되고 배경과 섞여 있다. 이 그림에 대해서 이 그림책의 작가는, 화가가 방향을 알 수 없이 섞어 놓아서,

책 밖의 어른 책 속의 아이

뽀뽀하는 두 사람을 알아보기가 어렵다고 독자인 아이들에게 농담을 하고 있다. 물론 번역자는 작가의 말투와 의미를 그대로 옮겼다. 그러나 교육적인 배려에 충실한 문제의 교정자는 이러한 가벼움을 참을 수 없다. 결국은 두 개의 짧은 문장으로 된 작가의 재치 있는 글은 "한 사람을 위에서 내려다본 모습과 아래에서 올려다본 모습은 다르지요. 앞에서 볼 때와 위에서 볼 때에도 다르게 보여요. 피카소는 위아래, 앞뒤, 오른쪽 왼쪽에서 본 여러 모습들을 한 그림 속에 섞어 그려서 사람들을 놀라게 했지요. 이 그림처럼요. 뽀뽀하는 두 사람을 알아보기가 쉽지 않지요?"로 심각하게 변하고 말았다. 우리의 의욕적인 교정자는 어린이와 어른의 인식 수준의 차이를 염두에 두고 있기나 한 걸까. 교정자의 의도는 입체파에 입문할 수 있는 최소한의 설명을 해주는 것이 옳다는 판단이었다. 청색 시대나 마찬가지로 입체파라는 '개념'도 아이들이 이 그림책에서 작가의 도움말을 따라가며 피카소의 그림들을 자세히 뜯어보는 데에는 전혀 필요하지 않다. 편집자는 번역자의 입장을 이해하기보다는 '그쪽과 우리쪽의 문화적인 차이'를 염두에 두고 원문에는 없더라도 보충 설명을 넣어야 한다고 번역자를 설득하려는 데에만 마음을 쏟았다. 피카소나 샤갈의 그림을 보면 한 치의 망설임도 없이 '못 그렸다'고 말하는 아이들이 많다. 그야말로 아이다운 반응이다. 이 그림책의 저자는 아이들의 그런 의식 상태를 충분히 감안하며 즐거운 마음으로 그 아이들의 눈높이에 맞춰가며 그들의 세계 속으로 섞여 들어가 길잡이 노릇을 해주고자 한다.

그런 노력은 문체 속에 스며 있다. 그래서 이 그림책의 많지 않은 글을 읽어보면 그 속에는 두 가지 말투가 들어 있음을 알게 된다. 하나는 정확한 사실을 간결하게 알려주려는 '진지한' 말투이고 다른 하나는 아이들 입장에서 보아 그 사실들이 때로는 얼마나 우스운가를 이해하려는, '농담'을 하는 듯한 재치 있는 말투이다. 교정자는 지식 전달, 정보 제공에만 눈이 어두워 작가나 번역자의 세심한 마음씀을 완전히 묵살해버리는 과감함을 보였다. 이 책을 읽는 아이들은 '청색 시대'나 '입체파'를 몰라도 좋다. 아니, 이 책을 읽는 데에 그러한 이론적인 배경은 오히려 방해가 된다. 그러나 작가의 '농담' 같은 말투에서 즐거움을 느끼고, '진지한' 말투는 그냥 믿어버릴 권리는 아이들에게 있다.

문학 작품도 아닌데……

그뿐이 아니다. 이러한 '교육적' 사명감을 띤 교정자는, 낱말 속에 이미지를 넣어 독자로 하여금 상상하게 빚어놓은 작가의 문장을 '분명한 개념'으로 바꾸어놓음으로써 글을 무미건조하게 만들어버리는 자유를 수없이 누리고 있다. 이 부분들에 대한 변명은 이 책은 '문학 작품'이 아니라는 것이었다. 어린이 책은 문학 작품이 아닌 경우도 빈번하다. 문학 작품인가 아닌가가 문체의 개성을 존중하고 말고의 척도가 될 이유는 없다. 문학 작품이든 아니든, 어린이 책은 어른 책에 비해서 훨씬 완성도 높은 글로 쓰여야 한다. 어른에 비해서 비판력이 상대적으로 약할 뿐만 아니라 성장기 내내 언어를 습득하는 과정 중에 있는 아이들은 좋은지 나쁜지 생각하기 이전에 문장을 그대로 흡수하기 때문이다. 이유 없이 어려운 말들을 남용하는 무성의는 경계해야 하지만 꼭 필요한 어려운 낱말을 쉽게 풀어씀으로써 문장의 밀도를 떨어뜨리는 과잉 친절은 피해야 한다. 문장이 독자를 생각하게 만들어야 하기 때문이다. 어른들에게는 책이 선택이며 삶의 부수적인 효과일 뿐일지라도, 아이들에게 있어서 책이란 성장의 필수적인 영양소와도 같다. 어린이 책에 쓰인 문장의 질은 그 책을 읽는 어린 독자의 사고의 질, 언어의 질, 나아가 삶의 질에 깊은 영향을 미친다. 번역의 완성도와는 별개의 작업이라는 듯, '우리말 다듬'는 작업에 더 많은 투자를 하는 듯이 보이는 이 출판사가 '문학 작품'을 존중하는 수준은 어느 정도인지 알 수 없지만, 얼마 되지 않는 분량의 글에 자신의 의도를 충분하게 담기 위해서 고심했을 이 그림책 작가의 의도는 이렇게 지구의 반 바퀴를 돌아와, 어느 작은 편집자의 손에 의해 맘껏 무시되어도 괜찮은 걸까? 그럴 수도 있는 걸까? '우리 것'과 '외국 것'을 확실하게 갈라놓으려면? 번역 작품의 입지 자체가 심각하게 흔들리는 순간이다.

사전의 표기는 거역할 수 없는 율법?

우리말 맞춤법은 별로 쉽지 않다. 게다가 맞춤'법'인데 너무 자주 바뀐다. 그래서 멀지 않은 과거, 한글 전용이 주창된 이후에 정규 교육을 받은 부모와 이제 막 맞춤법을 배우기 시작한 자녀가 같은 원칙을 공유하지

않는 현상이 심심치 않게 일어난다. 하물며 로마자 한글 표기법에 있어서
랴. 얼마 전까지만 해도 우리는 영어 이외의 로마자 표기법에 대해서는
거의 영어 발음에 준하였다. 이탈리아어의 경우, 베네치아는 베니스로 표
기되었고 따라서 셰익스피어의 저 유명한 『베네치아의 상인』은 『베니스의
상인』으로 불렸다. 바야흐로 국제화·세계화 시대가 도래하고, 이태리는
더 이상 이태리가 아니라 이탈리아로 불리고 그에 따라 이탈리아어로 된
모든 낱말들은 이탈리아 현지 발음에 준하여 우리말 표기를 하게 되었다.
이제 『베니스의 상인』을 『베네치아의 상인』이라고 한다고 전혀 처음 듣는
작품이라는 반응을 보일 사람은 없다.

아직 우리나라에 많이 알려지지 않은 작가의 이름을 표기할 경우는 어
떻게 해야 할까? 지오토는 서양 미술사에서 중세와 르네상스 시대를 이
어주는 역할을 한 중요한 작가이다. 지오토를 빼고 이 시기의 서양 미술
을 이야기할 수는 없다. '내가 처음 만난 예술가' 시리즈에는 이 지오토
편이 들어 있다. 이 책은 표지부터 번역, 아니 우리 글자로 옮겨 적는것
부터 문제가 생겼다. 편집자의 주장에 따르면 '지오토'가 아니라 '조토'라
고 표기해야 한다는 것이다. 한글 로마자 표기법에 따르면, 이탈리아어의
경우 'gio'는 '조'로 표기한다는 것이다. 그리고 1992년 맞춤법 개정안 이
후에 발간된 대부분의 백과사전에 'Giotto'는 '조토'로 수록되어 있다는 것
이 그 이유였다. 그러나 실제 우리나라에서 '조토'라고 하면 알아들을 사
람이 있을까.

우선, 로마자 한글 표기법 자체가 모순을 범하고 있다. 이탈리아어는 현지 발음에 준한다는 대원칙과 'gio'는 '조'로 표기한다는 시행 세칙이 지오토 'Giotto'의 경우 서로 모순되기 때문이다. 이 원칙대로라면 그 유명한 '돈 지오반니'는 '돈 조반니'로, 아이들이 음악 교과서, 피아노 책에서 항상 대하는 '아다지오'는 '아다조'로 표기해야 한다는 결론이 나온다. 게다가 현재 우리나라에 번역되어 있는 여러 종류의 미술사 서적에는 'Giotto'를 '조토'라고 표기한 책은 하나도 없고 모두 '지오토'로 표기되어 있다. 따라서 인명 색인에서 '조토'를 찾으면 찾을 수 없게 되어 있다. 현실이 이러함에도 불구하고, 역자에게 설득당하기를 거부하는 편집자를 위하여 한나절을 소비하며 책방을 돌아 참고 자료를 조사, 제시하였으나 편집자의 소신은 한결같았다. 어른 책인 경우는 전문가인 번역자의 의견에 따라 조정이 가능하지만 어린이 책의 경우는 절대적으로 '사전'에 준해야 한다는 것이었다. 외국 사람의 이름이 우리 글로 적힌 것은 우리가 그 나라 말을 흉내 내어 우리 글로 적었기 때문에 적는 사람에 따라서 약간의 차이가 있을 수도 있다는 정도는 아이들이 (맞춤)법을 유추 해석하도록 허락해도 좋지 않을까. 어른 독자에게는 그런 융통성을 허락하면서 왜 어린이 독자는 어른 편집자가 일방적으로 제시하는 것을 그대로 따라야 한다고 생각하는가.

어린이 책을 번역하려면 아이 키우는 것만큼 잔소리를 해야 한다?

이 편집자는 그림을 보고 제목을 이해하기 어렵다는 이유로, 지오토 그림의 경우 작품의 제목을 거의 다 바꾸어놓았다. 충분한 설명으로 '이 해하기 쉽게.' 지오토의 그림은 다 성경의 내용에 바탕을 두고 있고, 따라서 우리 문화에 낯선 것은 사실이다. 게다가 성경에서 거의 굳어진 표현들도 많이 있다. 그러므로 그런 제목들을 바꾸어서 '설명'해버리면 다른 책에서 같은 그림을 보거나, 같은 그림에 대한 언급을 들을 때에 아이들은 이 책에서 자기가 본 그림을 떠올릴 수가 없게 되는 웃지 못 할 일이 일어난다.

작가의 생애를 그림과 함께 몇 개의 문장으로 요약해놓고, 알맞은 그림과 글을 찾아보라는 간단한 게임에도 이 편집자는 "조토는 유명한 화가인데도 우리에겐 좀 낯설어요. 자, 이제부터 조토의 생애에 대해 알아봐요"라고 원문에 전혀 없는 문장을 끼워넣을 정도로 열심이다. 만일 몇 년 내에 지오토가 우리나라에도 꽤 알려진다면 이 편집자는 이 책을 모두 거두어들여 다시 교정을 보려는 야심을 가지고 있는 걸까. 여기에 든 것 외에도 일일이 다 나열하기도, 읽기도 지루하리만치 수많은 작은 잘못들이 있었다. 그러나 편집자의 열의와 신념은 확실해서, 자신의 태도가 번역문(좀 더 정확히, 교정문 혹은 윤문)을 원작의 의도와는 반대 방향으로 몰고 갈 수 있다는 옮긴이의 지적에 마음을 열 생각이 전혀 없다. 출판사

책 밖의 어른 책 속의 아이

가 가지는 편집권(!)에 대한 그의 믿음 앞에서 나는 한마디로 몹시 피로했다. 이 책을 읽을 아이들을 위해서, 그리고 이 책을 골라줄 어른들을 위해서 문자 그대로 '싸워야'만 했기 때문이다. 뻔한 일을 가지고 아이들에게는 수없이 여러 번 잔소리를 해야만 한다. 언뜻 아이들 책 만드는 출판사와 일한다는 것은 아이 키우는 일처럼 피곤하고 잔신경을 써야 하는 일인가보다 하는 착각까지 들었다. 어른들 책을 번역할 때에는 있을 수 없는 현상이다. 왜 어른 책과 어린이 책을, 어른과 어린이를 이렇게 차별해야 하는지, '어린이를 위한' 책을 만든다는 사람들이 아이들을 생각 없이 스펀지처럼 받아들이기만 하는 존재로 만드는지, 한마디로 아이들을 충분히 존중하지 않는지 정말 이해할 수 없었다.

어른들의 부지런한 감시의 눈이 아이들 책의 질을 높인다

잘못된 믿음에 대한 한 치의 회의도 없는 편집자의 꼿꼿한 태도는 나로 하여금 '번역자로서의 모든 권리와 책임을 포기'하겠다는 결심을 하게 만들었다. 정작 그러한 극단적인 선언을 하고 나자 출판사측은 입장을 누그러뜨렸고, 그 결과 이 책은 옮긴이의 의도에 맞는 번역문을 싣고 세상에 모습을 드러낼 수 있게 되었다. 도저히 필요하지 않은 시간과 정력의 낭비를 엄청나게 하게 만들고 난 후의 일이었다. 옮긴이를 지치게 하고 나서야 이 책은 원래의 모습으로 세상에 나오게 되었지만 내게는 시름이 하나 더 늘었다. 좋은 출판사라는 세인의 평가를 받고 있는 출판사가 이 모양이라면 우후죽순 격으로 책을 쏟아내는 수많은 군소 출판사들의 사정은 또 어떨 것인가. 그들이 어두운 눈으로 내는 수많은 책들의 공해로부터 어떻게 우리의 아이들을 보호할 것인가에 대한 암담한 기분이 나로 하여금 이 글을 발표하고 싶은 욕망을 부추기고 의무감마저 느끼게 한다. 오로지, 보다 많은 어른들이 아이들 책을 꼼꼼히 뜯어보았으면 하는 생각에서. 그래서 어린이 책 만드는 사람들이 제발 쉽게 쉽게 책을 양산해내지 못하게 되었으면 하는 바람에서. '작은 차이'를 존중해야 한다는 마음에서.

책 밖의 어른 책 속의 아이

단절된

우리 겨레의

과학적 전통

『해시계 물시계』[1]는 전통문화 그림책 시리즈 '솔거나라' 중의 한 권이다. 외국 수입 책들이 그림책 시장의 절대 주류를 이루고 있는 현실에 모두들 입을 모아 위기의식에 대해 말하는 이때에, '전통문화 그림책 시리즈' '최초로 우리 작가가 글을 쓰고 그림을 그린 창작 그림책 시리즈' '전통 과학 시리즈' 등을 잇달아 내고 있는 보림출판사의 작업은 국내외의 주목을 한꺼번에 받고 있다. 어린이 책에 대한 경시 풍조를 일신하려는 듯, 야심찬 기획에 전문 인력들이 대거 참가해 이 그림책들이 출판되고 있는 것은 참 다행한 일이다.

그럼에도 불구하고 도서관에서 우리 아이가 골라온 『해시계 물시계』를 찬찬히 들여다보고 나는 적이 실망하지 않을 수 없었다. 우선, '시계'에 관한 책임에도 불구하고 시간이라는 주제를 다루는 방식에 철저함이 없다. 눈에 보이지도 소리가 들리지도 만져볼 수도 없는 시간이라는 추상적인 개념은 아이들이 한참 자랄 때까지도 이해하기 가장 힘들어하는

---

1 정동찬 글, 이영원 그림, 『해시계 물시계』, 보림, 1995.

부분 중의 하나이다. 숫자를 익히고, 시계를 볼 줄 알아도 따라서 시각을 인지하게 되어도 아이들은 시간 개념이 전혀 없다. 시간을 숫자로 기억할 뿐 길고 짧은 시간의 차이를 양의 개념으로 받아들일 줄 모른다. 초등학교 교과 과정을 보아도 시계를 익히는 단원은 2학년에나 가야 수학 교과서에 들어가 있다. 그것도 시각을 정확하게 읽고, 숫자로 표시된 몇 시와 몇 시 사이가 또 다른 어떤 숫자로 표시되는지를 덧셈, 뺄셈을 통하여 산출해내는 훈련을 시키는 정도에 그치고 있다.

책을 만든 사람들은 이런 아이들의 의식 정도를 고려한 걸까. 이 책은 전체가 20여 쪽 정도로 되어 있다. 중간 정도에 해당하는 11쪽까지는 해의 움직임을 따라 하루가 새벽, 아침, 한낮, 초저녁, 깊은 밤으로 변해 간다는 것을 농가의 생활 모습을 기준으로 나타내고 있다. 그 다음엔 바로 "아무리 시간을 잡으려 해도 시간은 자꾸만 가고 있어요. 자, 그럼 우리 시계 찾아서 떠나볼까요"라는 문장과 두 쪽에 걸쳐 관가의 포졸 하나가 달아나는 무엇을 황급히 쫓아가는 모습, 수풀 더미 속에 숨은 도적의 그림이 다양한 모티프들을 배경으로 그려져 있다. 시간과 시계의 상관관계에 대한 아무런 설명이 없다. 게다가 시간은 계속해서 가고 있으며 붙잡을 수는 없지만 확실하게 존재하는 것으로 나타나 있다. 시간을 '잡으려' 하는 행위는 시계의 원리와는 별개의 것인 시간에 대한 또 다른 차원의 이해를 요구한다. 시간을 잡으려는 행위를 보여주는 이 장면 바로 전까지는 다소 지리하게 하루가 흘러가는 것을 보여주었을 뿐이다. 따라서

책 밖의 어른 책 속의 아이

시간을 '잡으려'는 행위는 글이나 그림의 흐름으로 보아 전혀 필연적이지 않다. "아무리 시간을 잡으려 해도……"라는 위 문장이 보여주는 모호함 과는 대조적으로, 그림 속에서 수풀 더미에 숨은 도적으로 형상화된 시간 은 시간과 인간이 같은 차원에서 존재하는 것으로 이해하게 만든다. 논리 적 오류.

다음 쪽을 펼치면 곧이어, "길어지면 아침, 짧아지면 낮, 다시 길어지 면 저녁이 되는 그림자 길이로 보는 거북 해시계. 하루하루 시간을 알려 주어요"라는 문장과 함께 거북 해시계가 그려져 있다. 이제까지 서술되어 온 자연 현상으로서의 시간과 인간의 힘으로 수리화한 시간 사이의 연관 성을 설명하려는 노력을 전혀 보이고 있지 않다. 해시계에 관한 역사적· 과학적 설명도 전혀 없다. 이 장면을 펼치는 어린 독자는 거북 해시계라 는 테마만 머릿속에 수동적으로 입력할 수 있을 뿐, 해시계의 원리에 대 해서 전혀 생각해볼 수 없으며, 지금으로부터 얼마쯤 전에 해시계를 사용 했는지, 거북 해시계 가운데 솟은 막대 기둥을 중심으로 그려진 열두 개 의 선은 무엇을 상징하는지, 해시계에 왜 거북이 모양을 사용했는지, 또 다른 해시계는 없었는지 등등에 대한 지적인 호기심을 전혀 자극받지 않 는다.

아쉬운 대로 다음 쪽을 넘기면, "솥처럼 오목한 앙부일구[2]는 가로세로 줄 위에 그림자 지면 시간을 알 수 있는 해시계지요. 손바닥만 한 앙부일

---

2 앙부일구는 조선 세종 16년인 1434년에 만들어진 해시계로 서울 혜정교와 종묘에 비치하여 해그림자에 의하 여 때를 측정하였다. 구리로 만든 솥 모양으로 생겼으며 안쪽에 24절기의 줄을 긋고 줄 위에 해의 그림자가 비 치게 하여서 날의 길고 짧음을 알아보게 하였다. 일명 앙부일영이라고도 한다.

구도 있었대요"라는 문장과 함께 역시 커다란 앙부일구가 눈을 바쁘게 움직여 다 훑어보아도 아무것도 읽어낼 수 없는 그림을 배경으로 꽤나 사실적으로 그려져 있다. 당연히도 오늘날의 시계 모습과는 무척 다른 이 시계에는, 아라비아 숫자 대신, 약화된 이십사절기와 사계절, 십이간지 등이 우리말로 풀려 적혀 있다. 앙부일구는 1434년에 만들어졌고, 한글은 1443년에 제정되었다. 독자의 연령을 고려해서 한글로 풀이해 적었겠지만, 그렇다면 이해할 수 있게 설명을 해주어야 하지 않는가. 가로 세로의 눈금은 몇 개로 되어 있는지, 실제 절기명과 계절명, 십이간지[3]와 해시계 속에 적혀 있는 그것이 무슨 관계가 있는 것인지 입체적으로 이해할 수 있는 아무런 도움도 아이들은 받을 수가 없다.

그 다음은 곧이어 물시계이다. "구멍 뚫린 그릇에 물을 담아서 졸졸졸 흘러내려 물이 고이면 땡그렁 종을 치는 물시계는요 사람들에게 약속 시간 알려주어요." 거북 해시계, 앙부일구에 비하여 화면 한구석에 두루뭉수리하게 그려진 물시계는 아무리 들여다보아도 어떻게 움직이는지, 어디에 물이 들어가는지 알 길이 없다. 물은 시계보다 몇 배 커다랗게 그려진 인물이 들고 가는 물지게 속에서 흘러 넘치고 있다. 이쯤 되고 보면 이 그림책도, 우리나라 전통 시계에는 거북 해시계·앙부일구·물시계가 있다는 것을 색연필로 줄쳐가며 암기하게 만들던 지나간 시대의 자연 교과

---

3 요즘 아이들은 만화 영화 『꾸러기 수비대』 때문에 큰애 작은애 할 것 없이, "똘이 떙이 호치 새초미, 자축인묘, 드라고 요롱이 마초 미미, 진사오미, 몽치 키키 강달이 찡찡이, 신유술해……"하고 신나게 노래를 불러대면서 십이간지를 외운다. 하나의 한자와 하나의 동물이 짝지어진다는 것은 알지만 그것이 시계나 달력과 어떤 상관관계가 있는지는 전혀 짐작하지 못한다. (『꾸러기 수비대』는 1995년에 방영된 애니메이션이다. ─편집자주)

서와 크게 다를 것도 없다.

다음에 이어지는 것은 "별자리가 돌아가는 밤하늘 보고 째각째각 가는 시간 알 수 있어요. 엄마별, 아빠별, 아기별도 찾아보아요"와 함께 그려진 '하늘 별자리 지도'이다. 별의 움직임 속에서 흐르는 시간과 시계판 위에 고정된 시간 사이의 이 엄청난 거리는 오히려 당황스럽다. "초승달이 지나서 보름달 되고 보름달을 지나가면 그믐달이죠. 봄·여름·가을·겨울 가는 시간도 자연스러이 알려주는 혼천의"로 그 거리는 더욱 입체화된다. 별자리에서 이울고 차는 달의 모양으로. 시계, 시간, 자연, 과학, 차라리 시. 시적인 서술이 이어진다. "째각째각 돌아가는 혼천의[4] 시계는 형님 바퀴, 아우 바퀴 손잡고 가며 정확한 시간을 알려주어요." 그럴 것이다. 입체파의 그림처럼 겹쳐지고 분해된 톱니바퀴들을 배경으로 혼천의의 아름다운 자태가 그려져 있다.

책장을 한 장만 더 넘기면 갑작스런 현실이다. 괘종시계, 시계탑, 팔목시계 속의 시간이 아버지의 귀가와 아이들의 즐거움을 숫자로 나타내 주고 있다. "바늘이 돌아가는 괘종시계는 땡땡땡 소리 내어 시간을 알리고 순이·돌이 공부하고 쉬는 시간과 아빠의 출퇴근을 알려주어요." 현실에 이어지는 것은 또다시 꿈? "집에서도 산에서도 우주에서도 째깍째깍 똑딱똑딱 어디서든지 조금도 쉬지 않고 가는 시간을 자세히 알려주는 고마운 시계"에는 우주와 지구 사이를 오가는 상상화가 곁들여져 있다. 이

---

4 혼천의는 조선 세종 14년인 1432년에, 지구의와 같은 모양으로 만든 천체의이다. 천체 운행을 계산하는 데에 쓰는 기계로 구면에 일·월·성·신 등의 천상을 그렸다.

상상의 책장을 마지막으로 넘기면 두 번 펼치게 되어 있는 페이지 속에 아이들의 하루 일과표가 그림으로 그려져 있다. '착한 어린이는 시간을 잘 지킵니다' 혹은 '착한 어린이는 규칙적인 생활을 합니다' 아니 '새나라의 어린이는 일찍 자고 일찍 일어납니다'일까?

『해시계 물시계』는 너무나 많은 것을 한꺼번에 이야기하고 있는 책이다. 우리 겨레의 전통 속에 살아 숨 쉬던 과학을 전혀 비과학적으로 그려낸 작품이다. 단일한 시점을 택하였더라면, 또는 해시계나 물시계 중 한 가지 모델만을 택하여 원리를 자세하게 설명하는 방법으로 아이들의 시선을 집중시켰더라면 훨씬 교육적인 효과가 있었을 것이다. 20여 쪽의 그림책 한 권 속에 "우주의 신비와 질서를 시계를 통하여 이해할 수 있도록 [……] 인간의 삶을 탄생·성장·죽음의 순환 체계로 인식하면서 시간을 구조적으로 이해하게" 만들고 싶어 하는 야심, "어린이에게 하늘과 땅, 사람과 나무, 짐승과 어우러진 삶 속에서 여유 있는 시간을 일깨워주"려는 소명 의식에 바쁜 이 책의 제작자들은 아이들의 마음속도 머릿속도 전혀 고려할 '시간'이 없었나보다. 현실을 망각한 방대한 꿈이 초래한 부실 공사의 책임은 누구에게 물어야 하나.

책 밖의 어른 책 속의 아이

앞에 가는 사람은 대장 (기획),

뒤에 가는 사람은 쫄병 (집필)

    요즘 들어 출판계에는 기획이라는 개념이 특히 어린이를 대상으로 하는 책들을 중심으로 많이 등장하고 있다. 하루가 다르게 헤아릴 수 없이 쏟아져 나오는 책들의 홍수 속에서 그 의도를 짐작해보건대 필요하고도 중요한 기획물이 많은 것은 반가운 일이다. 원칙적으로 따지자면, 출판 기획은 출판사 내부에서 해야 하는 일일 것이다. 그러나 그렇지 못한 것이 영세성을 면치 못하고 있는 우리 출판사들의 실정이고 보면 기획팀들이 이 일을 맡아서 하는 것은 바람직한 일에 속한다. 그러나 실제로 몇몇 기획팀이 만들어낸 책들을 보면, 기획이 돋보이기도 하고, 오히려 기획이라는 것이 작품의 맹점이 되어버리기도 한다. 『우리 그림을 세계에 빛낸 미술가』[1]의 경우는 후자에 속한다. 보통 장편 동화 한 권 분량에 해당하는 이 한 권의 책은 20명의 미술가를 다루고 있는데, 글의 성격이 애매하다. 전기라고 볼 수도 없고, 창작 동화 모음집이라고 볼 수도 없다. 기획의 의도가, 짧은 글에 그 미술가의 삶 혹은 예술의 본질을 담으려고 한 것이었다면[2] 글쓴이는 좀 더 세심한 주의를 기울여야 했다. 한 편 한 편

---

1 우리누리 글, 신혜원 그림, 『우리 그림을 세계에 빛낸 미술가』, 우진출판, 1994.

2 이 책의 어디에도 '기획'이라는 낱말이 들어가 있지는 않다. 그러나 저자로 되어 있는 우리누리는 대표적인 어린이 책 기획팀이고, 책의 서두에 들어있는 추천사나 저자 서문이 이 책의 기획 의도를 충분히 밝히고 있다.

의 글들은 뚜렷한 주제를 일관된 시각으로 다루었다기보다는 하나하나의 미술가에 대한 단편적인 지식을 논리적인 전개에 대한 커다란 걱정이 없이 간단하게(?) 짜 맞추어 놓았다는 인상을 지울 수 없다.

그런 식의 글은, 세종대왕에 대해서 이야기하면서 세종대왕은 우리 한글을 창조하신 분이며 여러 가지 과학적인 발명을 하신 분이다. 고로 훌륭한 임금이었다라는 정도의 암기식 가르침처럼 그 대상이 되는 인물에 대한 어떠한 종류의 감동도 실제로 아이들 마음에 일으킬 수 없다. 미켈란젤로나 피카소, 샤갈 같은 미술가의 이름은 알아도 안견이나 김홍도, 신윤복 같은 우리 미술가의 이름을 모르는 아이들의 현실이 아이러니인 것은 분명하다. 그러나 미켈란젤로나 피카소 대신에 안견이나 김홍도의 이름을 아이들의 기억 속에 각인한다는 것이 아이들의 미술에 대한 감각이나 판단에 무슨 영향을 줄 수 있을까? 한국적인 정서를 아이들 마음에 심어줄 수 있을까? 아이들 마음에 우리 정서가 흐르게 하는 일처럼 중요한 일도 없을 것이다. 그리고 그것은 두말할 것도 없이 아이들이 우리 작가들이 쓴 창작 동화를 읽어서 자연스레 얻어지는 것이어야 한다.

단군 신화를 강조한다고 해서 아이들에게 민족 주체성이 심어질까? 하얀 도화지 같은 아이들의 머릿속에서 단군 할아버지와 슈퍼맨은 어떤 변별성을 가질 수 있을까? 혹시 우리 어른들은 아이들에게 두 인물이 나란히 공존하듯이 그려진 그림을 보여주고 있는 것은 아닐까? 민족 주체성 이전에 아이들에게 가르쳐야 할 것은 '나'의 주체성이다. 모든 인식의 주체인 내가 있고, 모든 것이 나를 중심으로 어떻게 연결되는가를 가르쳐

책 밖의 어른 책 속의 아이

야 한다. 가령, 내가 있고, 나를 낳은 부모가 있고, 조부모, 조부모의 부모의 부모를 거슬러 올라가면 단군이 있다는 것, 그러나 옆으로 훑어나가면 중국이나 일본이 있고, 더 멀리는 유럽이나 아프리카·아메리카도 있다는 식으로 수직, 수평으로 시선을 자유자재로 이동하는 훈련, 다시 말해서 밖에 있는 것을 무조건 안으로 밀어 넣는 것이 아니라 안에서 스스로 나와서 바깥을 향하는 체험을 시키는 것이 아이들의 자아 개념에, 사회의식에 나아가 민족 주체성에 뿌리를 심어주는 것이라고 생각된다.

동화가 교과서와는 다른 방식으로 아이들을 가르칠 수 있다면 그것은 동화가 아이들의 마음을 움직일 수 있기 때문일 것이다. 나아가 움직여진 마음이 생각을 거듭하게 하고, 그 과정에서 새로운 사고가 생겨날 수 있게 하기 때문일 것이다. 『우리 그림을 세계에 빛낸 미술가』라는 책은 의도성이 짙은 작품이다. 책의 뒤표지를 보면 "딱딱하고 지루한 위인전이 아닙니다! [……] 현장감 있는 삽화와 간결하고 정확한 묘사로 되어 있어 그림책처럼 쉽게, 동화처럼 재미있게 읽다보면 머리에 쏙쏙 들어옵니다. [……] 어린이들은 이 책을 통해 우리 문화에 대한 긍지를 지닌 세계인으로 성장해갈 것입니다"라고 적혀 있다. 우선 '딱딱하고 지루한 위인전'이란 표현에는 위인전은 '재미있고 쉬운' 동화나 그림책과는 달리, 읽기 싫지만 읽어야 하는 것이라는 뜻이 다분히 포함되어 있다. 여기에는 위험한 이분법이 들어 있다. '딱딱하고 지루한 것'이 의무감, 공부, 어려운 것, 싫은 것, 무거운 것, 몸에는 좋지만 입에는 쓴 약 같은 것 등등을 떠올리게 하는 반면, '재미있고 쉬운' 것은 가벼운 것, 해도 좋고 안 해도 좋은 것,

부담 없는 것, 공부와는 다른 것 등을 생각나게 한다. '공부'는 우리의 어린이 교육, 문화 전반을 경직되게 하는 주범이다. 그리고 그 공부는 한 인간으로서의 성장보다는 학교 교육 현실, 입시 제도의 연장선에서 이해되는 낱말이다.

아이들을 화제에 올리면 공부를 잘하느냐 못하느냐 혹은 잘할 것인가 못할 것인가가 주관심사인 만큼 이 땅의 모든 부모들은 공부에 관심이 많다. 그래서 아이들에게 책을 많이 읽혀야 한다고 생각할 때에도 뭔가 유익한, 다시 말해서 학교 공부에 도움이 되는 책을 읽혀야 할 것 같은 강박관념을 기본적으로 지니고 있다. 그러나 참으로 아이러니컬한 것은 우리나라 학교 교육이 썩었다, 잘못되었다, 문제다 등의 표현의 강도만 달리한 인식은 오천만의 상식처럼 되어 있는데도 99.9%의 부모들은 그 썩고 잘못되고 문제 투성이인 학교 교육에 발맞춰서 아이들을 키워나가겠다는 결연한 의지를 보이고 있다는 것이다. '머리에 쏙쏙 들어오'는 책보다는 묵직하게 마음에 남아 되새김질을 하는 과정에서 명쾌해지는 책이 훨씬 더 '긍지'나 '성장'과 관계가 깊다. 설상가상으로 이 책의 표지에는 '한국아동문학인협회 추천 도서'라는 부추김까지 달려 있다.

정치가·과학자 등 난세를 극복하거나 인류의 삶을 편안하게 만들어준 문명의 이기를 발전시킨 사람들만을 들어 위대한 인물이라 칭송하는 경향에서 벗어나 예술가들을 부각시켰다는 기획의 취지는 높이 살 만하다. 그러나 이 책을 읽으면 높이 살 것은 그런 포괄적이고도 상식적인 기획의

책 밖의 어른 책 속의 아이

취지뿐이 아니었을까 하는 회의가 짙어진다. 대략 잡아 단편 동화 한 편 꼴에 해당하는 개개의 작품은 책머리에 있는 글쓴이의 말처럼 각 예술가의 '창조 정신의 뛰어남'이나 '역경을 딛고 일어서는 힘과 삶의 자세'를 밀도 있게 그려 보이고 있지 않다. 장편과 단편은 작품의 길고 짧음으로 구별되지 않는다. 단편은 장르의 특성상 주제를 부각시킬 수 있는 밀도 높은 하나의 단면을 보여주어야 한다. 그러나 이 책에 실린 글들은 긴 이야기를 황급히 줄여놓은 듯한 인상을 준다. 그래서 어떤 일화들은 뒤섞여서 무슨 말을 하려는 것인지가 막연해지기도 한다. 개개의 미술가들에 대한 많은 정보를 주는 대신, 기획의 취지대로 우리 미술가들이 지녔던 '창조 정신'과 그들이 '역경을 딛고 일어'섰던 힘을 보여주는 일화를 밀도 있게 다루었다면 훨씬 좋은 책이 되었을 것이다.

작품 외적인 이야기를 좀 덧붙이자면, '계유정란' '무반' '중인' 같은 시대·사회적인 배경에 대한 이해가 필요한 낱말이나 전문적인 용어 혹은 아이들이 이해하기 어려운 낱말에는 주를 단다든가 하는 세심한 배려가 필요했다. 또, 김은호를 다룬 작품은 그의 친일 행적을 여덟 줄로 설명했고, 그에 이어 "어쨌든 그는 우리나라 미술계에서 빠뜨릴 수 없는 사람입니다"로 마무리하고 있다. 옳은 결론일지도 모른다. 그러나, 그러기 위해서는 글쓴이의 '어쨌든'이 아닌 좀 더 분명한 입장이 필요하다. 이런 허술한 편집에 화가 나면서 나는 자꾸만 『나의 산에서』라는 책을 번역한 김원구라는 어린이가 떠올랐다. 그는 이 책을 단순히 번역만 한 것이 아니라, 어려운 낱말에 일일이 주를 달았고, 이 책에 나오는 동식물에 대한 지식을 전문가에게 의뢰하여 부록을 달았다. 아이들은 이렇게 진지한데, 어른들은 아이들 눈높이를 맞추겠다는 미명하에 자꾸만 생각 없이 단순해져야 할 것인가.

어른들의 '전쟁'

아이들의 '놀이'

얘들아, 전쟁놀이는 나쁘단다

텔레비전이나 비디오에서 폭력적인 행동을 담은 만화가 너무 많아서 아이들에게 악영향을 끼친다고 한동안 우려의 목소리가 높았다. 만화 영화에서 본 것을 흉내 내다가 다치거나 심하면 죽는 아이까지 있다고 한다. 만화 영화가 아이들에게 그렇게까지 직접적이고 강력하게 영향을 주는 사회 현상을 어떻게 해석해야 할까. 아이들은 나름대로 사고하고 판단한다. 만화 영화를 흉내 내다 죽는 아이는 자신의 사고와 판단을 정지한 아이일 것이다. 무엇이, 누가 우리 아이들을 다만 스펀지처럼 수동적으로 받아들이기만 하는 존재로 만들었는가.

거짓말을 하지 말아야 한다는 것을 도덕적으로 아무리 잘 설득해도 아이를 거짓말 안 하도록 키우기는 거의 불가능하다. 그러나 아이 스스로 거짓말을 하지 말아야겠다는 느낌을 강하게 받는 경험을 하게 되면 아이는 어른과 달라서 절대로 거짓말을 하지 않을 수도 있다. 그리고 그런 경험을 한 편의 동화가 제공해줄 수 있다. 그런 것이 바로 문학적 감동의 힘이다. 그러나 결론이 빤히 내다보이는 이야기로는 마음을 움직일 수가 없다. 문학 작품이 아니라 도덕 교과서의 예문이어야 할 동화들이 우리나라에는 너무나 많다. 어린이 문학은 어른들의 그것과 달라서 올바른 가치관을 심어주는 일에 언제나 세심하게 신경을 써야 한다. 그러나 동시에 그것이 엄연히 예술 작품임을 잊지 말아야 한다. 그렇다면 교훈은 간접 화법으로 전달되어야 한다. 그리고 그 간접적인 이야기가 먼저 아이들에게 즐거움으로, 진정한 공감으로 전달되고 천천히 조금씩 조금씩 생각하면서 직접 화법으로 바뀌어야 한다.

나로 하여금 일련의 이런 생각을 하도록 만든 것은 한 편의 동화이다. 초등학교 저학년 어린이들을 위한 '동화가 좋은 친구들'이란 동화 시리즈가 있다. 기획 의도나 제작 형태 등을 보면 저학년들이 읽을 동화가 턱없이 부족한 현실에서 반가운 책들이 아닐 수 없다. 그러나 그 동화들의 질은 여전히 우리를 실망시킨다. 폭력적인 전자오락으로부터 아이들을 구하려는 '시대적 사명감' 때문에 쓰여진 듯이 보이는 「금지된 장난」[1]이라는 동화가 있다. 전자오락을, 그것도 싸우고 죽이고 하는 전쟁 게임을 좋아하는 반가운 뉴스 시간에 본 이라크의 전쟁 장면에 영향을 받아서 전자오락을 하지 않게 된다는 줄거리를 담고 있다. 어린 소녀가 피를 흘리는 장면에서 받은 충격이 전자 오락기 화면에서 뿜어져 나오는 총탄에 오버랩되면서 아이는 전자오락에서 벗어나게 된다는 결말이 상투적인 설득 수법만 같다.

일단, 초등학교 1, 2학년의 어린아이가 전자오락을 하면서 오락기 속

---

1 김정희 글, 이찬호 그림, 세종문고 (또는 어린이도서회 엮음, 조혜란 그림, 「살꽃 이야기」, 오늘, 1994에 수록되었다. —편집자주)

의 로켓·미사일 등에서 피 흘리는 소녀의 모습을 연상한다는 것은 상당한 심리적 거리를 전제로 해야 가능한 일이다. 아이라는 주체와 오락이라는 객체 사이에. 그러나 대부분의 아이들은, 그리고 일부 어른들마저도, 전자오락을 하는 동안 무아지경 상태에 빠져 있다. 거기서 진짜 전쟁을 연상한다는 것은 리얼리티가 아주 떨어지는 발상이다. 그것은 동심의 세계라고 볼 수 없다. 그리고 동심을 제대로 이해하지 않은 작품을 좋은 동화라고 말할 수 없다. 게다가 전자오락에서 전쟁을 연상하여 주춤했다 하더라도, 전자오락을 그만둔다는 결론은 지나치게 성급하다. 왠지 전자오락이 전처럼 신나지가 않았다든가 하는 정도로 뉴스에서 보았던 소녀와 죽음의 장면의 여운을 남겼더라면 훨씬 더 리얼리티가 있었을 것이다. 이 작품을 읽노라니, 이렇게 빨리, 직접적으로 아이의 행동을 교정하려는 성급함이 바로 우리 한국 어른들의 정서임이 확인되어서 나는 참으로 쓸쓸했다.

아이들 스스로 생각해보고 변화하기를 기다려주는 일, 눈과 귀를 더욱 밝히고 아이들의 마음속을 들여다보는 일이야말로 우리 어른들(동화 작가들)이 갖추어야 할 가장 기본적인 자세가 아닌가. 어른들이 기다려주는 동안 아이들은 성숙한다. 그러나 기다려주지 않고 계속해서 지시하고 명령하는 동안 아이들은 로봇처럼 자라나 자동 장치를 한 것처럼 움직인다. 아이들의 힘의 본원인 '자유'를 잃은 어른들과 꼭 같은 모습으로. 이것보다 심각한 일이 있을까. 한순간 태엽을 감지 않으면 아이들은 고장난 인형처럼 멎어 있을 것이다. 뭐 하고 놀아요? 누구하고 놀아요? 하고 어른에게 계속 물어댐으로써 스스로 궁리하고 자기 의견을 굳히고 아이다운 시각을 갖추는 일을 자연스럽게 포기한 채 어른의 축소판인 아이로 자라나는 것이 얼마나 난감한 일인가를 동화 작가들이 가장 먼저 인식해야 할 것이다.

어른들은 왜 그럴까?

우리 문화의 많은 부분이 의사 전달에 있어서 일방 통행식이다. 특히 어린이와 관련된 부분에 있어서는 더더욱 그렇다. 생각해보게 만들기보다는 배우게 만들려고 한다. 참으로 근시안적인 '교육적 배려'이다. 책을 읽고 느끼는 즐거움은 아이들의 가슴속에 스며들어 무언가의 울림을 낳는 것이어야 한다. 그래서 책을 읽고 난 후 명확하게 설명하기는 어렵지만 뭔가 느낌으로 남고 그 느낌은 생각으로 이어지고 그 생각이 계속되고 되풀이되는 과정에서 행동에 영향을 미치는 것, 이런 것이 독서가 가져다주는 효과일 것이다. 이런 과정은 절대 단숨에 이루어지지 않는다.

「금지된 장난」이 어른의 시선으로 본 아이들의 놀이 세계를 다루고 있는 데 반해 아래에 소개하는 프랑스 동화 한 편은 전쟁놀이를 좋아하는 아이의 시선으로 본 어른들의 우려를 다루고 있다. 초등학교 1학년 정도의 아이들을 대상으로 하는 짧은 그 동화의 줄거리는 우선 이렇다. 주인공인 남자아이는 전쟁놀이를 아주 좋아한다. 장난감도 무기류만 가지고 논다. 아이가 권총·기관총·미사일 따위를 쏘아대면서 신나게 돌아다니는 거실 한가운데에서 전쟁을 보도하는 텔레비전 뉴스를 시청하던 아버지는 걱정스러운 눈길로 아들을 바라본다. 그러나 그 이상은 아무런 설교도 없다. 다만 아버지는 근심스럽고 어두운 표정이고 아들은 더할 수 없이 신나고 밝은 표정이라는 것이 대립되어 그려져 있을 뿐이다. 이어서 새로운 장난감 총을 선물로 사가지고 할머니가 등장한다. 환호를 지르며 새 총을 이리저리 겨누고 "빠방, 할머니, 죽어, 아빠, 죽어" 하고 뛰어다니는 아들을 두고 아버지는 "큰일이에요, 저 애는 요즘 저렇게 파괴적인 전쟁놀이에만 열을 올린답니다" 한다. 이어 빠르게 장면이 바뀌고 아이는 '이상하지, 이렇게 재미있는 전쟁놀인데, 이건 그냥 장난인데, 어른들은 왜 그럴까?' 하고 웃으면서 고개를 갸우뚱하는 주인공 아이의 독백으로 작품은 끝을 맺는다.

이렇듯 이 작품에는 아무런 설교가 없다. 게다가, 이건 그냥 놀이일 뿐인데 어른들은 괜한 걱정을 한다는, 어른들의 어리석음을 일깨워주는 아이의 한마디로 처리되는 극적인 반전은 정신이 확 들게 한다. 이런 것이 바로 동심이다. 바타이유의 말처럼, 어른들에게는 다만 하나의 꿈·욕망·강박관념에 불과한 '자유'가 어린이들을 자라게 만드는 힘이다. 전쟁놀이를 하는 아이들을 보면서 이 세상 어느 구석에서 언제나 그치지 않고 있는 살상과 화염과 폭력과 죽음을, 결국 어른들의 몫일뿐인 실제의 전쟁을 연상하는 것은 정말 지나친 것인지도 모른다는 생각을 했다. 이 작품을 읽으면서. 모방은 본능이지 않은가. 아이들이 소꿉놀이를 하면서 어른들의 일상 세계를 모방하듯이 전쟁놀이를 하면서 텔레비전에서 본 '멋있는' 전쟁을 모방하는 것뿐인지도 모른다. 각종 신형 무기를 본뜬 장난감을 제

조함으로써 아이들을 부추기고 있는 것은 오히려 어른들이다. 모방 심리에서 출발하는 아이들의 놀이 자체는 분명 심각하게 우려해야 할 일은 아니다.

어른들의 기우에 대하여 이건 그냥 장난일 뿐인데…… 라고 혼잣말을 하는 것은 전쟁놀이는 그만해야겠다고 다짐하는 것보다 훨씬 아이답다. 어른들이 미처 생각하지 못하는 진실을 아이들이 감지하는 것은 아이들이 어른들보다 눈과 귀가 밝고 마음이 깨끗하기 때문일 것이다. '어린이는 누구나 시인이다'라는 말은 그래서 생겨났을 것이다. 이런 명제는 동양과 서양이라는 문화적 경계 때문에 그 진위가 달라지는 것은 아닐 터이다. 그럼에도 불구하고 서양의 아이들이 우리의 아이들보다 사고의 면에서 훨씬 아이답다는 것을 어떻게 설명할 것인가.

「금지된 장난」은 어른의 시각으로 내린 결론을 아이들에게 전달하는 하나의 양상이다. 그것이 훈계가 아니라 '동화'라는 양상을 띠고 있다는 것이 어른이 아이에게 '베푸는' 친절이라면 친절이랄까. 목적에 눈이 어두워 작가는 아이들의 세계를 잘 들여다보지 못하고 있다. 그런 까닭으로 이 작품은 독자에게 아무런 감동을 주지 못하고 어른들이 아이들에게 늘 하는 잔소리와도 같은 차원으로 떨어진다. 우리 작가들은 왜 아이들이 의견을 가지고 있다고 생각하지 않는가. 왜 아이들을 설득하려고만 하는가.

위에서 예로 든 프랑스 작품은 불과 원고지 30~40매나 될까 한 짤막한 그림 동화이다. 6~7세 정도의 어린이가 이해 안 되는 어휘 하나 없는

책 밖의 어른 책 속의 아이

간결한 문장, 군더더기 없는 밀도 있는 문체, 긴장감 있는 구성. 문학 작품의 기본적인 요건을 고루 갖추고 있다. 이런 동화를 읽으면서 자라나는 아이들의 언어의 질과 「금지된 장난」 같은 동화를 읽으면서 자라나는 아이들의 언어의 질이 차이가 나는 것은 당연하다. 그 언어의 질이 사고의 질을 그리고 나아가 삶의 질을 다르게 하는 것을 감안하면 우리 모든 부모들은 눈을 밝히고 아이들 책을 읽을 수밖에 없다.

한국 어린이 문학을
대표하는 작가?

해마다 어린이날이 다가오면 각종 지면에서 어린이 문학에 관한 특집을 마련하곤 한다. 1999년 『출판저널』에서도 그런 특집이 있었다. 어린이 문학에 관계되는 사람 28명에게 설문 조사를 해서 "우리나라를 대표하는 '어린이 책 5'"와 "기억할 만한 '아동 작가 5'"를 뽑아 '우리나라의 어린이 책'이라는 특집을 마련했다. 그 결과, "우리나라를 대표하는 '어린이 책 5'"에는 권정생의 『몽실 언니』, 이원수의 『이원수 전집』, 현덕의 『너하고 안 놀아』, 정채봉의 『오세암』 그리고 윤석중의 『윤석중 전집』이 선정되었다. 그리고 "기억할 만한 '아동 작가 5'"는 권정생·이원수·마해송·현덕·이주홍 이렇게 다섯 사람이 꼽혔다. 이 설문 조사에 나도 참여를 했다. 편집자에게서 부탁을 받았을 때, 나는 어떤 작가, 어떤 작품을 써넣어야 할지 고민을 많이 했다.

상식적으로 볼 때, 한국 어린이 문학을 '대표'할만한 작가라는 것은 작품의 양과 질에 있어서 고루 뛰어나야 할 것이다. 그런 점에서 볼 때, 위에서 이름을 든 작가들은, 생존 작가인 권정생을 빼면 한국 어린이 문학사에서 벌써 자리매김이 탄탄하게 이루어진 작가들이다. 나는 개인적으로, 한국 어린이 문학 중에서 가장 뛰어난 작품을 들라면 옛날이나 지금이나 대부분의 사람들이 별로 의견 차이를 보이지 않고 이원수의 작품을 들고 있는 현실을 참 우울하게 바라보는 편이다. 그래서 그랬을까. 이 설문지를 보낸 편집자의 의도를 단박에, 새로운 작가, 새로운 작품을 찾아 내려는 시도라고 오해(!)해버렸다. 하긴, 굳이 오해라고 말할 것까진 없는지도 모르겠다. 단순히 편집자의 의도와 설문 결과가 맞아떨어지지 않았던 것인지도 모르니까. 이 설문 조사에서 나는 좀 의도적으로 위의 작가들과 작품들을 쏙 빼고 모두 지금 활동하고 있는 작가들을, 상당히 최근에 발표된 작품들을 써넣었다. 나는 본래 무슨 일에서건 등수 매기는 걸 싫어하기도 하거니와 이원수·방정환·마해송·강소천·이주홍·현덕·권정생 등의 작가들을 뽑을 거라면 굳이 '다섯'이라는 숫자를 정해놓고 설문 조사까지 할 필요는 없을 것 같아 보였기 때문이다.

그렇다고 해서 내 생각대로 신선한 작가 리스트, 작품 리스트가 나오리라는 낭만적인 기대를 했던 것은 아니다. 그럼에도 불구하고 막상 『출판저널』에서 여전히 이원수, 마해송……으로 나가는 "기억할 만한 '아동 작가 5'"를 확인하고는 맥이 빠지지 않을 수 없었다. 진부한, 너무나 진부한…… 하긴, 한국 어린이 문학을 '대표'하는 작가·작품을 말하자면 위와 같은 결과가 나올 수밖에 없는지도 모른다. 일반 문학[1]에서는 한국 문학을 대표하는 작가를 들라고 하면 아무도 이광수·김동인·염상섭·현진건·김기림·정지용 등의 이름을 들지 않는다. 대신에 이문열·이청준·김수영·황

---

[1] 어린이 문학과 구별하기 위해서 어른들을 위한 문학을 '일반 문학'이라고 부르기도 한다. '성인 문학'이라는 말이 통용되기도 하지만 이 용어는 성(性)과 관계된 것 같은 인상을 주기 때문에 피하기로 한다.

석영 등의 이름을 든다. 외국에 번역 소개되는 작가들을 보면, 이문열·이청준 이외에도 오정희·박완서·최윤 등이 있고 시인으로는 작고한 이상으로부터 시작해서 김춘수·고은·황동규뿐만 아니라 조정권·최승호·기형도 그리고 남진우까지도 끼여 있다. 물론 이러한 시인·작가 들은 한국 문학을 대표하기 때문이라기보다는 번역자들의 개인적인 취향 때문에 선정되었다고 보는 것이 타당할 것이다. 그러나 내가 여기서 주목하고 싶은 것은, 일반 문학에서는 현대가 근대를 넘어서고 있다는 점, 그리고 이미 문학사 속에 정리된 작가들이 아니라, 지금 한창 활동하고 있는 작가들에 대한 평가 작업이 활발하다는 점, 뿐만 아니라 아주 젊은 작가들까지도 한국 문학을 '대표'할 수 있다고 본다는 점이다.

일반 문학과 어린이 문학을 비교해볼 때 또 드러나는 커다란 차이는 '한국 문학'을 가리키는 용어에 있다. 일반 문학에서는 외국 작가들이 쓴 작품을 가리켜서 외국 문학이라고 하고, 한국 작가들이 쓴 작품을 가리켜 한국 문학이라고 한다. 『한국 문학』이라는 문예지도 있고 『외국 문학』이나 『세계 문학』이라는 문예지도 있다. 이처럼 책들 제목에서부터 일상 용어에 이르기까지 한국 문학이라는 표현은 자연스럽다. 그런데 '한국 어린이 문학'이라는 말을 나는 들어본 적이 없다. 그 대신 '우리나라 창작 동화' '우리나라 동화' '우리 아동 문학' '우리 어린이 문학' 등의 표현이 두루 쓰인다. '아동'이라는 표현과 '어린이'라는 표현이 우리말 사용에 관한 문제라는 점, 그리고 '창작 동화'라고 쓰는 것은 '전래 동화'와 구별하기 위해서라는 점을 빼면, 이 모든 표현들은 다 한국 작가가 어린이를 위해서

책 밖의 어른 책 속의 아이

쓴 작품을 가리키는 말들이다. 특이한 것은 '한국'이라고 하지 않고 '우리'라고 한다는 점이다.

'한국'이라는 말은 객관적이지만 '우리'라는 말은 상당히 감정적이다. '우리 가족' '우리 학교' '우리 마을' '우리 지방' '우리나라' 등에 두루 쓰이는 '우리'는 누구인가? 또 '우리'가 필연적으로 만들어내는 '우리 아닌 사람들'은 누구인가? 하나의 표현이 사회적으로 통용되는 것을 분석해보면 반드시 그 표현 속에 담겨 있는 사회적 통념을 읽을 수 있다. 일반 문학에서와는 달리 어린이 문학에서 유난히 '우리'가 강조되는 것을 나는 우연이라고 보지 않는다. 크고 작은 '우리' 속에 숨어들면서 '나'는 애매하고도 모호한 보호를 받는다. 뒤집어서 얘기하면, '우리'라는 표현은 이미 자기 방어적이고 배타적이기까지 하다. 이렇게 감정적인 것이 한국 어린이 문학의 현주소다. 얘기를 "우리나라를 대표하는 어린이 책" 혹은 "기억할 만한 아동 작가"로 좁혀봐도 사정은 크게 다르지 않다.

방정환·이원수·마해송……으로 둘러싸인 한국 어린이 문학의 저택은 좀처럼 바깥을 향해 문을 열지 않는다. 좋은 어린이 책, 훌륭한 어린이 문학 작가를 이야기할 때 이런 이름들을 거론해야만 공정하고도 타당할 수 있다면 한국 어린이 문학에서 신선한 활력을 기대하기는 어렵다. 우선 너무 늙었다. 이원수·마해송·이주홍, 그리고 무엇보다도 현덕의 주옥같은 작품들을 평가 절하하기 위해서 하는 이야기가 아니다. 그 작품들은 그 작품들대로 가치를 지닌다. 그러나 시대가 너무 많이 바뀌었다. 이원수의 『숲속 나라』는 1953년, 이주홍의 『못나도 울엄마』는 1977년, 마해송의 『바위나리와 아기별』은 1923년, 강소천의 『꿈을 찍는 사진관』은 1955년, 현덕의 『집을 나간 소년』은 1946년에 발표되었다. 줄잡아보아도, 1999년 현재는 이 작품들이 발표되던 시기에서 대략 50년밖에 지나지 않았다. 그러나 지난 50년 동안 한국 사회는 너무나 많은 변화를 겪었다. 물론 수세기가 지나도 여전히 감동적으로 읽히는 고전이라는 작품들이 있다. 그러나 그러기에는 이들의 작품들은 지나치게 사실적이다. 당시의 생활상을 그린 작품들이 많은데, 다음과 같은 릴리언 스미스Lillian H. Smith의 말처럼 그 시대의 생활을 담은 이야기는 시대가 지나고 나면 빛을 발하기가 어렵다.

대체로 일상생활을 다루는 스토리는 그 후대의 어린이들보다는 그 이야기가 쓰인 시대의 어린이들이 훨씬 좋아한다. 이러한 이야기로 고전 속에 섞여 움직일 수 없는 위치를 확보한 것은 거의 없다. 그 이유는 이런 스토리는 필연적으로 그 시대의 테두리, 그 무렵의 사회 상태, 습관, 사고방식에 적응되어버리기 때문이다. 그 스토리가 쓰인 시대가 먼 과거로 되어 가면 갈수록, 작품 속의 어린이가 생활한 사회의 풍습은 이야기의 표면에서 후퇴하여, 스토리는 후대의 독자들이 의미와 흥미를 잃게 된다.[2]

---

2 L.H. 스미스 글, 박화목 옮김, 『아동문학론』, 새문사, 1979.

책 밖의 어른 책 속의 아이

지금 나의 관심은 이런 한국 어린이 문학 태동기의 작품들에 대한 재평가에 있는 것이 아니라 이들 작품에 대한 지나친 존중이 상대적으로 지금 현재 활동하고 있는 작가들에 대한 평가를 소홀하게 만든다는 사실에 있다. 한국 어린이 문단은 좀 젊어질 필요가 있다. 그러기 위해서는 무엇보다도 지금 현재 활동하고 있는 작가들의 작품에 주목해야 한다. 그리고 신인의 목소리에 귀를 기울이면서 옥석을 가릴 필요가 있다. 나는, 평론가란 무엇보다도 작품을 보통 독자들보다도 아주 꼼꼼하게 읽는 독자라고 생각한다. 그렇게 해서 그 작품을 자기의 언어로 다시 살려놓는 일이 평론가가 하는 작업이라고 생각한다. 평론에 대해 내가 가지고 있었던 이런 생각들이 어린이 문학 쪽으로 방향을 바꾸면서 무색해지는 걸 자주 경험한다. 어린이 문학 평론은 종종 선생님이 학생들을 꾸지람하는 것처럼 쓰여 있다는 느낌을 많이 받았기 때문이다. 우리가 다 알고 있듯이 교육은 아이들을 꾸짖는 일보다는 칭찬하는 일에서 훨씬 바람직하게 이루어진다. 그럼에도 불구하고, 사실 따지고 보면 그렇게 흔하지 않은 어린이 문학 평론, 혹은 어린이 문학에 관계하는 몇몇 사람들이 쓴 짧은 글들은 불특정 다수를 향한 꾸지람으로 가득 차 있다. 그런 글들을 읽다 보면 벌을 서는 기분이 든다. 잘못한 것도 없는데 단체 기합이라는 명목으로, 누군가의 잘못을 함께 책임지면서.

다행히도 최근에 이런 유쾌하지 못한 기분에서 좀 놓여날 수 있는 기회가 있었다. 신인들의 작품을 가려 뽑는 일을 몇 차례 했는데, 숨통이 트이는 기분이었다. 마음에 드는 작품 몇 편 발견했다고 해서 "숨통이 트인다"고 말하는 것이 좀 그런 것 같기도 하지만 나는 전혀 지나치지 않다는 생각이다. 그만큼 어린이 문학을 둘러싼 회의와 절망과 패배주의, 그리고 그 이면에 숨어 있는 상업적 성공 속의 안일 무사주의에 식상해 있었기 때문이다. 상업적 성공이라는 말은 조금 짚고 넘어갈 필요가 있다. 일반 문학에서는 상업적인 성공이라고 하면 출간 몇 개월 안에 적게는 수만 부에서 많게는 수십만 부가 팔려나가는 베스트셀러를 떠올려야 할 것이다. 그러나 어린이 문학에는 이런 식의 베스트셀러는 없다. 대신, 어린이를 위한 책은 꾸준히 팔린다. 끊임없이 새로운 수요가 생기기 때문이다. 일반 문학에서는 대개 신간 서적의 수명을 삼 개월 정도로 본다. 거짓말처럼 그 많은 책들이 잠시 서점의 진열대를 장식했다가는 '죽어버리'는 것이다. 정말 죽어버린다. 끊임없는 신간들에 밀려 서점의 창고로, 출판사의 창고로 옮겨지면서 절판이라는 운명을 맞게 된다. 작가들에 따라서는 자신이 산고 끝에 탄생시킨 나쁘지 않은 책에 대해서도 더러 그런 억울한 죽음을 경험해야만 한다. 그러나 어린이 문학에서는 정말 나쁜 책이 아니고서는 웬만해서는 좀처럼 절판되지 않는다고 한다. 그러니 어린이 문학 작가들은 일반 문학 작가들에 비해서 여러 가지로 열악한 환경에도 불구하고 상대적으로 쉽게 상업적 성공(?)을 거둔다고 할 수 있다. 어째서 이런 일이 가능할까? 무엇보다도 일반 문학의 독자들이 자율적으로 책을 구입하는 데 비해 어린이 문학의 독자(그러니까 어린이)들은 사정이 그렇지 못하다는 데 있을 것이다. 어른들이 책을 사주는데, 사실 자율적인 판단에 의해서 책을 사는 경우보다는 각종 추천 도서 목록을 참고하는

책 밖의 어른 책 속의 아이

경우가 많고, 심지어는 전집 판매나 할인 판매라는 경제적 이유로 책을 사는 방법을 선택하는 경우도 많다. 어른들은 문학적인 이유보다는 교육적인 이유로 아이들에게 책을 사주는 것이 대부분이다. 그러다 보니까 어린이 문학에서는 유난히 한 작품이 성공하면 곧 그 아류들이 쏟아져 나온다. 그래서 많은 작품들이 '원조'와 '아류'가 별로 구별되지 않는 상품으로 전락해버린다. 나는 한국 어린이 문학의 발전을 위해서는 하루빨리 커다란 이름들 그늘에서 좀처럼 헤어나지 못하는 작은 이름들을 하나하나 짚어가며 조명을 하는 일이 매우 시급하다고 생각한다. 지나간 시대의 작품들에 연연한 나머지 그 작품들만을 한국 어린이 문학의 모범으로 삼는 일을 그만두어야 한다. 근시안적인 안목으로 "민족 정서를 함양"하고 "올바른 가치관 형성을 돕는" 작품인지 아닌지를 검열하는 비평 태도에서 하루빨리 벗어나야 한다. 다행히, 지금 한국 어린이 문학은 고질적인 수많은 문제들 속에서도 앞으로 나아가고 위로 솟아오르려고 꿈틀대고 있다. 이러한 나의 판단은 그동안 읽은 신인 작가들의 발표·미발표 원고들 때문에 생겨났다. 그 얘기를 길게 하고 싶지만 자칫하면 사소하고도 개인적인 이야기로 전락될 위험이 있어서 그동안 『아침 햇살』과 『어린이 문학』에 발표했던 다음의 글 두 편을 여기에 재수록 하는 것으로 대신하기로 한다. 이번 기회에 두 글을 아우르면서 다시 쓸까 하는 생각도 없지 않았지만 시간에 쫓기면서 썼던 당시의 글 그대로가 부족하지만 나름대로의 진실성을 쫓아가고 있는 것 같아서 그냥 두기로 한다.

1999년 하반기

어린이 문학

I. 푸른 신호등 앞에서

어린이 문학이 웅성대고 있다. 지금, 여기서. 점점 더 많은 작가들이
어린이를 위한 작품을 쓰고, 어린이 책을 만들어보겠다는 출판사들이 하
나둘 씩 늘어나고, 여러 일간지에서 정기적으로 어린이 책을 소개하고
있다. 정기·부정기 간행물의 형태로 읽을거리가 쏠쏠하게 들어 있는 동
인지·소식지 들을 열심히 펴내는 사람들이 보이고, 어린이 책을 읽고 공
부하겠다는 학부모와 교사들의 모임들도 전국으로 퍼져나가고 있다. 어
린이 책 전문 서점도 숫자가 점점 많아지고 있다. 어린이 책을 판매하는
특수하고도 막강한 형태이던 방문 판매가 서서히 힘을 잃으면서 단행본
시장이 커지고 있다. 막연히 중요하니까 읽어야 할 것 같던 지나간 시대
의 '세계 명작' 중복 출판을 도돌이표처럼 되풀이하던 편집자들이 눈을 돌
려, 과거의 풍요로운 문학적 토양에서 자라난 오늘의 작품들을 속속 찾
아서 출판하고 있다. 그뿐이 아니다. 방정환·이원수 시대의 작품만을 모
범으로 삼고 오롯이 닮아가려 애쓴 나머지 참으로 오래도록 변화와 발전
을 모르던 한국 어린이 문학에도 새로운 작품들이 나타나고 있다. 이 모
든 현상들을 지켜보고 있노라면 푸른 신호등 앞에 서 있는 기분이 든다.

그 푸른 불을 믿고 어디로 얼마나 갈 수 있을지 모르지만 붉은 신호등 앞에서 정체해 있던 때의 답답하고 짜증스럽던 심정에 비하면 시원하기 짝이 없다. 요즘 나오는 어린이 문학 작품들을 살펴보면서 나는 이처럼 긍정적인 생각만 하기로 했다. 죽어라고 책을 읽지 않는 아이들이 늘어나고 있지만, 분명히 책을 읽는 아이들도 늘어날 것이라는 생각도 하고 있다. 왜? 재미있는 책이 많아지고 있으니까.

내게 이런 생각을 하도록 해준 것은 물론 내가 읽고 있는 어린이 책들이다. 그 동안 내가 눈물과 웃음을 참기도 하고 터뜨리기도 하면서 그러나 또한 속상해하고 아쉬워하기도 하면서 주목했던 책들은 다음과 같다.[1]

1) 황선미 글, 김성민 그림, 『샘마을 몽당깨비』, 창비, 1999

2) 이금이 글, 송진헌 그림, 『너도 하늘말나리야』, 푸른책들, 2007

3) 김향이 글, 김종도 그림, 『내 이름은 나답게』, 사계절, 1999

4) 김우경 글, 오기철 그림, 『우리 아파트』, 지식산업사, 1999

---

[1] 잠깐 여기서 내가 제일 싫어하는 변명을 좀 하고 넘어갈 수밖에 없겠다. 워낙 정보에 어둡고 발이 빠르지 않은 내게 주어진 시간이 너무 짧아서 충분한 자료 조사를 할 수가 없었다. 원고 청탁을 너무 늦게 해준 탓이라고 편집자를 걸고넘어지면서 나는 또 한편으로는 아마도 내가 미처 찾아보지 못한 좋은 작품들이 더 많이 있을 것이라고 믿고 싶다. 차후에라도 그 작품들을 찾아 읽고 그것들에 관한 글을 쓰고 싶은 마음을 여기서는 잠시 접어두기로 한다.

5) 강숙인 글, 한병호 그림, 『마지막 왕자』, 푸른책들, 2007

6) 우봉규 글, 이상권 그림, 『금이와 메눈취 할머니』, 시공주니어, 1999

7) 방정환 글, 김병하 그림, 『칠칠단의 비밀』, 사계절, 1999

8) 박기범 글, 박경진 그림, 『문제아』, 창비, 1999

9) 이미옥 글, 원유미 그림, 『가만히 있어도 웃는 눈』, 창비, 2009

10) 강무홍 글, 정순희 그림, 『좀더 깨끗이』, 비룡소, 1999

11) 이금이 글, 유진희 그림, 『도들마루의 깨비』, 시공주니어, 1999

12) 이경혜 글, 권문희 그림, 『세상에서 가장 친한 친구』, 푸른나무, 1998

13) 김영주 글, 고경숙 그림, 『짜장 짬뽕 탕수육』, 재미마주, 1999

우선 작가를 보면, 우리 누구나 다 알고 있는 방정환을 빼고, 비교적 등단한 지 오래된 이금이와 김향이를 빼면, 그리고 또 번역가로서 더 먼저 독자들에게 다가온 강무홍과 이경혜를 빼면 나머지는 그다지 이름이 많이 알려지지 않은 작가들이다. 잘 모르는 작가의 작품을 펼쳐드는 맛은 각별한 데가 있다. 그리고 그 작품이 손에서 놓기 어려울 때는 슬그머니 믿음이 생긴다. 책장을 덮고 나서도 만족스러울 때는 작가의 이름이 머릿속에 새겨진다. 다음 작품을 기다리면서 또 다른 낯선 이름이 나를 즐겁게 해주지 않을까 기대를 하게 된다. 새로 태어나는 작가가 많다는 건 그만큼 문단이 젊다는 뜻이고, 문단이 젊다는 건 희망의 양이 증가하고 있다는 뜻이라고 보아도 좋을 것이다. 그런 뜻에서 나는 특히 김영주의 『짜장 짬뽕 탕수육』과 이경혜의 『세상에서 가장 친한 친구』, 그리고 황선미의 『샘마을 몽당깨비』 같은 작품이 생겨난 걸 아주 기쁘게 생각한다.

II. 놀이를 통한 문제 해결

먼저 월간 『어린이 문학』에 실린 적이 있는 단편 「짜장 짬뽕 탕수육」이 아이들이 읽기 좋게 그림 동화로 나온 것이 반갑다. 화장실에서 '큰 덩치'가 부르는 "왕, 거지, 왕, 거지……"에 따라서 진행되는 약한 아이 따돌리기, 그리고 아무런 생각 없이 '힘'에 복종하는 아이들. 얼핏 남자아이들 간에 흔히 일어나는 힘겨루기가 떠오르지만 작가는 문제를 끝까지 '놀이'의 세계 속에서 해결한다. '큰 덩치'가 '거지'라고 이름 붙인 자리에서 오줌을 눈 까닭에 거지가 되어버린 중국집 아들 종민이가 '왕, 거지' 대신 '짜장, 짬뽕, 탕수육'으로 화장실의 질서를 다시 잡아버리는 것이다. '큰 덩치'를 따르던 아이들이, 전학 와서 따돌림 받던 중국집 아들 종민이 쪽으로 쏠리는 것은 순전히 짜장, 짬뽕 그리고 탕수육 때문이다. 귀가 솔깃해지면서도 어느 것이 '최고'인지 몰라서 우왕좌왕하는 아이들에게 종민이는 "짜장은 이천오백 원! 짬뽕은 삼천 원! 탕수육은 만 이천 원!"을 큰 소리로 자신 있게 외친다. 가격 차이 때문에 갑자기 탕수육이 대단해 보이지만 아이들은 곧 자기 자리를 찾는다. "그래도 짜장이 최고"라는 아이, "얼큰한 짬뽕이 좋"다는 아이, "비싼 탕수육도 먹고 싶"다는 아이, 다 "나름대로 까닭이 있"다. '왕, 거지' 놀이의 폭력이 '짜장, 짬뽕, 탕수육'

놀이에 의해 민주적으로 해결된다. 이 해결에서 내가 주의 깊게 본 것은 아이들이 어느 하나의 가치를 최고라고 생각하며 무조건 따르려고 하지 않고 나름대로의 판단으로 자기가 좋아하는 것을 찾는다는 점이다. 이만한 얘기를 이렇게 간단하고 재미있게 아이들 속에서 찾아내는 작가라면 기대를 걸어도 좋으리라. 이 작가의 작품을 더 읽고 싶은 독자를 위해서 『어린이 문학』 1999년 2월호와 6월호에 각각 「영원한 주변」과 「도망자 고대국」이 실려 있음을 말해둔다.

III. 유명해진다는 것

이경혜의 다소 흔해 보이는 『세상에서 가장 친한 친구』라는 제목을 달고 세상에 나온 작품은 한국 어린이 문단에서 결코 평범하지 않아서 귀하게 여겨지기까지 한다. 유명이와 무명이의 13살 시절 이야기인 이 작품은 13년 전 이 아이들이 태어나던 때에 시작해서 13년 후 이 아이들 둘이 결혼을 하고 어른이 되는 이야기로 끝난다. 이 담에 커서 온 세상에 이름을 날리는 사람이 되라고 유명이라는 이름을 얻은 여자아이와 아기가 백일이 되도록 좋은 이름을 찾지 못했다고 해서 무명이라는 이름을 얻은 남자 아이가 한 동네, 한 학교, 한 반에서 생활하면서 원수 같이 지내다가 마침내는 영원한 단짝이 되는 이야기. 이 이야기를 이렇게 요약해버리면 신통한 데가 하나도 없다. 뿐만 아니다. 이 작품에는 아름답거나 사색의 깊이가 엿보이는, 흔히들 '문학적'이라고 일컫는 의미 어린 문장들도 보이지 않는다. 지극히 단순하고 쉬운 평범한 문장들만큼이나 작가도 나서서 무슨 말을 하려고 애를 쓰지 않는다. 그럼에도 불구하고 나는 이 작가에게서 참 많은 말을 들었다. 우선, 정유명과 노무명이라는 이름에서부터 시작되는 그들의 장래 이야기. 무명이는 세계적으로 유명한 만화가가 되었고, 유명이는 세계적으로 유명한 수의사가 되었다. 그러나 사실, 그들은 유명해진 것이 아니다. 왜냐하면 무명이는 노스트라다무스라는 예명을 썼고, 유명이는 사람들이 아니라 온 세상 동물들에게 알려졌기 때문이다. 얼굴의 얼룩이 없어지면 동물 친구들이 알아보지 못한다고 성형 수술도 거부했다. 정유명과 노무명이 "죽는 날까지 세상에서 제일 좋은 친구"로 지냈다는 것이 이 두 사람의 뒷날에 대한 "간단한 보고"라며 이야기를 끝내는 작가는 전혀 목소리를 높이지 않고 유명이와 무명이가 이상적으로 남녀평등을 실천하고 있다는 이야기를 하고 있다. 그리고 또한 유명해지는 것은 이름을 떨치려고 노력해서 되는 것이 아니라 자신이 하고 싶은 일에 몸과 마음을 다 바치다 보면 그 결과로 자연히 얻어지는 것이라는 이야기도 하고 있다. 그 밖에 유명이와 무명이의 삶 속에 들어와 있는 선생님, 부모님들, 친구들을 통해서도 작가는 여러 가지 이야기를 하고 있는데, 심각한 말 한마디 없이 독자를 울리고 웃긴다. 작가가 감정에 빠지지 않고 정신을 똑바로 차리고 있어야 가능한 일이다. 서로 자라나는 환경도 판이하고 성격들도 제각각이고, 다들 좋아하는 것도 다르지만 어른들처럼 크고 작은 집단 이기주의로 뭉치지 않고 엎치락뒤치락하며 함께 어우러져서 살아가는 아이들. 그들의 모습을 이처럼 생생하게 그리고 있는 작가는 정신이 건강할 거라고 생각된다. 교육은 건강한 정신에서 나와야 한다.

IV. 감상의 위험

그런데 사실, 문학은 건강한 정신에서만 나오는 것은 아니다. 그럼에도 불구하고 어린이 문학의 중심에는 어린 존재들을 자라나게 하고 안으로 익어가게 하고 바깥으로 열리게 해야 한다는 생각이 흔들리지 않고 있어야 한다. 이것이 어린이 문학의 어려운 점이다. 이 점을 종종 잊는 것 같아 보이는 작가들(어른들)이 있다. 이미 굴절을 겪을 만큼 겪은 자신의 감정에 빠져서 투명하기만 한 아이들의 욕망을 그대로 비추어내는 거울이 되지 못하는 작가들…… 그런 작가들의 작품은 아무래도 감상(感傷)으로 흐른다. 감상은 상처다. 상처에 집착하는 것은 아이들이 아니라 어른들 쪽이다. 아이들도 어른들처럼, 어쩌면 어른들보다 더 자주 상처받는다. 그러나 아이들에게는 그들만이 가지고 있는 특유의 탄력이 있다. 아이들은 어른들처럼 상처를 되씹고 곱씹지 않는다. 상처는 아이들에게서 보다 쉽게 하나의 대상이 된다. 가령 아이 몸에 난 흉터는 두고두고 그 어미의 마음에 아픔을 주지만 정작 아이는 그 흉터를 제 몸(마음이 아니라)에 저장된 사고 기록 이상으로 여기지 않는다. 그러나 상처가 내면화(몸이 아니라 마음에)되는 경우, 아이는 어른보다 쉽게 장애 증세를 보인다. 여러 가지 종류의 자폐증. 이금이의 『너도 하늘말나리야』에 나오는

책 밖의 어른 책 속의 아이

바우가 앓고 있는 선택적 함구증도 그런 자폐증 중의 하나일 것이다.

부모의 이혼, 엄마나 아버지와의 사별 등의 상실을 앓고 있는 아이들의 이야기는 감상적 동화의 단골 주제다. 『너도 하늘말나리야』의 바우와 소희와 미르, 『도들마루의 깨비』에 나오는 모질이, 『금이와 메눈취 할머니』에 나오는 금이는 다 같이 그런 상처를 안고 살아가는 아이들이다. 이 세 작품에 나오는 아이들은 공통적으로 감수성이 아주 예민해서 사물이든 사람이든 바깥 세계의 움직임을 끊임없이 분석하고 해석한다. 말을 바꾸면 아이다운 단순함을 보이지 않는다. 부모의 이혼이든, 재혼이든, 사별이든 그런 사건들은 어른들의 일이다. 가정 내의 그런 커다란 일이 아이와 관계가 없다는 뜻이 아니라, 그런 사건을 일으키는 복잡하고 엄청난 문제 상황 속에서 갈등하고 극복해나가는 것은 어른들의 몫이고, 아이들은 다만 그런 사건들의 결과 속에 수동적으로 놓여질 따름이다. 그리고 양쪽 부모와 살고 있는 아이든, 이혼한 한쪽 부모와 살고 있는 아이든, 엄마나 아버지와 사별한 아이든, 할머니나 할아버지와 살고 있는 아이든, 아이들에게는 아이들 몫의 삶이 있다. 존재하는 부모든, 부재하는 부모든 부모들은 그다지 아이들의 의식과 삶을 지배하지 않는다. 금이나 바우나 소희나 미르의 의식을 지배하고 있는 것은 부모들의 이혼과 재혼과 죽음이 가져온 상실이다. 상처가 깊게 곪으면 곪은 자리에서 새 살이 나오듯 이 작품들에는 깊은 성찰에서 우러나는 깨달음의 문장들이 심심찮게 눈에 띈다. 한껏 예민해져 있는 감각이 만들어내는 수많은 형용사들이 글을 자주 장식적으로 만들어놓는다. 사랑(결혼도 이혼도 재혼도 어쨌든 다 '사랑' 문제다)을 앓고 있는 이 아이들을 보면서 나는 답답했다. 가정의 결손은 아이들의 실존적 상황이다. 따라서 그것이 아이에게 상처가 되는 모양을 애정 결핍 차원에서 그려놓은 것은 정직하거나 건강하지 않아 보인다. 그것은 사실 누군가의 사랑으로 대체되기 어려운 것이며 결손에 처한 아이 자신이 용기 있게 정면 대결해야만 하는 문제다. 상처받고 살아가는 아이를 따뜻하게 위로만 하는 것은 전혀 그 아이를 도와주는 일이 되지 못한다. 그런 의미에서 똑같이 부모의 이혼으로 고통 받고 있는 나희(『세상에서 가장 친한 친구』에 나오는 유명이의 짝)를 눈여겨볼 필요가 있다. 엄마와 아버지가 이혼한 후 엄마는 동생을 데리고 미국으로 가고 아버지와 살고 있는 나희는 엄마의 추억이 담긴 물건들을 소중히 간직하고 있다가 유명이에게만 보여준다. 이 물건들은 부모의 이혼으로 생긴 나희의 상처를 때로는 치료해주기도 하는 비밀이다. 여리디여려 누구에게나 다정다감한 나희가 아버지의 재혼을 받아들이는 방식은 뜻밖이다. 예쁘고 친절한 새엄마 때문에 아빠가 웃음을 되찾아서 좋고, 외롭게 혼자 지내다가 새엄마가 동생을 데리고 들어와서 좋고, 미국에서 재혼한 엄마와 친동생을 방학 때마다 보러 갈 수 있어서 행복해한다. 작가는 이 엄청난 드라마를 아주 담담하고 간단하게 처리하고 있다. 나희 엄마와 아빠뿐만이 아니라 나희에게도 끊임없이 사건이 일어나고 있기 때문이다. 점점 증가하고 있는 이혼율. 아이들도 현실에 적응할 필요가 있다.

책 밖의 어른 책 속의 아이

V. 현실을 떠날 권리

한국 어린이 문학의 가장 큰 특징은 사실적, 너무나도 사실적이라는 점이다. 위에서 예로 든 작품들도 그렇지만 거의 모든 작품들, 특히 칭찬받고 있는 화제작들은 아주 사실적이다. 보기 드물게 아이들의 심리를 섬세하고 사실적으로 그려낸 박기범의 단편집『문제아』, 부모의 실직으로 아파트에서 연립 주택 반지하로 이사하게 된 초록이네 이야기인 이미옥의『가만히 있어도 웃는 눈』, 교통사고로 엄마 잃고 불구가 된 아버지와 함께 사는 아이 이야기인 김향이의『내 이름은 나답게』, 허를 찌르듯 동심의 세계를 보여주는 강무홍의『좀 더 깨끗이』. 다들 아이들의 의식을 더도 덜도 아닌 지금, 여기의 현실에 붙들어 매어놓고 있다. 그 밖에 또 『머피와 두칠이』『풀빛 일기』를 통해서 작가적 역량을 유감없이 드러내던 김우경의『우리 아파트』같은 작품도 있다.『머피와 두칠이』등의 작품에서 돋보이던 깨끗한 문체는 우리말에 대한 이 작가의 애정을 고스란히 보여주었는데,『우리 아파트』에서는 새삼스런 작가의 목소리를 통해서 그것을 직접 확인할 수 있다. 하지만 좀 지나치게 말하면『머피와 두칠이』등이 뛰어난 '이야기'인 데 비해『우리 아파트』는 그다지 이야기가 되지 않는 말들의 집합처럼 보이는 작품이다. 그리고 또 오래간만에 읽는 방정환의 작품,『칠칠단의 비밀』. 추리 소설이라는 걸 부각시킨 점도 좋았고 원작을 존중, 옛말을 그대로 살려 쓴 덕분에 그 시대의 정서가 읽는 이를 순진하게 만들어준다. 갖은 위험을 무릅쓰고 악다구니 같이 청국 사람들로부터 동생을 구해내는 「동생을 찾으려」의 창호와 「칠칠단의 비밀」의 상호가 발휘하는 꾀와 용기가 손에 땀을 쥐게 하는 즐거운 독서 체험.

이들과 좀 다른 작품이 강숙인의 『마지막 왕자』다. 역사에 근거하면서도 사실(史實)을 가르친다기보다는 꺼져가는 신라 속에 살아 있는 신라 정신을 마의 태자의 모습 속에 생생하게 구현해놓은 이 작품은 자못 감동적이다. 쉽게 풀어서 쓴 「안민가」와 「찬기파랑가」를 읽는 맛도, 천년을 이어온 신라의 아름다움, 마의 태자를 따르는 백성들이 남 산성에 모여 "죽음도 두려워하지 않고 싸우려 하는 그 마음"을 일 인칭 화자이며 주인공인 열세 살짜리 막내 왕자의 머리와 가슴을 통해서 읽는 재미도 각별하다. 현실의 이야기들을 바투 쫓아가면서 작품의 완성도와는 상관없이 갑갑해진 내 마음을 좀 틔워준 드문 작품이다.

사실, 현실을 떠나 판타지를 작품 속에 자유로이 출몰시킬 수 있는 것은 동화의 특권이다. 정확한 계산으로 짜맞추어야 하는 판타지 동화는 그러나 쓰기 어려운 편에 속한다. 주로 뜨거운 가슴으로 작품을 쓰는 듯이 보이는 한국 어린이 문학 작가들에게서 판타지 동화를 찾아보기는 쉽지 않다. 황선미의 『샘마을 몽당깨비』는, 몇 년 전에 나왔던 이현주의 『아기 도깨비와 오토제국』 이래로 그다지 주목할 만한 판타지 작품이 없던 터라 더욱 반갑다. 삼백 년 전이라는 과거의 시간 속에서 튀어나온, 낮이면 빗자루로 변하는 몽당깨비. 샘마을이 천수동으로, 강안이마을이 강변으로 변한 도시에서 죽어가는 은행나무를 살리고 사라져가는 도깨비들을 살리는 동시에 자연을 보호하고 생명의 소중함을 일깨우는 그저 그런 이야기가 생동감 있게 살아나는 것은 판타지의 사용 덕분이다. 쓰레기장에서 만난 과거로부터 온 깨비와 왜곡된 현대 여성미의 상징이며 여자아이들의 대표적인 장난감인 미미 인형. 그들의 대비 자체에서 많은 이야기가 나올 수 있을 것 같았지만 작품의 중반을 넘어서면서 미미는 슬그머니 자취를 감추었다가 마지막 부분에 다시 나타나 흔한 동화 속의 요정들처럼 군다. 필연성의 부족 때문에 생겨난 흠이다. 그러나 아이에게도 어른에게도 재미있게 읽히고 생각할 점도 많은 이 작품은 일단 성공이라고 보고 싶다. 아울러 많은 작가들이 어린 독자들의 시야를 시원스레 터주기를 바래본다.

"   왜

동화를 쓰는가?

 신인들의 작품을 읽는 일은 원칙적으로 즐겁다. 신인은 무엇을 시작하
는 사람인만큼 그들에게게서는 신인들만이 지닐 수 있는 풋풋한 열의를 볼
수 있기 때문이다. 자기를 온통 쏟아 부으려는 진지함, 그리고 이제까지
의 것과는 다른 무언가 새로운 것, 자기만의 것을 만들어내려고 고심하는
모습, 그리고 또 무엇보다도 쉬운 길을 거부하려는 용기! 사실, 이런 것
들은 창작하는 모든 사람들이, 깨어 있는 모든 사람들이 항상 지니고 있
어야 하는 자질들이다. 그러나 유감스럽게도 현실은 그렇지가 못하다. 프
로가 되어버리면, 아니 스스로 프로라고 인식하고 나면 자신이 쓰는 모든
글이 '작품'이 되어버린다고 믿는 작가들이 얼마나 많은가. 그런 작가들의
태작들을 만날 때마다 더도 덜도 아니고 짜증이 난다. 세상에는 작가들이
너무 많은데, 작품들이 넘쳐나는데 어쩌자고 이렇게들 써대는 것일까 하는
생각만 든다. 이상하게도 어린이 문학에서는 이런 현상이 더욱더 두드러진
다. 왜 그럴까 생각해보지만 그런 작품들이 살아남을 수 있는 것이 우리 어
린이 문학의 환경이라는 답밖에 나오지 않는다. 그러기에 더더욱 언젠가는
나타나줄 신인이 기다려진다.

 작품 평에 앞서 이런 일반적인 이야기를 늘어놓은 것은 신인들이 얼마
나 부담을 느끼고, 사명감을 가지고 글을 써야 하는가 알아주었으면 하는

뜻에서다. 6월 3일, 『어린이 문학』 편집자로부터 내게 우송된 원고는 모두 15편이었다. 같은 날 내게 배달된 몇 가지 우편물 중에서 나는 제일 먼저 '이 달의 동화'에 실릴 작품이 든 봉투를 열었다. 다소 부담스런 마음으로 받아들였던 원고 청탁인데도 선뜻 이 원고들에 먼저 손이 갔다. 그동안 잡지를 받아보면서 어쩌면 신선한 충격을 주는 좋은 작가들이 태어날지도 모른다는 기대를 하고 있었던 탓일 것이다. 하지만 A4용지 서너 장을 넘기지 않는 짤막짤막한 동화들을 주욱 훑어보면서 나는 슬며시 맥이 빠지기 시작했다. 그동안 읽어오던 글들과 별반 다를 것이 없는 고만고만한 글들…… 원고 더미의 삼 분의 이쯤에 이르러서야 나는 원고 청탁을 받아들인 것을 후회하기 시작했다. 내가 제일 괴롭게 생각하는 것이 아무런 흥미를 느낄 수 없는 작품들에 대해서 무언가 말을 해야 하는 일인데, 바로 그 일이 내게 떨어진 것 같다는 생각 때문이었다. 그러나 우연히도 바로 그 순간, 내 눈앞에 놓여진 원고가 슬며시 찾아오던 잠을 화악 쫓아버렸다. 내처 두어 편이 눈에 들어오자 신이 났다. 열다섯 편의 원고 중에서 다섯 편을 골랐다. 그리고 한참을 망설이다가 한 편을 더 골랐다. 마지막으로 고른 작품이 박철수의 「도라지꽃이 된 보라별」이었다. 이제, 이 작품을 '마지막으로' 고른 이유를 설명하면서 작품평을 시작해야겠다.

'이 달의 동화'에 실을 작품들을 고르면서 나는 각 작품의 완성도를 보기보다는 앞으로의 가능성을 보려고 애썼다. 그래서 더러는 아주 미완성인 것으로 보이는 작품을 골라내기도 했다. 그러나 「도라지꽃이 된 보라별」은 경우가 다르다. 이 작품은 흡사 한 편의 옛이야기 혹은 전설, 심지어는 마해송의 「바위나리와 아기별」 같은 동화를 생각나게 한다. 그만큼 편안하게 읽히고, 그만큼 잔잔한 감동이 있고, 그만큼 깔끔하기도 하다. 그러나 또한, 그만큼 진부하고 평범하기도 하다. 이처럼 교과서적인 동화에 우리는 아주 익숙해 있다. 그 점이 이 작품을 별로 매력적으로 느끼지 못하게 한다. 그렇기는 하지만, 이만큼 무난하게 작품을 만들어내는 솜씨만큼은 인정하고 싶어서 이 작품을 '이 달의 동화'에 골라 넣었다. 나머지 동화들은 경우가 좀 다르다. 정란희의 「엄마 신발 신고 뛰기」나 김회경의 「하늘에서 온 호두」는 이야기를 무난하게 이끌어간 편이지만 백승남의 「토헴쥐」나 김숙의 「난 윤혁이에요」나 김경성의 「인공 근육」은 이야기가 미진하다.

「토헴쥐」는 우선 애완동물을 인간의 입장이 아니라 동물의 입장에서 들여다본 솜씨가 돋보인다. 얼핏얼핏 김우경의 『풀빛 일기』나 『머피와 두칠이』가 떠오르기도 하는 토헴쥐(토끼와 햄스터의 교배에서 생겨난 애완동물)들의 사유를 따라가는 재미가 쏠쏠하다. 그러나 이 작품은 절정에 이르러서 갑자기 뚝 끝나버린 느낌을 준다. "……아저씨는 우리가 너무 컸다는데, 그럼 도로 작아지면 여기서 살 수 있을까. 그러려면 어떡해야 하는 걸까. 우리는 자꾸자꾸 커갈 텐데, 그럼 그 다음엔 어떻게 되는 걸까. 가슴이 떨려온다"는 마지막 문장들은 읽는 이의 한껏 고조된 감정을 전혀 마무리해주지 않는다. 그리고 이 작품에서는 한이네 집으로 팔려온 두 마리 토헴쥐의 성격 차이는 이야기를 끌어나가는 중요한 요소가 된다. 거기서 어떤 갈등이 기대되는 데도 불구하고 단순한 성격 대조에서 머물고 말았다. 갑자기 미완성으로 끝나버린 것 같은 작품. 그럼에도 불구하고 이 작품을 고른 것은 아이들에게 아주 친근한 애완동물이라는 소재를 통해서 동물 복제라는 커다란 주제에 다가가는 작가의 통찰력 그리고 빠르게 이야기를 전개해나가는 힘이 돋보였기 때문이다.

「난 윤혁이에요」는 현대 어린이 병 중의 하나인 비만 문제를 다루고 있다. 우선, 비만이라는 문제 상황에 대해서 작가가 섣불리 해답을 제시하려고 하지 않고, 비만아 특유의 허기와 다른 아이들에게서 놀림 받는 스트레스를 밀도 있게 묘사한 점을 칭찬하고 싶다. (돼지 같은) 윤혁이가 햄을 먹는다고 식인종이라고 놀리고, 우유에 설사약을 타 먹여서 고생을 시키는 아이들 특유의 악의를 실감나게 그린 점도 작품을 성공적으로 이끌어가는 변수 중의 하나다. 그러나 「난 윤혁이에요」라는 제목이나 돼지의 모습을 하고 냉장고를 뒤지는 윤혁이 때문에 엄마가 기겁을 하는 결말은 고개를 갸우뚱하게 한다. 작가는 이 작품을 통해서 무슨 말을 하려는 것일까? 주제가 선명하지 않은 것은 치명적인 약점이다. 그러나 아이들 세계에 바짝 다가가 인물을 이만큼 생생하게 그리는 경우는 기성 작가들에게서도 쉽게 찾아보기 어렵기 때문에 높은 점수를 주었다.

「인공 근육」은 장애인 문제를 다루고 있다. 장애인 이야기도 동화의 단골 주제 중의 하나인데, 줄잡아 말하면 장애인의 처지를 이해하고 돕자는 식의 뻔한 이야기들이 대부분이다. 「인공 근육」은 그런 차원의 이야기가 아니다. 장애인의 나라에서는 정상인이 이상하게 보일 수 있다는 시각을 뒤집는 설정이 돋보인다. 같은 소재라도 이런 식으로 뒤집어보거나 현미경으로 들여다보듯 자세히 보면 전혀 다른 작품이 나온다. 우선 이런 발상 자체에 점수를 주었다. 그러나 주인공 인철이가 컴퓨터 게임 속으로 들어갔다가 나오는 부분이 불만스럽다. 컴퓨터 게임의 특성을 좀 더 연구하면서 묘사를 했으면 작품이 훨씬 살았을 것이다. 게다가 "'아니야. 그게 아니란 말이야.' 인철이는 밖으로 뛰어나갑니다"라는 마지막 문장은 이야기의 결말로서 썩 만족스럽지 못하다. 그리고 전체 흐름으로 보아서 작품의 시작 부분이 너무 설명적이고 불필요하게 길다. 제목처럼 '인공 근육'한 문제만 다루었더라면 훨씬 밀도 있는 작품이 되었을 것이다.

이상의 세 편은 작품의 완성도보다는 신선함과 패기에 점수를 준 작품이었다. 우리 어린이 문학계에서 압도적인 숫자를 차지하는 '가슴을 울리는 작품'들에서 성큼 한 발짝 걸어 나오려는 듯이 보여서 이 작가들의 다음 작품을 기대해보고 싶다. 그에 비하면 「엄마 신발 신고 뛰기」나 「하늘에서 온 호두」는 흔한 이야기라고 할 수 있다. 이 두 작품에서 내 눈길을 끌었던 것은 작가가 아이들의 행동을 착하게 그려야 한다는 강박관념에서 벗어나 있다는 점이었다. 「엄마 신발 신고 뛰기」는 진희와 선영이의 대

책 밖의 어른 책 속의 아이

결을 섣불리 착하고 가난한 아이의 승리로 몰고 가기보다는 두 여자아이의 경쟁 심리를 잘 보여준다. 「하늘에서 온 호두」에서 가난한 집 아이 영호는 돈 오백 원이 생겼는데도 철없는 동생이 그토록 먹고 싶어 하던 붕어빵을 사주지 않고 미니카 시합에 그 돈을 건다. 이게 아이들 마음이다. 그러나 건전지가 다 닳은 걸 몰랐던 탓에 시합에 지고 만다. 이게 현실이다. 때마침 정월 대보름이어서 거리엔 호두 장수며 땅콩 장수들이 부럼거리들을 하나 가득 늘어놓고 판다. 오빠 등에 업혀 호두, 호두 하면서 우는 동생을 위해 "도둑고양이처럼" 호두 한 움큼을 훔치는 장면은 읽는 이를 속 시원하게 해준다. 그리고 그 호두를 보고 웃으며 영호 동생 영순이가 "오빠, 하늘에서 왔나봐" 하는 마지막 문장은 참 예쁘다. 두 작품 다, 작가가 먼발치에서 아이들을 바라보면서 어른의 '가르침'을 전하려 하지 않고 아이들 모습을 바짝 들여다보았기 때문에 작품이 잘되었다.

마지막으로 딱 한마디. 원고를 보내온 이들 모두에게 묻고 싶다. 왜 동화를 쓰느냐고. 그리고 부탁하고 싶다. 제발 작가가 되고 싶은 욕심에서 쓰지는 말아달라고. 아이들에게 괜찮은 '선물'이 될 만한 이야기를 써달라고.

책 읽는

즐거움을

위하여

"책은 왜 읽어야 할까?" 부모와 선생님으로부터 책을 읽으라고 종용 당하던 어느 어린이가 일기의 마지막을 장식했던 문장이다. 정말 책은 왜 읽어야 할까 혹은 우리는 왜 아이들에게 책을 읽히는 것일까. 이런 질문 은 독서 교육을 시작하기 전에 제기되어야 하는 문제이며 독서 교육의 실 제 속에 스며들어 있어야 하는 문제이다.

책을 읽는데 왜 계절이 따로 있어야 할까만은 가을이 되면 전국적으로 책을 읽어야 한다는 움직임이 심심찮게 행사거리로 등장한다. 책에 대해 서라면 거의 모든 사람들이 읽어야 한다는 일종의 강박관념을 지니고 있 다고 해도 그리 틀린 말은 아닐 것이다. 그러나 다 자라서 어른이 된 우 리들은 알고 있다. 책을 많이 읽는 부류의 사람들이 있고 그렇지 않은 사 람들이 있다는 것을. 그리고 책을 읽는 습관이 되어 있지 않은 사람들은 책과 가까이 지내는 사람들에 대해서 모종의 존경심(?) 내지는 열등감을 가지고 있다는 것을. 그래서 아직 가능성으로 존재하는 자식들에게만은 책을 읽으라고 시도 때도 없이 강조하는 것이 아닌가.

아이들에게 책을 많이 읽으라고 권하는 것은 분명히 좋은 일, 바람직한 현상에 속한다. 그런데 대부분의 어른들은 아이들에게 '좋은 책'을 읽으라고만 할 뿐, 실제로 아이들이 책을 어떻게 읽는지에 대해서는 그다지 신경을 써주지 못하거나 반대로, 신경을 너무 쓰는 나머지 아이들 책 읽히는 일을 시험 공부시키는 일과 비슷하게 하고 마는 경우가 대부분인 것 같아서 안타깝다. 각종 독서 감상문, 독후감 경연 대회가 그렇고, 요즘 한창 유행인 독서 지도 프로그램, 책 읽기를 안내한다는 각종 지도서들이 그렇다. 그런 '지도'를 통해서 책 읽기를 거듭한 아이들은 책을 가까이하는 사람으로 자라날 수 있을까?

왜 아이들에게 책을 읽혀야 한다고 생각하느냐는 질문을 받는다면 많은 부모들은 이렇게 대답할 것이다. 보다 폭넓은 사고를 하게 하기 위하여. 좁은 직접 체험의 세계를 벗어나 많은 것을 경험하게 하기 위하여. 독해력이나 문장력 증진을 위하여. 비판력이나 상상력을 기르기 위하여. 논리적 사고와 종합적 추리력을 기르기 위하여. 하여간 뭔가에 도움이 되기 위하여. 어떻게든 자식들을 '보다 낫게' 키우고 싶은 부모들은 책에다가 너무 많은 것을 걸고 있는지도 모르겠다. 그런 바람들이 터무니없는 것은 아니라 할지라도 아이들에게 책을 읽힌다는 것이 그 아이의 앞으로의 삶에 어떠한 영향을 미칠 것인가 하는 보다 본질적이고 구체적인 문제는 간과하고 있다는 생각이 든다, 이 모든 대답들을 듣고 있노라면.

"책이 좋은 것은 언제든지 그것을 덮어버릴 수 있기 때문이다. 마음대로 그가 읽은 책에서 해방될 수 있다는 것, 그것이 책이 가지고 있는 최대의 이점이다." 책을 참으로 많이 읽고 돌아가신 어느 평론가가 하신 말씀이다. 참말 그렇다. 영화나 연극을 보러 가면 공연(상연)이 끝날 때까지 꼼짝없이 앉아 있어야 한다. 별로 재미를 느끼지 못하는 경우에도 돈 내고 들어갔으므로 대개의 경우는 끝까지 자리를 지키고 무대(화면)에 복종하는 것이 일반 관객들의 태도이다. 이에 비하면 책에 대해서 독자는 얼마나 자유로운가. 원할 때면 언제든지 "덮어버릴 수 있"는 책은 또 얼마나 다행한가. 어떤 책에 빨려 들거나 거기서 빠져나오는 일을 선택할 수 있다는 것은 책에 대해서 주눅 들지 않고 능동적으로 된다는 것을 뜻한다. 독서 교육을 하면서 무엇보다도 먼저 가르쳐야 하는 것은 이런 것이 아닐까. 책의 노예가 되지 않고 책의 주인이 되는 것.

자식에게 책 읽는 것이 얼마나 즐거운 일인지를 깨우쳐주는 일은 평생을 두고 같이할 친구를 얻게 해주는 일만큼이나 가치가 있을 것이다. 책 읽는 것이 즐겁다는 것, 숙제나 시험과는 전혀 다르다는 것을 알게 된 아이들에게는 책을 읽으라고 강요할 필요가 없어질 것이다. 무언가 배우고 얻기 위해서가 아니라 즐겁기 때문에 책을 읽는 아이들은 분명 행복하다. 문학적 감동의 본질은 바로 그런 데에 있다. 감동에는 형태가 없다. 그것은 어떤 지식이나 교훈의 형태를 띠지 않는다. 무어라 말하기 어려운 마음의 무늬 같은 것, 갑자기 모든 것을 일단 정지하고 싶은 욕구를 일으키는 물결 같은 것, 게으르게 반추하고 싶은, 잘 소화되지 않는 덩어리 같은 것에 오히려 가깝다. 그렇게 오는 감동은 그대로 간직한 채 시간을 좀 보낼 필요가 있다. 시간이 흐르면서 스스로 독자 속에서 나름대로 자리를

책 밖의 어른 책 속의 아이

잡아 생각의 움직임, 더러는 행동의 변화를 보여주게 될 때를 기다릴 필요가 있다.

그렇기 때문에 아이들에게 책을 읽히는 문제는 내용을 요약하거나 텍스트를 분석하는 등의 국어 교육과는 별개의 방향에서 진행되어야 한다고 생각한다. 예컨대, 책을 읽고 난 어린이에게, 내용에 대해서, 그리고 그 내용에서 얻은 '교훈'이나 '지식'에 대해서 질문을 하려는 태도는 아이들로 하여금 온전히 텍스트와 만나는 일을 방해한다. 무언가를 얻어내려는 생각은 책 속으로 빨려 들어가는 일을 방해한다. 책 속으로 빨려 들어가지 못하는 독자는 상대적으로 불행하다. 책 속으로 빠져 들어가고 스스로 빠져나오는 일을 할 수 있을 때에 어린이는 그만큼씩 성장한다. 그러므로 부모나 교사가 아이들 독서 지도를 위해서 해야 할 일은 책 읽고 난 후의 토론이나 독후감 쓰기 같은 것보다는, 좋은 책 고르기에 심혈을 기울이는 일이다. 좋은 책 고르기보다도 이제는 더 어려워진 좋지 않은 책의 공해로부터 아이들을 보호하는 일이다.

어린이들이 읽을 것이 그렇게 흔하지 않았던 시대에는 닥치는 대로 읽어대는 식의 남독을 해도 그 피해를 우려하기보다는 책을 많이 읽는다는 데에 대한 만족감이 더 컸다, 어린이에게나 어른에게나. 그러나 90년대를 살아가는 우리 아이들에게 읽을거리는 지천에 널려 있다. 양적으로 팽창할 대로 팽창하고 있는 어린이 책들에는 좋은 책보다는 구멍가게에서 아이들의 손길을 기다리는 형형색색의 노리개 같은 사탕이나 과자나 껌 같은 책들이 더 많다. 이제는 그 많은 책들에서 좋은 책을 가려 읽히는 일도 중요하지만 왜 냈는지 알 수 없는 책의 홍수 속에 휩쓸리지 않도록 아이를 보호하는 일이 우선일 정도가 되었다. 불행하게도 좋은 책 고르기가 쉽지 않은 우리 어린이 도서 유통 구조와 평론 부재, 옥석을 가리기 힘든 출판 난립의 현실에서 가장 좋은 방법은 아이가 읽을 책을 부모가 미리 읽어보는 일이다. 부모가 읽는 어린이 책은 아이에게 강한 호기심을 자극한다. 독서 교육의 출발이다.

독서 지도를

한다는 것은

I. 독서 교육 열풍

독서 교육 열기가 그 어느 때보다도 높다. 어떤 현상에서든 양은 냄비처럼 쉽게 달아오르는 것이 유감스럽게도 우리 사회의 특성이고 보면 별로 신기한 일은 아니다. 긍정적으로 보면 그 열기에 힘입어 어린이 책 시장이 활성화됨으로써 어린이 문학이 발전할 가능성은 높아지고 있다. 그러나 그 속을 들여다보면 걱정스럽고 마음이 어두워지는 것을 어쩔 수가 없다. 독서 교육이 학교 밖에서 이루어지는 것도 그렇고, 독서 지도와 논술 지도가 한 쌍을 이루고 있는 현상이 그렇고, 교육 프로그램 적용 대상이 초등학생에 한한다는 점이 그렇다.

현재 초등학교 국어 교과 과정은 읽기, 말하기−듣기, 쓰기로 세분화되어 있다. 얼핏 보면 우리 어른들이 '국민학교'에 다니던 시절에 비해서 상당히 진보된 형태의 수업을 할 것 같지만 교과서를 조금만 자세히 들여다보면 그 옛날의 "영희야, 나하고 놀자"나 "바둑아, 이리 오너라"에서 별로 달라진 것이 없음을 알 수 있다. 이처럼 시대의 변화에 부응하지 못하는 제도 교육에 만족할 수 없는 학부모들은 또 하나의 '과외'로서 독서 지도를 선택한다. 그 궁극적인 지향점이 대학 입학 논술 고사라는 것을 모르는 사람은 별로 없을 것이다. 대학 입시 제도가 대한민국의 교육을 망치는 주범이라는 것을 우리가 다 알고 있는 이상, 체계적이지 못한 독서 지도사 양성 프로그램이 우후죽순처럼 늘어나는 것을 논술 고사 탓으로 돌려보아야 별로 생산적인 논의를 펼치기 어렵다. 그보다는 학교 밖에서 이루어지는 독서 지도의 실태를 점검해보는 것이 바람직할 것이다.

II. 독서는 지도할 수 있는가

좀 순진하게 독서 지도라는 말을 문자 그대로 해석해보자. '지도(指導)'라는 낱말의 사전적인 뜻은 "바르고 옳다고 믿는 방향으로 가리키거나 가르쳐주어, 앞으로 잘 나아가도록 이끎"이다. 따라서 무엇을 지도한다고 할 때는 무엇이 '바르고 옳은'지에 대한 객관적이고도 보편타당한 기준이 있어야만 한다. 예를 들어 '생활 지도'의 경우, 바르고 옳은 생활 습관을 위하여 남을 의식하지 않고 자기 편한 대로 하는 행동을 억제하도록 가르쳐야 한다. 밥그릇을 방 가운데 가져다 놓고 손가락으로 집어 장난하다가 먹다가 돌아다니다가 하는 유아의 즐거움은 식사 습관 지도에서는 제한당할 수밖에 없다. 다시 말해서 유아의 행동을 무작정 자율에 맡길 수 없고 타율에 의해 '바르고 옳은' 방향으로 이끌어가야 한다. 이런 경우라면 '지도'는 유아의 특성과는 상관없이 꼭 필요한 일이 된다. 그러나 '독서'의 경우는 이런 식으로 '지도'할 수가 없다.

그렇다면 독서의 경우, 과연 어떤 것이 바르고 옳은 방향일까? 문자를 해독할 수 있는 사람이면 누구나 책(문학 작품)을 읽을 수 있고 읽는 방식은 저마다 다를 수 있다. 하나의 텍스트를 두고도 줄거리만 좇아갈 수도 있고, 등장인물 중의 한 사람을 자신과 동일시하면서 그 심리의 추이에 주목할 수도 있으며 마음에 와 닿는 몇 개의 구절만을 자기 것으로 할 수도 있다. 또, 한 독자가 같은 텍스트를 여러 번 읽어도 매번 다른 방식으로 읽을 수도 있다. 한마디로 말해서 책은 보편타당한 어떤 외부로부터의 규칙에 얽매이지 않고 최대한 자율적으로 읽을 수 있다. 그리고 그렇게 자율적인 방식으로 행해지는 독서만이 '책과의 만남'이라는 독서의 본질적인 의미에 부합될 수 있다.

그러니까, 독후감 쓰기라든가 내용 요약, 독서 토론 등등의 기술적인 면이 강조되는 독서 지도는 국어 교육의 일부일 뿐이다. 다시 말해서, 소수의 텍스트에 대해서만 행할 수 있는 하나의 방법이다. 여기서 가르치는 사람이 염두에 둘 것은 아이들의 지적인 발달 과정상 읽는 능력과 쓰는 능력은 나란히 발달하지 않는다는 사실이다. 이는 아마도 아이가 말을 배우는 과정과도 비슷할 거라고 짐작된다. 모든 부모들은 아기들이 어느 날 갑자기 말을, 그것도 완전한 문장을 구사하는 것을 보고 감탄하는 경험을 한다. 부모들이 보기에 아기들은 저절로 말을 하게 된다. 그러나 언어학자들은 지적한다. 그 아이들의 두뇌에 입력되어 있는 말이 많으면 많을수록 아이가 말을 잘하게 되는 거라고. 어른들이 대화를 많이 하는 가정에서 자라는 아기가 말을 빨리 배우고 잘하게 된다는 보고도 있지 않은가? 무질서하게 낱말들을 혹은 문장들을 머릿속에 마구 저장해놓았다가 어느 날 갑자기 말문이 트이면서 주어와 동사와 목적어의 위치를 그다지 헝클어놓지 않으면서 말을 하게 되는 아기, 모든 아기들의 능력은 실로 경이롭기까지 하다. 좀 극단적인 경우를 들어보자. 한 가정이 있었다. 독일인 아버지와 영국인 어머니. 이들은 주로 프랑스어로 대화를 했다. 그리고 이탈리아인 가정부. 이 가정의 아이는 여덟 살이 되도록 어떤 언어로도 말을 거의 하지 못하다가 어느 순간 영어와 프랑스어와 독일어 그리고 이탈리아어를 상대에 맞게 적절하게 구사하더라는 어느 정신 분석학자의 보고가 있다.[1]

글을 쓰거나 책을 읽는 것도 언어를 배우는 것과 비슷한 과정을 거친다고 생각된다. 아이들은 저절로 말하기를 배웠듯이 책 읽기도 저절로 배워야 한다. 읽기와 쓰기 그리고 셈하기를 가르치는 것은 학교 교육의 가장 기본이다. 그것을 배운 아이들이 저절로 책을 읽게 되고, 책을 많이 읽다 보면 자연히 글도 좀 잘 쓰게 되는 것, 그것이 가장 이상적인 독서 지도라고 봐야 한다. 그런데 거의 모든 독서 지도 프로그램은 독후감을 쓰게 한다, 토론을 벌인다 하면서 아이들이 편하게 책 읽는 일을 방해한다. 생각해보라. 우리가 만일 독후감 같은 것을 염두에 두고 책을 읽어야 한다면 얼마나 괴로울 것인가. 그러한 괴로움은 책과의 만남을 당연히 방해하는 요소가 될 것이다. 아이들에게 독서 지도를 하는 데 독후감이 왜 그렇게 중요한가. 쓰여진 텍스트를 흡수하는 능력과 자신이 흡수한 것을 나름대로 언어화하는 능력은 차원이 다른 문제다. 그리고 아이들은 그 특

---

1 Françoise Dolto, Lorsque l'enfant paraît(Tome3), Seuil, 1979.

책 밖의 어른 책 속의 아이

성상 자신이 책에서 얻은 것을 조리 있게 표현하는 능력이 어른보다 훨씬 떨어진다. 그러나 그것은 아이가 표현하지 못하는 부분들이 그 아이를 비껴가 버렸다는 뜻은 전혀 아니다. 독자가 나름대로의 논리로 자신이 읽은 책을 소화해서 표현하는 과정은 필연적으로 그 독자가 선택한 논리의 틀을 벗어나는 무정형한 여러 요소들을 배제하는 작업이다. 그렇게 해서 선택되고 정리된 '부분'들이 독자의 기억에 저장된다면, 그런 과정에서 배제된 나머지 '부분'들은 잊혀진다. '독서 지도'의 어려움과 위험은 여기에 있다.

III. 독서-논술 지도/ 독서-문화 운동

주어진 텍스트를 설명하고 분석하고 입체적으로 이해하는 연습, 그것은 공부다. 아이들 입장에서 보자. 공부는 학교에서 공부 시간에 하는 것이다. 학교 밖에서 읽는 책은 이런 공부와는 달라야 한다. 아이들은 공부라고 생각되지 않아야, 재미로 읽는 거라고 생각되어야 책을 찾고 싶은 마음이 날 것이다. 그러니까 공부인 독서와 공부가 아닌 독서를 구별할 필요가 있다. 공부인 독서는 교수법을 충분히 익힌 전문가(교사)들의 손에 맡겨져야 하지만 공부가 아닌 독서는 혼자서 아니면 친구든, 부모든, 선생님이든 아이들에게 가까운 사람들과 함께 나눌 수 있는 즐거움이어야 한다. 아이들이 책을 읽지 않는다는 걱정 때문에, 아이들이 책을 좋아하게 해주어야겠다는 사명감 때문에 독서 지도를 시작하는 부모들은 우선 이 점을 깨달을 필요가 있다.

현재, 학부모의 사교육비 부담을 늘리면서 유행처럼 번지고 있는 독서-논술 지도는 '사고력·창의력을 향상시키고 나아가 논리적인 표현력을 기르기 위하여'라는 정답처럼 생긴 목표가 일반화되어 있음에도 불구하고 정작 사고력, 창의력, 논리적인 표현력을 기르기 위한 체계적인 교수법을 사용하는 곳은 거의 없다. 대신, 아이들에게 책을 가깝게 해주고, 넘쳐나는 책들 속에서 옥석을 가리는 일을 해주는 데에 만족하고 있다. 실제로 그렇게 될 수밖에 없는 것이 우리의 현실이다. 그렇다면 우리가 아이들에게 책을 읽히려는 노력은 독서-논술 지도라기보다는 독서-문화 운동에 더 가깝다. 이 점을 분명히 하고 나면, 문제를 풀어가기가 보다 수월해진다. 책이라는 것을, 길을 만들어 헤쳐 나가야 하는 의미의 숲으로 인식하기보다는 변함없이 그 자리에 있는, 원할 때면 언제든지 다가갈 수 있는, 한번 친해지면 무궁무진한 세계로 나를 데려가줄 수 있는 친구 같은 것으로 여길 수 있으니까. 책만큼 적은 대가를 지불하고 많은 것을 얻을 수 있게 해주는 것은 흔하지 않다. 그러나 모든 관계가 그렇듯이 책과의 관계도 길들이는 과정이 필요하다. 왜냐하면 책이 먼저 내게 다가오지는 않기 때문이다. 내가 먼저 책을 찾아 나서야 하기 때문이다. 그리고 책의 세계에 익숙해지기까지 얼마간은 지루함을 참아야 하기 때문이다.

그 지루함을 참는 힘을 기르는 일이 독서 교육이라고 나는 생각한다.

그리고 아이들에게 책을 읽게 하는 것만이 그 교육을 하는 유일한 방법이라고 나는 생각하지 않는다. 지루함을 견뎌내는 힘, 장애를 극복하려는 의지력을 길러주는 것이 오히려 더 좋은 방법일 수도 있다고 생각한다. 그것은 생활 속에서 자연스럽게 체득될 수도 있고, 등산이나 수영, 오래 달리기 같은 스포츠를 통해서도 얻어질 수 있다. 사실, 책 읽는 힘은 저절로 길러지지는 않는다. 그것은 마치 따로 훈련받지 않아도 누구나 대중음악을 즐길 수는 있지만 클래식 음악은 일정한 연습을 통해서 맛을 들이지 않으면 어렵고 지루하게만 다가올 수 있는 것과 같다. 그러면 어떻게 아이에게 책의 맛을 알게 해줄 것인가?

사실, 답은 오히려 아주 단순한 데에 있어 보인다. 책은 조용하다. 그 자체로서 전혀 자극적이지 않다. 그리고 무엇보다도 읽는 데에 시간이 많이 걸린다. 가만히 있어도 다가오는 법은 없고 내가 먼저 찾아 들고 책장을 넘기는 수고를 하고, 혹시 내키지 않더라도 적어도 몇 쪽은 읽어보아야 내 마음에 들지 안 들지 알 수 있다. 한마디로 나의 능동적인 참여를 요구한다. 지극히 당연한 이런 얘기들을 나는 새삼스럽게 할 필요가 있다고 생각한다. 왜냐하면 대부분의 어른들이 이와는 정반대되는 환경을 아이에게 제공하려고 열심이기 때문이다. 최신 기종의 컴퓨터에 온갖 재미난 게임을 구비해주고는 아이가 하루 종일 컴퓨터에만 붙어 있다고 걱정인 어른들, 만화 영화 전문 채널까지 설치해주고는 아이가 책은 안 읽고 텔레비전만 본다고 불평하는 어른들, 도대체 심심할 시간이 없을 정도로 꽉 짜인 시간표 속에서 생활하게 해놓고는 아이가 책에는 통 마음이 없다고 말하는 어른들, 그런 어른들을 나는 너무나 많이 보아왔다.

책보다 훨씬 손쉽고, 편안하고, 자극적인 재미를 주는 것들 한복판에서 아이에게 책을 읽으라고 주문하는 것은 거의 고문에 가깝다. 아이에게 책을 가깝게 만들어주려고 노력하기 이전에 아이가 책을 멀리할 수밖에 없는 요소들을 아이들 주변에서 치워주는 일이 먼저일 것 같다. 아주 소극적으로 보이는 이런 배려들이 그러나 가장 지속적으로 그리고 효과적으로 아이들이 책을 찾게 만들어줄 수 있다. 아이들을 지켜보는 어른들은 다 안다. 아이들은 거의 본능적으로 배우고 익힐 줄 안다는 것을. 이 세상 모든 부모들은 가르치지 않은 것을 아이가 알았을 때의 놀라움을 경험한다. 제 머릿속에서 어디로 어떻게 길을 틔워가면서 성숙해갈지 모르는 아이들. 그런 아이들을 보고 있노라면 자주, 어른들이 아이들에게 가르쳐줄 수 있는 것은 아주 적은 것이 아닐까 하는 생각이 든다. 독서 교육에 대해서도 이런 생각은 유효하다. 중요한 것은 환경을 만들어주는 일이다.

IV. 부모가 모든 것을 책임지는 것은 정당한가

그래도 여전히 문제는 남는다. 한국 사회는 개인을 위하여 별로 해주는 것이 없기 때문이다. 책 문제도 이런 실망스러운 공식에서 전혀 벗어나지 않는다. 만일 내가 내 아이에게 책을 읽게 하겠다고 마음먹으면 책을 사주는 수밖에 없다. 도서관은 손쉽게 드나들 수 있을 만큼 숫자가 많지 않고, 학교는 아이들이 책을 읽도록 지시만 할 뿐 아무것도 도와주지

책 밖의 어른 책 속의 아이

않는다. 결국 내 아이 독서 교육은 순전히 내 책임이다. 대부분의 사람들은 이것이 얼마나 부당한지에 대해서 생각해보려 하기보다는 어떻게 하면 보다 훌륭하게 내 몫을 할 수 있을까 고심한다. 도서관의 숫자가 지금보다 훨씬 많아지고 그 속에서 일하는 사서들이 어린이들에게 좋은 책을 권해줄 수 있기를 기다리는 건 물론 어리석다. 그런 날이 와야 하지만, 그런 날 우리의 아이들은 벌써 부모가 아니라 부모의 부모가 되어버릴 것이므로. 이 얼마나 억울한 일인가. 그럼에도 불구하고 우리가 이런 억울함에서 벗어날 길은 별로 없어 보인다. 그러나 적어도 우리 아이가 부모가 되었을 때 우리와 똑같은 억울함에 가슴을 치면서 살지는 않도록 해야 하지 않겠는가.

개인의 힘으로 사회를 변화시킬 수는 없다. 그래서 단체가 필요하다. 시민 단체들의 힘은 무엇보다도 그 순수성에 있다. 어떤 이익에 좌우되지 않고 옳고 바른 것을 추구하는 것이 시민 단체의 존재 이유다. 어린이 독서 문화를 주도해나가는 데에도 시민 단체들이 있다. 어린이 책의 존재가 지금보다 훨씬 미미했던 시절, 어렵고 궁핍한 가운데 올곧게 어린이 문학의 중요성을 말하는 데에 소리를 모으던 사람들이 있었다. 오늘날, 한국의 어린이 문학은 뜨거운 교육열에 힘입고 자본주의의 리듬을 타면서 출판계의 꽃으로 번져나가고 있다. 많은 사람들이 기대 반 우려 반으로 그런 현상을 지켜보고 있다. 그리고 어린이 문학이 전혀 돈으로 환원되지 않던 시절, 무분별하고 조야한 책들 속에서 좋은 책들을 가려내고 민족 운동과 맥이 닿아 있던 한국 어린이 문학의 정기를 이어받으려고 노력해

온 사람들의 공로를 기억한다. 괄목할 만한 성장을 이룩하고 어린이 문학계에서 일정한 힘을 가지게 된 그들을 지켜보는 무력한 개인들은 소망한다. 가만히 앉아서 기다리는 한, 학교도 사회도 정부도 해주지 않을 우리 아이들 도서관 만들기에 그들이 팔을 걷어붙이고 나서주기를. 그리고 그런 단체들이 점점 많아지고, 마을마다 작은 도서관 운동이 일어나기를. 그리하여 대한민국의 모든 아이들이 자기 집에서 걸어서 갈 수 있는 거리에 도서관이 있게 되고, 그곳에 가면 어린이 책에 정통한 사서들이 그 아이들을 맞아주는 날, 그런 아름다운 날이 하루빨리 오기를.

책 밖의 어른 책 속의 아이

“

책,

습관,

즐거움

I. 책에 대한 존경과 불신

글자를 익힌 이래로 우리는, "날마다 배우고 익히니 이 아니 즐거운 가"라는 저 유명한 논어의 첫 구절이며 "하루라도 글을 읽지 않으면 입 안에 가시가 돋는다"고 했던 안중근 의사의 말씀에서부터 '독서는 마음 의 양식' '책 속에 길이 있다' '가을은 독서의 계절' '독서는 국력' 등의 표 어 같은 말들에 이르기까지 책 읽기를 권하는 많은 말들을 접하면서 살 아왔다. 말을 바꾸면 많은 사람들이 책을 읽지 않는다는 뜻이며, 책이 우 리 생활 속에 들어와 있지 않다는 뜻이다. 생활 속에 들어 있지 않은 만 큼 대부분의 경우에 독서는 비일상적인 행위로, 책은 친숙한 것이기보다 는 뭔가 값진 것으로 여겨져 왔다. "어느 집에 가보니 책은 한 권도 없더 라"는 말은 여태도 그 집주인의 정신적 빈곤을 나타내는 말 대신으로 쓰 인다. 그래서 한때는 웬만한 부를 축적하거나 사회적 지위에 오르게 된 사람들이 많은 돈을 들여 읽지도 않는 백과사전류나 사상 전집, 문학 전 집 따위를 세트로 들여놓고 거실을 장식하곤 하던 풍경을 흔히 볼 수 있었다. 딱딱한 합지에 장중한 느낌이 나는 무거운 색을 입히고 더러 금박으로 장식을 하기도 한 그 책들은 사람들의 손길에 때가 묻을 물건이라기보다는 저 높은 곳에서 사람들을 압도하는 무엇이라는 느낌을 준다. 책 자체에 대한 이러한 외경심은 막상 그 책을 생산하고 소비하는 우리들의 정신을 살찌우는 데에 과연 얼마만큼이나 공헌했을까.

책 자체에 대한 이러한 외경심의 이면에는 또 책에 대한 은근한 불신이 있다. 가령, 글만 읽고 세상일에는 경험이 없음을 뜻하는 백면서생(白面書生)이라는 말이 그렇고, 이야기를 좋아하면 가난하게 산다는 옛말이 그렇다. 우리들은, 책이란 뭔가 세상 일, 즉 살아가는 일과는 다른 범주의 것이라는 통념을 무의식중에 익혀왔다. 그러니까 책과 삶 사이에는 명백한 단절이 있다. 그 단절은 알게 모르게 책을 정신의 욕망으로, 고급한 것으로 그러나 삶은 육신의 욕망으로, 속된 것으로 갈라서 생각하게 한다. 꼬박꼬박 세금 내고 정직하게 살아도 사회가 개인을 위하여 별로 해주는 것이 없어서, 내 육신은 물론 내 가족의 안녕은 전적으로 내가 책임져야 하므로 저마다 하루 종일, 일 년 열두 달을 무언가 생산해내기 위하여 정신없이 뛰어다니면서 사는 우리들에게는 정신의 풍요를 돌볼 새가 없다. 우리는 그렇게 살지만 우리 아이들은 그렇게 살지 말았으면 좋겠다. 그래서 무조건 아이들에게 책을 읽으라고 한다.

II. 당연하고도 낯선 사실: 책은 사람을 위해 존재한다

이러한 풍경은 역시 책이 그다지 흔하지 않았던 시절의 것이다. 요즘은 사정이 한참 다르다. 수없이 많은 출판사가 생기고 무너지며 심지어 서점의 숫자보다 출판사의 숫자가 더 많다는 출판 난립의 시대에 우리는 살고 있다. 책이 출간되는 숫자로만 보자면 우리나라도 가히 출판 대국의 대열에 끼고도 남는다. 그런 만큼 대형 서점에 가보면 별의별 책들이 많다. 각종 세일 코너와 화려하게 단장한 책들이 늘어선 가판대는 백화점을 연상시키고 수시로 집계가 되는 베스트셀러 목록표를 보면 증권사 객장의 주가 지수 알림판이 생각난다. 특정한 책을 사려고 마음먹은 다음이 아니고서는 웬만한 정신으로는 자신이 필요한 책을 둘러보기가 결코 쉽지 않다.

사정을 모르는 어느 외국 출판인과 함께 교보문고에 들렀을 때였다. 북적대는 서점의 풍경에 적잖이 놀라면서 그는 내게 이렇게 말했다. 소위 선진국이라는 자기 나라에서는 책방에 사람이 많다는 것은 상상할 수도 없는 일이라고, 책방에 사람이 이렇게 들끓는 것을 보면 한국의 미래가 밝다고. 그와 생각이 전혀 같지 않은 나는 이 아름다운 오해를 어찌해야 좋을지 몰랐다. 내가 가본 프랑스의 서점들이 떠올랐다. 주제별·작가별로 책을 찾아보기 쉽게 분류해놓은 서가들, 거리의 구석구석에 자리하고 있는 전문 서점들, 동네마다 있는 도서관들. 장서의 양으로 보나, 사서나 도서 판매원의 자질과 숫자로 보나, 도서관과 서점의 시설로 보나 우리나라와는 비교가 안 되게 좋아 보이는 그들의 도서 환경. 얼핏 주눅이 드는 것 같지만 일단 그 속에 들어가 보면 그 책들은 사람을 위해서 존재한다는 것을, 즉 사람이 먼저고 책이 나중이라는 것을 확실하게 느낄 수 있다. 그러니까 사람이 책 앞에 주눅들 일이 없다.

그들의 출판가와 서점가를 둘러보고 나니 우리는 책을 높이 평가하는 풍조가 지나쳐서 책을 가까이하지 않는 사람을 경시하는 묘한 분위기가 생겨나 있다는 것이 눈에 들어왔다. 그러니까 책이 사람들의 손닿는 곳에 놓여 있다기보다 사람들 위에 군림하는 것처럼 보였다. 높은 곳에 있는 책을 가까이하는 사람은 고상한 부류의 인간으로 세인들에게 모종의 존경을 받고, 그렇지 못한 사람들은 높은 곳의 책들을 우러러보며 모종의 열등감에 시달리고 있는 것처럼 보였다. 책이 사람보다 더 대접을 받는 도서 환경에서 생겨나는 이상한 불평등. 프랑스 사람들도 역시, 요즘 젊은이들은 책을 읽지 않는다고 탄식의 목소리가 높지만 그래도 내 눈에 비치는 그들의 모습은 그렇지가 않다. 책은 그들의 생활 속에 깊숙이 들어가 있고, 많은 사람들에게 책 읽는 것은 습관이 되어 있어 보인다. 어째서 그들에게는 일상적인 행위인 책 읽기가 우리에게는 여태도 캠페인 차원으로 다가오는 것인가.

III. 이야기 듣는 습관에서 책 읽는 습관으로

문학의 경우를 예로 들어보자. 사람이 살기 시작한 이래로 이야기는 구전의 형태로 전해져왔다. 이야기가 구전의 형태로 전해지던 시대에는

책 밖의 어른 책 속의 아이

서구 사회와 우리 사회의 이야기 듣는 습관에 큰 차이는 없었을 것이다. 그들에게는 그들의 삶이 묻어난 이야기가 있고 우리에게는 우리네 정취가 녹아 있는 이야기가 있을 뿐이다. 할머니·할아버지의 옛이야기 소리에 취해서 잠이 드는 아이의 모습은 우리들 누구나 쉽게 떠올릴 수 있는 정경이다. 문학이 생겨나기 훨씬 전부터 이야기는 늘 사람들 가까이에 있었다. 서구의 경우, 이야기를 듣는 습관이 사회가 산업화되면서 책 읽는 습관으로 변화되었다. 그 변화의 길목에는 긴긴 시간의 축적이 있다. 아이들은 잠들기 전 누군가가 책을 읽어주기를 기대하고, 그렇게 자라난 어른들은 여전히 잠자리에 들기 전에 한 권의 책을 찾는다. 그러나 우리는 틈이 나도 책을 즐기는 사람이 없을뿐더러, 더군다나 잠자리에 들기 전에 책을 찾는 사람은 그다지 많지 않다. 너나없이 피곤한 삶 속에서 지쳐 쓰러져 자지 않고 한 권의 책을 찾아 정갈하게 잠자리에 드는 것은 상당히 호사스러워 보이기까지 한다.

하루 종일, 일 년 열두 달을 무언가 생산해내기 위하여 정신없이 뛰어다니면서 책 한 권 제대로 들춰볼 여유 없이 사는 어른들이 아이들에게 책을 읽으라고 한다. 아이들이 책을 읽지 않을까봐 노심초사한다. 그러다 보니 마음이 급하다. 무슨 책을 어떻게 읽혀야 할까. 고민하다 보니 '독서'를 '교육'해야겠다는 사명감에 불탄다. 요즘처럼 '독서 교육' 내지 '독서 지도'라는 표현이 교육에 있어서 중요한 이슈가 되었던 적은 일찍이 없었던 것 같다. 이런 사회적인 분위기에 힘입지 않더라도 그저 책에 미련을 못 버리고 사는 나 같은 사람 역시 아이를 키우면서 "읽혀야 되는 책이 너무나 많은데…… 아이가 책 읽기를 싫어하면 어쩌나…… 언제 어떤 책을 읽혀야 하나…… 나쁜 책들을 읽지 않게 하려면 어떻게 해야 하나……" 고민이 많다. 고민을 하다 보니 우리 세대는 '독서 교육'이란 것을 받은 적이 없다는 데에 생각이 미친다. 우리보다 책 문화가 훨씬 발달한 서구의 경우는 어떨까 궁금하여 프랑스 쪽을 기웃거려보았다.

IV. 두드러져 보이는 사서들의 활동

프랑스의 학교도 찾아가보고, 지역 도서관도 찾아가보고, 교사들도 만나서 그들은 어떤 방법으로 아이들에게 책 읽기를 가르치는지 물어보았다. 그러나 매번 돌아오는 것은 어정쩡한 반응이었다. 그들에게서 속 시원한 해답을 얻지 못한 내게 떠오르는 생각이 있었다. '독서'를 '지도'하다니…… 그들도 역시 아이들에게 책을 읽히는 묘책을 알고 있지 못했다. 우리와 다른 것이 있다면, 책 읽히는 것 자체를 교육의 내용으로 삼지 않는다는 것 정도. 그들의 말을 종합해보면, 책과 관련해서 아이들에게 주어지는 교육 프로그램은 교사가 아이들에게 책 읽기를 권장해서 보름에 세 권 정도의 책을 지속적으로 대출해서 보게 한다는 것 정도란다. 그 외에 수업 중에 자주 도서관을 찾아서 자료를 찾아보아야 하는 과제물을 많이 내어주고, 사서 교사(프랑스의 모든 학교에는 도서관이 있고 그 도서관에는 전문 사서 교사가 있다)는 적극적으로 아이들이 들고 오는 과제를 해결하려면 어떤 자료를 어떻게 찾아보아야 하는지를 가르쳐준다. 반

책 밖의 어른 책 속의 아이

사적으로 아이들이 만화나 오락물 위주의 책만 읽지 않을까 하는 생각이 들어, 혹시 아이들에게 주는 권장 도서 목록이 있는지를 물어보았다. 그러나 내게 돌아온 것은 역시 무슨 소리냐는 뜨악한 반응이었다. 아이들은 완전히 자기 의사로 자기가 읽을 책을 고른다는 것이었다. 그러니까 도서관에 구비되는 책들은 자격 있는 사서가 선택한 책들이고, 그 책들 속에 던져진 아이들은 완전히 자유롭게 자신의 취향에 따라 책을 선택한다는 것이다. 적어도 내가 경험한 바에 의하면 어린이 책을 담당하는 사서들은 어린이 책에 대해서 잘 알고 있었다. 자꾸 새로 나오는 책들에 대처하기 위해서 그들 대부분은 책 읽기를 게을리 하지 않았다. 교사들은 아이들에게 독후감을 쓰게 하는 식으로 아이들에게 책을 강요하지 않았다. 그 대신 도서관이나 학교에서 아이들에게 인기 있는 좋은 작가들을 자주 초대해서 대화를 한다거나, 지역 사회별로 작가 사인회, 작품 낭독회, 책 시장, 연극 공연 등의 행사를 정기적으로 벌이고 있었다.

그래서 그럴까, 그들 도서관의 사서들에게서는 단순히 서가를 정리하고 책을 분류하고 대출증의 바코드를 읽어내서 대출 기록을 하는 단순하고 지루한 일상에 찌든 모습을 보기가 힘들다. 실제로 어린이 책을 가장 많이 읽는 어른에 속하는 그들 손에 의해서 어린이 책에 대한 안내서·비평서가 가장 많이 씌어져왔다. 프랑스의 경우는 독일이나 영국과 달라서 어린이 문학의 발달이 늦고, 아직도 정식으로 대학에서 연구 논문의 주제로 채택되는 일은 지극히 드물다. 일반 문학의 경우, 비평가의 역할을 대부분 대학의 교수들이 맡고 있는 것에 비하면 특이하게도 어린이 문학에서는 사서들의 활동이 두드러진다. 나는 아직도 기억한다. 프랑스 남부의 소도시 아를의 어린이 도서관에서 만난 뚱뚱한 중년의 사서를. 연령별로 아이들에게 인기가 있는 책들을 좀 추천해달라는 나의 부탁에 발걸음을 재게 움직이며 기쁘게 이 책 저 책 가져다주면서 작가들에 대한 자신의 의견을 피력하던 그녀의 의욕에 찬 모습을. 그녀가 날라다 주는 책들을 한켠에 챙겨놓던 나의 뇌리에 남은 것은 그녀의 모습이 너무나 아름답다는 감탄이었고, 저런 사람들의 손에서 건네받은 책을 마음껏 만지고 읽을 수 있는 그곳 아이들에 대한 부러움이었다.

V. 책 읽기와 삶의 관계

아이들은 다 같은데 그곳의 아이들이라고 책을 잘 읽고 우리의 아이들이라고 그렇지 못할 이유는 없어 보인다. 단지 그곳에는 어린이 책을 읽고 어린이 책을 위해서 일하는 사람들이 우리보다 훨씬 많다. 그래서 끊임없이 새로운 책이 나오고 있다. 우리의 아이들도 그곳의 아이들처럼 하루가 다르게 급변하는 세상을 살고 있다. 그리고 그곳의 아이들처럼 자기들의 삶을 진지하게 이야기로 풀어주는 작가들을 만나고 싶어 한다. 그러나 우리 어른들은 고작 권장 도서 목록이나 만드는 데에 바빠서 정작 그 목록 속에 들어 있는 책마저도 읽어볼 시간이 없는 웃지 못할 상황을 연출한다. 그런가 하면, 아이들이 책을 읽지 않는 까닭이 무엇인지 돌이켜볼 생각도 못하고 그저 '빨리 그리고 많이' 읽힐 궁리만 하고 있다. 독서 교육, 독서 교육 하지만 사실, '독서'가 자꾸 이슈로 등장하는 것은 책 읽는 문화가 좀처럼 우리 사회에 정착이 되지 않고 있기 때문일 것이다. 어른들이 독서를 오로지 '교육 문제'로 보지 않아야, 특히 입시 교육과 떼어놓을 줄 알아야 아이들은 '논술에 대비하기 위하여' '사고력·창의력을 키우기 위하여' 혹은 '독후감 숙제를 하기 위하여' 책을 읽어야 한다는 부담에서 벗어날 수 있을 것이다. 예나제나 학교라든지 공부라든지 하는 건 본래가 지겨운 것이다. 책 읽기가 아이들에게 습관이 되고 즐거움이 되기 위하여는 무엇보다도 학교와 책 읽기를 별개의 것으로 생각할 수 있어야 한다. 심심할 때 책이 생각나고, 외출할 때마다 책 한 권은 들고 다녀야 허전하지 않고, 읽고 또 읽어 손때 묻은 책들을 서가에 나란히 꼽아두노라면 마음이 뿌듯하고, 마음에 드는 구절은 수첩에 베껴보고 싶고, 재미있는 책은 좋아하는 친구에게 빌려주고 싶고…… 그렇게 책 읽기가 공부가 아니라 생활이 될 때에, 독서는 더 이상 '교육'이나 캠페인이 아니라 '습관'이며 '즐거움'이 될 것이다. 교육 개혁이 실행되면서 독서 교육이 중요해진다고 한다. 많은 사람들이 학생들에게 책을 읽혀야 한다고 입을 모으지만 책 읽기와 우리 삶과의 관계에 대해서 말하는 사람은 거의 없다. 책 읽기가 생활 속에 자리 잡으면 삶이 어떤 표정을 띠는지를 보여주는 사람은 더 없다. 아이들이 그렇게 책과 친해지는 날, 뛰어난 작가, 부지런한 편집인, 성실한 교사, 아이들이 맘 놓고 드나들 수 있는 문턱 낮고 풍요로운 도서관이 많아지는 날, 그래서 보통 어른들은 '독서 교육'에 대한 고민에서 해방될 수 있는 날, 그날을 기다린다.

내 아이 책만

골라주면 될까

어린이날이 들어 있는 5월과 겨울 방학 시즌은 어린이 책 시장에 특별한 수요를 창출한다. 해마다 이때가 되면 유난히 어린이 책이 눈에 많이 띈다. 각종 지면에 커다랗게 실리는 특집 기사들, 일간지에 어느 때보다 많은 지면을 차지하는 광고들, 서점가에 몰려드는 사람들, 그들 앞에 널려 있는 책, 책들……

그 책들의 홍수 앞에서 아이의 손을 잡고 나온 부모들은 힘들어한다. 북적대는 분위기 때문에 느껴지는 육체적인 피로 때문이 아니라, 도대체 무엇을 어떻게 보고 책을 골라야 할지 모르는 데서 오는 정신적인 피로감 때문이다. 그래서 각종 신문·잡지 들은 정기적으로 "우리 아이 책을 어떻게 골라주어야 하는가"라는 물음에 대한 답안 작성에 몰두한다. 그 답안들은 늘 비슷비슷한데 이를테면 이런 식이다. "철학적 깊이가 있는 책을 골라라" "아이의 연령에 알맞은 책을 골라라" "장정이나 삽화가 너무 조잡하지 않은 책을 골라라" "민족 정서를 함양할 수 있는 책을 골라라" 등등…… 이것들은 '좋은 책 고르는 방법 ○가지'라는 식의 제목으로 주욱 나열된다.

하지만 '좋은 책 고르는 방법 ○가지'를 달달 외워 서점에 나가도 사정은 마찬가지다. 그럼에도 불구하고 진지하고 성실한 우리 학부모들은 그

일에 지쳐 나가 떨어지지 않고 아이에게 좋은 책을 골라주기 위해 책도 읽고 강연도 듣고 모임도 결성한다. 그러나 그럴 수 없는 부모들은? 어린이 문학에 관한 일에 깊숙이 관여하기 시작한 이래로 나는 이 물음을 떨쳐버릴 수 없다. 내 아이 책 골라주는 일만으로는 결코 내 아이를 바람직한 독서 환경 속에서 자라게 할 수 없다.

어린이 책 작가들과 출판사들, 유통 회사들, 도서관 관계자들, 각급 학교에서 행해지는 책을 둘러싼 각종 행사들에서 일어나는 불합리하고 불건전한 관행들은 이제는 많은 사람들이 알고 있음에도 불구하고 여전히 없어지지 않는다. 도대체 왜 그럴까? 혹시 부모들을 '내 아이 책 골라주는 일'에만 집중하게 하는 근시안적인 열성이 사회에 만연해 있기 때문이 아닐까.

``   프랑스의

방학 교육

이 글을 쓰기 위해서 프랑스 사람을 몇 명 만나 보았다. 그들과 이야기를 나누다 보니 자연히 그들의 눈에 비친 한국 학생들과 나의 눈에 비친 프랑스 학생들을 비교하게 되었다. 그 중의 한 사람은 어렸을 때 수의사가 되고 싶었다고 했다. 그는 수의사는커녕, 엉뚱하게도 한국의 대학에서 프랑스어를 가르치는 선생이 되어 있다. 내가 알고 싶었던 것은 그가 어떻게 해서 프랑스어 선생이 되었는가가 아니고, 왜 수의사가 되고 싶어했으며 어째서 그 꿈을 접었는가 하는 점이었다. 그 점에 대한 그의 대답은 간단하고도 분명했다. "왜냐구요? 나는 어려서 동물을 아주 좋아했어요."

대부분의 아이들은 동물을 좋아한다. 그러나 그래서 수의사가 되려고 결심하는 아이는 많지 않다. 그리고 중학생이 되고 고등학생이 될 때까지 그 꿈을 붙들고 있는 아이는 더더욱 많지 않다. 아주 평범해 보이는 그는 고등학생이 되면서 수의사의 길을 포기했다고 한다. "어째서냐구요? 중학교를 졸업할 때, 진학 상담 선생님이 그러시대요. 수의학을 전공하려면 수학이랑 물리를 잘해야 하는데, 내 성적이 형편없다구요. 정말 수의사가 되고 싶으면 우선 유급을 해서 수학·물리 성적을 올려놓아야 한다는 거예요. 나는 수의사가 되고 싶었지만 중학교를 일 년 더 다니고 싶은 생각은

책 밖의 어른 책 속의 아이

없었어요."

얼핏 코믹하게 들리기도 하는 이런 대답 속에는 상당히 강한 주체 의식이 들어 있다. 나는 교육에서 가장 중요한 것은, 아이들이 삶을 자신의 의지대로 살아나갈 수 있도록 주체 의식을 심어주는 것이라고 생각한다. 굳이 비교를 하자면 서양 사람들은 어렸을 때부터 자의식이 강하고 비판적인 데 비해, 한국 사람들은 순종적이고 모나지 않으려는 경향이 있다. 학교는 아이들에게 "너는 누구냐"고 혹은 "너는 무엇을 하고 싶으냐"고 묻지 않는다.

학교에 가지 않는 방학, 그 방학을 가장 교육적으로 보내는 방법은 학교로부터 가능한 한 아이를 멀리 떼어놓는 것이라고 나는 생각한다. 특히, 끊임없이 경쟁을 생각하면서 살고 있는 우리의 아이들을 위해서는.

프랑스에서는 방학, 그들 말로 바꾸면 바캉스라는 것이 아주 중요하다. 그들의 학기는 우리처럼 두 개로 나뉘는 것이 아니라 10월(초등학교는 9월)에 시작해서 6월에 끝나는 하나의 학기로 되어 있으며 3개월이나 되는 긴긴 여름 방학 말고도 부활절 방학, 크리스마스 방학 등 열흘 안팎의 방학들이 또 있다. 그리고 그 방학들에는 모두들 어디로 '떠날까'가 제일 중요한 관심사다. 그렇다. 비단 프랑스에서만이 아니고 서구에서는 바캉스는 '떠난다'는 것과 거의 동의어로 쓰인다.

그러고 보니, 서구에서 방학 교육이란 떠나보내는 혹은 같이 떠나보는 것이라고 요약할 수 있을 것 같다. 실제로 여름 휴가철이 되면 파리에는 파리 사람들이 없다. 다들 휴가를 떠난 탓이다. 하다못해 동네 담배 가게조차도 휴가 중이란 팻말을 내걸고 한 달씩 문을 닫는다. 보통의 프랑스인들은 일 년에 5주일쯤은 휴가를 보낸다. 그리고 대개의 사람들은 휴가 동안 여행을 떠난다. 우리들이 어딘가로 가서 무엇인가를 보고 듣고 배우는 데에 신경이 쏠리는 데에 비하면 그들의 휴가 여행은 게으르기가 한이 없다. 그저 느릿느릿 먹고 마시고 책을 읽거나 가족·친지 들과 이야기를 나누면서 한 장소에서 오래 머물다 일상으로 복귀한다. 어찌 보면 심심하기 짝이 없다. 아이들은 이런 형태의 바캉스 보내기에 익숙해져 있다. 중요한 것은 바캉스 이전에 되풀이되던 일상에서 완전히 벗어난다는 것이다. 그러나 아이들의 방학 기간은 부모의 휴가 기간보다 더 길기 때문에 가족들과의 바캉스에서 돌아온 후에도 아이들은 종종 집단 캠프에 참가한다. 해마다 방학이면 지역 사회별로 혹은 사설 단체들에서 산으로 바다로 이삼 주일 정도씩 아이들을 데리고 떠나는 단체 여행 프로그램들을 내놓는다.

많은 아이들이 여기에 참가한다. 이 여행들은 아이들에게 무엇을 가르치는 것을 목적으로 하지 않는다. 그들이 공통적으로 제일 중요하게 생각하는 것은 가령 이런 것들이다. 아이들로 하여금 부모의 도움 없이 살아보게 하는 것. 아무것이나 먹고, 아무 데서나 잠을 자보는 것. 단체 생활을 통해서 무엇보다도 타인을 존중하는 법을 배우고 몸으로 익히는 것. 이 정도가 어린이 청소년 캠프의 본질적인 목적이다. 그러니까 이들의

책 밖의 어른 책 속의 아이

'방학 교육'이란 방학 이전의 학교생활에서 아이들을 완전히 해방시키는 것이라고 할 수 있다. 아이들에게 자유를 주고 스스로 생각하면서 자기 생활을 꾸려가게 만드는 것이라고 해야 할 것 같다. 그렇게 해서 그곳의 아이들은 사유하는 법을 배운다. 그리고 무엇보다도 사는 법을 배운다.

어쩌면 너무나 상식적이고 싱거워 보이는 이런 '교육'이 해마다 방학이 돌아오면 더 초조해지는 우리의 학부모들에게는 현실적으로 얼마나 부러운 일인지 모르겠다. 초등학교에 입학하는 순간, 아니 어쩌면 그 훨씬 이전부터 모든 아이들이 '서울대 입시 준비생'으로 훈련되는 우리의 현실. 방학이 되면 적어도 그 다음 학기(학년) 수학 문제집 한 권을 떼어 놓아야 한다는 친구의 충고가 생각난다. 곧 방학이 또 다가온다. 아이를 아무 과외도 시키지 않다가 초등학교 6학년이 되어서야 학원에 넣어보려 했더니, 6학년은 모두 중학교 과정을 공부하고 있고, 5학년은 모두 6학년 과정을 공부하고 있어서 아이를 또래 집단에 넣을 수도 없을 뿐만 아니라, 그때까지 학원 한번 보내지 않은 엄마는 갑자기 원시인 취급을 받게 되더라는 동생 얘기도 생각난다. 중학교에 들어가자 맨날 자습서 타령을 하는 딸에게 수업 시간에 열심히 들으면 되지 왜 자습서가 필요하냐고 타박했더니, 딸이 "공부를 가르쳐야 듣든지 말든지 하지!"라며 신경질을 내더라는 친구 얘기도 생각난다. 딴은 학생들이 모두 교과 내용을 꿰차고 앉아 있는데 진도를 어디다 맞춰야 할지 난감해할 교사의 입장도 알 만하다. 우리 모두 이 모든 악순환의 고리에서 벗어나 진짜 휴가를 '떠날' 수 있는 날은 아주 오지 않을까?

떠난다는 것은 몸뿐만이 아니라 정신까지도 한 장소에서 다른 장소로 이동하는 것을 뜻한다. 그러니까 떠나기 전까지 몸과 마음이 골몰해 있던 '여기'를 벗어나 '다른 곳'으로 가는 것을 뜻한다. '여기'와 '다른 곳' 사이의 보이지 않는 경계, 그 경계를 넘어보아야 '여기'가 보인다. 그리고 자주 넘을수록 더욱 또렷하게 보인다. 나는 방학이란 이런 종류의 경계를 체험해보라고, 교과서랑 참고서랑 경쟁심 같은 학생들의 일상을 떠나보라고 있는 것이라고 우기고 싶다.

"

무엇을 위한

글쓰기 교육인가

두세 살 된 유아에게 크레파스와 종이를 주고 그림을 그려보라고 하면 아이들은 거침없이 아무렇게나 그려낸다. 뭐가 뭔지 하나도 알 수 없게 그어대놓고 아이들은 이야기가 너무나도 많다. 이건 비 오는 거고, 우산 쓴 거고, 자동차·코끼리·모자·엄마 등등이라고 하면서 아이의 머릿속, 가슴속에 들어 있음직한 모든 것을 잘도(?) 그려낸다. 잘 그렸다고 칭찬이라도 해줄라치면 신이 나서 더욱더 그려댄다. 이렇게 유아들이 마구 죽죽 그려대는 그림을 '난화'라고 한다고 한다. 그리고 이 난화를 많이 그려본 아이들일수록 자라서 그림을 잘 그릴 확률이 높다고 한다. 유아들은 누구나 난화를 그리는 데에 심리적인 장애가 없다. 못 그리겠다, 모른다, 어떻게 해야 할지 겁이 난다 등등의 의식이 없기 때문이다. 그러나 조금 자라 유치원이나 초등학교 저학년에 다니는 아이들은 무엇을 그려보라고 했을 때, 소위 소질이 있다는 아이들을 제외하면 엄두를 내지 못하거나 잘 그리지 못할까봐 걱정이 되어 종이 위에 연필을 대기 어려워하는 경우가 종종 있다. 그래서 쉽게 엄마 그려줘, 선생님 그려주세요 하게 된다. 그러나 이때만큼 아이들의 창의력과 상상력을 해치기 쉬운 때도 없다. 자동차를 그릴 줄 모른다고 그려달라는 아이에게 자동차를 그려주는 어른의 그림—물론 우리들 누구라도 똑같이 그릴, 기호와도 같은 약화—은 아이의 머릿속에 각인이 된다. 자동차를 그릴 줄 몰랐던 아이는, 자신의 눈으로 보았던 자동차가 어떻게 생겼던가를 생각해보는 일을 완전히 포기하고 어른이 그려준 '정답' 같이 생긴 자동차를 '외워서' 자동차는 항상 그렇게 그리게 된다. 이 아이는 자동차에 관한 시각적 기억력을 발전시키지 못하고 자동차의 개념을 시각화하게 되는 것이다. 그림의 싹 하나를 잘라내는 일이다. 글도 이런 과정과 크게 다르지 않게 발전해나간다. 그래서 겨우 몇 문장을 쓸 수 있기 시작한 초등학교 일 이 학년 아이들에게 자유롭게 글을 쓰게 하면 좋은 글이 나오는 반면, 고학년 아이들에게서는 좋은 글이 나오기가 더 힘들다. 왜 그럴까?

애들 말은 다 시 같다고, 동심은 시심이라고 흔히들 이야기한다. 한 가지 예를 들어보자. 우리 딸아이가 막 말을 배우기 시작했을 때 손이 저리는 모양으로 "손바닥이 반짝반짝한다"고 해서 식구들이 모두 유쾌하게 웃은 적이 있다. 손바닥이 반짝반짝한다는 것은 손이 저릴 때의 감각을 얼마나 적절하게 표현한 것인지 모른다는 깨달음을 나는 그때에 했었다. "손이 저린다"는 표현은 개념화된 표현이다. "손바닥이 반짝반짝한다"는 표현은 저린다는 개념화되고 일반화된 표현과는 거리가 있다. 바로 이 거리, 일상적인 언어와의 거리에서 시가 생겨난다. 따라서 '손이 저린다'는 문장은 읽는 이의 가슴에 별다른 느낌을 주지 않고 그저, 아이가 손이 저리나보다 문질러줄까 하는 생각을 하게 할 뿐이지만, '손바닥이 반짝반짝한다'는 문장은 읽는 이에게 생생한 하나의 느낌으로 온다. 이렇게 살아 있는 느낌으로 오는 것이 바로 시인 것이다.

글쓰기를 제대로(?) 배운 적이 없는 아이는 일반화되지 않은 자기만의 표현으로 글을 쓴다. 그러나 글쓰기를 배운 아이들일수록 글쓰기를 재미없어하고 느낌이 살아 있지 않은 밋밋한 글을 쓴다. 아이들이 글을 잘 쓸 수 있게 하기 위해서는 우선 글 쓰는 일에 장애가 되는 요인들을 모두 없애, 자유롭게 만들어주어야 한다. 맞춤법이 틀리지 않을까, 잘못된 생각이라고 놀림당하지 않을까, 내 생각이 '정답'과 다른 모자라는 생각이 아닐까 하는 두려움, 부모님이나 선생님의 가르침에 맞지 않는 내 생각을 펼쳐놓고 곰곰이 따져보기도 전에 배운 데다 갖다 맞추려는 억지는 결코 좋은 글을 쓸 수 없게 만드는 장애 요인들이다. 글쓰기 교육은 이 장애 요인을 없애주는 데에서 출발해야 한다. 그래서 아이들이 되든 안 되든 생각나는 대로 자유롭게 글을 써내려갈 수 있다면, 글 쓰는 일을 힘들어하거나 싫어하지 않는다면 글쓰기 교육의 반은 성공한 것이다.

어른들 중에는 "나는 글을 못 써서……" 하는 사람이 참으로 많다. 제대로 대학 교육까지 다 받은 사람들도 그렇게 말하는 사람들이 대부분이다. 주어진 내용을 두고도 그것을 글로 옮기지 못하는 것이 '글재주'가 없기 때문이라는 것이다. 그렇게 말하는 사람들은 글이란 뭔가 그럴싸하고, 읽는 이를 어디 아름다운 풍경이 있는 곳으로 초대라도 하는 그런 신기한 것이라고 생각하는 수가 많다. 사실 문학 작품의 매력은 그런 데에 있기도 하다. 그러나 모든 글은 문학이 아니다. 모든 사람이 문학 작품을 써야 하는 것은 아니지만, 모든 사람이 자신의 생각을 또렷이 글로 옮길 줄 알아야 한다. 생각에 생각을 거듭할 수 있는 능력은 있어야 한다. 그 과정에서 생겨나는 창의성은 전문가에게만 필요한 것이 아니라, 우리 모두의 일상 생활에서 꼭 필요한 것이다. 아이들에게 글쓰기 교육을 하고 창의성 교육을 하는 것은 아이들을 모두 다 천재적인 과학자나 예술가로 키우기 위한 것이 물론 아니다. 좌뇌·우뇌 훈련이니, 영재 교육이니 하면서 창의성 교육을 강조하는 것은 역으로 지금, 여기 우리의 삶에 창의성이 전적으로 결여되어 있기 때문이다. 남과 다르다는 것이 한 개인에게 커다란 심리적 장애로 작용하는 사회 구조 때문이다. 창의성 교육은 꼭 필요한 것이지만 특수한 비법을 어디서 따다가 아이의 머릿속에 넣어주는 교육은 아니라는 점을 모든 부모들은 상기할 필요가 있다. 아이들에게서 동심을 앗아가지 않는 것, 아이다움을 지키게 해주는 것이 창의성 교육의 출발이다. 올바른 글쓰기 교육은 아이들의 창의성을 지켜주면서, 올바르고 건강한 생각을 차분하게 할 수 있게 해주는 것이다.

수능 시험 제도가 바뀌면서 갑자기 우후죽순처럼 퍼져가는 독서 교육, 글쓰기 교육 열풍을 보면 이런 원칙이 흔들리는 것이 몹시 걱정스럽다. 글을 쓴다는 행위는 자신의 마음속을 가만히 들여다보는 것이다. 양기가 많아서 하루 종일 움직이는 아이들, 특히, 모든 것이 속도 빠르게 변화하는 오늘을 사는 아이들에게 잠시 멎어보는 연습을 시키는 것이 글쓰기 교육의 시작이다. 많은 작가들이 글을 쓰기 전에 항상 되풀이하는 버릇이 있는 것은 이와 일맥상통하는 데가 있다. 어떤 사람은 여행을 떠나기도 하고, 어떤 사람은 집안 대청소를 하기도 하고, 또 어떤 사람은 책상 서랍을 정리하기도 한다. 모두 다 일상적인 행위에서 벗어나 오롯이 자기 자신과 마주하기 위한 준비를 하는 것일 터이다. 그런 의미에서 아이들에게 칼로 연필을 깎게 해보자. 날카로운 칼로 연필을 깎아내고 뾰족하게 심을 가는 것은 다시 생각해보아도 정교한 기술이 아니던가. 위험하다는 생각을 버리고 아이들에게 날이 잘 드는 연필 깎는 칼을 주어보자. 아이가 일기나 독후감 숙제 같은 것을 하기 싫어할 때, 마음을 가라앉혀 글 쓸 분위기가 되어 있지 않을 때, 혼자서 책상 위를 깨끗이 치우고 천천히 연필을 깎으면서 글감을 생각하도록 도와주어보자. 그리고 우리들은 어렸을 때 누구나 다 연필을 깎아 썼다는 이야기도 들려주고 뾰족하게 심을 세운 연필들을 키대로 필통 속에 가지런히 정돈해 넣었을 때의 그 좋았던 기분에 대해서도 이야기해줘보자. 대개의 아이들은 솔깃해할 것이다. 바로 그 순간, 글쓰기 교육이 시작되는 순간이다.

3

책 속의
아이

생각하는 아이들은
어른들을
웃게 만든다

『딩동, 하나님 편지 왔어요!』[1]는 미국 아이들이 쓴 하느님께 보내는 편지 모음집인 것으로 보인다. 이 책의 표지는 옮긴이와 일러스트레이터의 이름 그리고 '사랑의 우체통'이라는 말 이외에는 텍스트에 대한 더 이상의 어떠한 정보도 담고 있지 않다. 겉장에서부터 판권이 적혀 있는 마지막 장까지 책 속을 두루 훑어보아도 사정은 마찬가지이다. 그러므로 나는 '……으로 보인다'라고 자신 없이 말할 수밖에 없다.

성당 유치원을 다닌 탓인지 유난히 하느님에 관심이 많은 딸아이를 위해서 책방을 뒤지던 중 우연히 눈에 뜨인 이 책을 읽고 나도 내 딸아이도 참 많이 웃었다. 세상의 이치를 아주 간단한 것까지도 다 깨치지 못한 아이들이 깊고 심각하게 생각하면 할수록 상식에 어긋나는 엉뚱한 말을 한다. 어른들이 만들어내는 개그나 코미디가 자극하는 웃음이 특정 인물이나 사회 현상을 비판하는 의도적인 것에 비하면 아이들의 심사숙고가 만들어내는 웃음은 본질적으로 의도되지 않은 것으로 아이들 특유의 단순함에서 생겨난다. 천진난만한 아이들의 뜻 없음은 어딘가 죄 없음과 그리고 진실과 닿아 있다.

---

1 임희영 옮김, 임은주 그림, 『딩동, 하나님 편지 왔어요!』, 아가페 출판사, 1994.

　　　　　　　　　　　　　　책 밖의 어른 책 속의 아이

"하나님, 돈이 많으신 분이세요? 아니면 그냥 유명하기만 하신 건가요?"

"하나님, 우리 옆집 사람들은 맨날 소리를 지르며 싸움만 해요. 아주 사이가 좋은 친구끼리만 결혼하게 해주세요."

"하나님 부인 이름은 왜 성경책에 안 나와요? 성경책 쓰실 때 결혼을 아직 안 하셨었나보죠?"

"하나님, 성경은 정말로 좋은 책인 것 같애요. 혹시 다른 책은 안 쓰셨나요?"

"하나님이 무슨 일을 하시는지 주일 학교에서 배웠어요. 그런데 쉬는 날엔 누가 그 일들을 하나요?"

"하나님, 나라와 나라 사이에 선 같은 걸 그은 사람이 누구인가요?"

"하나님, 여러 가지 종교를 만드신 것은 좋아요. 그렇지만 가끔 헷갈리지 않으세요?"

"하나님, 가브리엘 신부님이랑 진짜 친구 사이세요? 아니면 그냥 사업상 알고 계시는 거예요?"

"하나님, 카인과 아벨은 서로 사이좋게 살 수도 있었을 거예요. 만일 각자의 방이 있었더라면요. 우리 형이랑 나도 그렇게 해서 잘 지내고 있어요."

"하나님, 호치키스는 하나님의 발명품 중에서 가장 훌륭한 작품이라고 생각해요."

"하나님, 매일 밤 항상 똑같은 자리에 별을 다는 일은 정말 어려운 일인 것 같애요."

이 글을 읽으면서 나는 우리 부부가 무심코 식탁에서 남의 집 이야기를 하면서 부부가 싸웠던 모양이라는 이야기를 한 기억이 났다. 가만히 듣고 있던 딸아이가 "어른들은 왜 자기가 좋아하는 친구하고 결혼하지 않고 싸우는 친구하고 결혼을 해요?" 하고 진심으로 물었다. 친구―결혼―부부에 이르는 복잡한 이야기를 해줄 마음이 전혀 없었던 나는 웃음을 터뜨리며 『딩동, 하나님 편지 왔어요!』의 세계가 얼마나 사실적인 아이들의 세계인가를 절감한 적이 있다. 어른들은 쉽사리 동심은 시심이라고, 아이들은 천사라고 말한다. 더 이상 동심을 간직하고 있지 않은, 무언가의 손익 관계를 끊임없이 생각하면서 살지 않을 수 없는 어른들에게, 그 모든 계산에서 완전히 자유롭게 사고하면서 살아가는 아이들이 내뱉는 말은 그렇게 보일 수밖에 없다. 마음속으로 생각한 것을 말로 옮기는 일에 있어서 어른들은 수많은 자기 검열 단계를 거친다. 그러나 아이들은 다르다. 어릴수록 아이들은 머릿속에 떠오르는 생각들을 주저 없이 말로 옮긴다. 그 상상력의 자유로움이라니……

그러나 실제로 주위를 둘러보면, 본질적으로 자유로운 상상의 세계를 눈치 보지 않고 그냥 말로 옮길 수 있는 아이는 그다지 많지 않다. 그리고 그 이유는 아이들보다는 어른들에게 있다. 학교에서건 가정에서건 우리나라 아이들의 대부분은 하루에도 몇 번씩, "좋아요, 안 좋아요?" "되겠어요, 안 되겠어요?" "했어요, 안 했어요?" 하는 꼬리 물음에 대답을 해야 한다. 아이들은 어떤 면에서는 어른들보다도 더 '생각하는 존재'이다. 놀랍게도. 그러나 아이들은 자신의 생각에 형태를 찾아 말로 표현하

책 밖의 어른 책 속의 아이

는 데에 몹시 서툴다. 그래서 시간이 많이 걸린다. 속도 빠른 어른들은 아이들의 이런 사정을 헤아려줄 시간이 없다. 그래서 이런 꼬리 물음들을 자기가 말을 끝낼 때마다 습관적으로 붙이고 있다. 물론 아이들이 대답하기 쉽게 해주기 위해서. 과잉 친절이다. 이런 물음이 시작되는 순간, 아이들은 생각하기를 멈추고 좋은지 안 좋은지, 했는지 안 했는지, 되겠는지 안 되겠는지를 가능한 한 신속하게 점을 쳐야 한다.

『딩동, 하나님 편지 왔어요!』의 세계를 통해서, 그리고 많은 번역 동화를 통해서 엿볼 수 있는 서양 아이들, 그리고 그 아이들과 이야기를 나누는 어른들의 말투를 떠올려보자. 대부분의 서양의 부모들은 우리네 부모들처럼 아이의 일이라면 열일을 제치고 나서지도 않고, 아이를 위해서 자기 생활을 희생하지도 않는다. 그들의 언어 습관을 관찰해보면 아이들에게 하루에도 몇 번씩 어떻게 생각하는지를 묻는 것을 발견할 수 있다. 대여섯 살짜리 꼬마들까지도 "내 생각에는……" "나는 ……라고 생각해요" "그건, 우리 부모님 의견이지만 내 의견은 좀 달라요" "내가 보기에는……" 등등의 자신의 주체적인 사고를 드러내는 표현을 일상적으로 한다. 만일 우리네 아이들이 그랬더라면 그 예외적인 표현 방법, 아이에게 어울리지 않는 과장스런 어투에 누구라도 그런 말을 하는 아이를 귀엽다고 느낄 것이다. 그 귀여워하는 마음이 정작 아이의 '생각'을 헤아려주는 일을 까맣게 잊게 한다. 그러한 사회적인 분위기에 힘입어 우리는, 동화작가들까지도 아이들 세계를 반영하는 작품을 빚어낸다는 '지적인 고민'보다는 자기 생각을 아이들에게 전해주기 위한 '뜨거운 마음'으로만 글을 쓰는 게 태반이다.

우리처럼 아이들에게 끊임없이 착하기를 요구하는 풍토 속에서 과연 『딩동, 하나님……』에 나오는 아이들처럼, "하느님, 내 동생 좀 어떻게 해주세요. 내 동생은 네 살인데 걔 때문에 정말 미치겠어요"라든가 "'남이 너에게 한대로 너도 남에게 하라'고 하신 것 기억하세요? 만일 그게 정말이면 난 우리 누나한테 복수할 거예요"라고 솔직하게 기도하는 아이들이 나올 수 있을까? 자신이 착한 아이가 아니라고 생각되는 것은 대개의 아이들에게 참기 어려운 일이다. 남자들에 대해서 현실에 있어서 다분히 피지배 계급인 여자들에게 신데렐라 콤플렉스, 착한 여자 콤플렉스가 생긴다면, 어른들에 대해서 피지배 계급인 아이들에게는 착한 아이 콤플렉스가 생긴다. 아이들이 어째서 늘 착할 수가 있겠는가. 왜 착해야 하는가? 착하다는 것이 어른들 뜻에 고분고분 잘 따라주고 귀찮게 하지 않는다는 뜻이라면 착하다는 것은 온전한 칭찬이 되지 못한다. 아이를 착하게 기른다는 것은 판단력이 다 자라지 않은 상태에서 순종만을 가르치는 결과를 낳는다. 순종 이데올로기는 비판력을 약화시키고 입체적인 사고를 저해한다는 위험을 안고 있다.

무언가에 항상 눈과 귀가 어두운 어른들이 보고 듣지 못하는 것을 감지하는 아이들의 밝은 눈과 귀는 비판 정신을 일굴 수 있는 무엇보다도 좋은 밭이다. 감히 어른들 말에 끼어든다고, 어른 말씀을 따르지 않는다고 윽박지르는 대신, 어른들 말에 끼어들 때는 어떤 방법을 통해야 하는지, 어른 말씀을 따르지 않아야겠다고 생각될 때는 어떻게 말하고 행동해

책 밖의 어른 책 속의 아이

야 하는지를 아이들에게 가르쳐야 한다. 질문을 쏟아 붓는 대신 아이의 더듬거리는 생각을 헤아려줄 줄 아는 한줌 너그러움이야말로 어떠한 논리 공부 책보다도 더 아이를 똑똑하게 키울 수 있는 교육적 배려일 것이다. 『딩동, 하나님 편지 왔어요!』 이 한 권의 책을 읽으면서 나는 아이들에게 생각한 대로 말할 줄 알게 교육하는 이 나라가 참 부러웠다.

권하고 싶은

프랑스 그림책

몇 권[1]

I. 클로드 부종의 그림책

클로드 부종의 그림책은 글과 그림이 다 간결하면서도 전하는 메시지
가 분명하다. 만화풍의 그림은 아주 설명적이어서 그림만으로도 쉽게 줄
거리를 따라갈 수 있다. 5~6세 정도의 아이들이면 재미있게 읽는다.

『보글보글 마법의 수프』

『보글보글 마법의 수프』[2]는 서양의 많은 고전 동화들처럼 마녀가 등
장한다. 여기에 나오는 마녀 라타투이는 『백설 공주』에 나오는 마녀 왕비
처럼 예뻐지고 싶어 한다. 그러나 『백설 공주』의 왕비처럼 심각(?)하기는
커녕 장난스럽다. 우선 이름부터 그렇다. 라타투이는 가지·토마토·양파·
호박 등등의 여러 가지 야채를 볶아놓은 음식 이름이다. 대중적이고 흔
한 음식이다. 라타투이라는 이름에는 그러므로 마녀라는 인물 설정이 지
니는 현실을 뛰어넘는 전지전능함이 이미 빠져 있다. 게다가 요술 지팡이

---

1 이 작품들은 이 책의 초판이 발간된 직후 속속 번역되었다. 따라서 제목은 번역본으로 표기한다.
2 클로드 부종 글·그림, 이경혜 옮김, 『보글보글 마법의 수프』, 웅진주니어, 2000.

하나로 미를 창조하지 못하고 힘든 노력을 통해 마술 수프를 고안해내고, 게다가 실패에까지 빠지는 모양은 고전 동화들에 나오는 마녀의 모습과 전혀 닮은 데가 없다.

마녀 라타투이는 잡지에 나온 예쁜 여자 사진을 보고 그렇게 변하고 싶어 한다. 그리고 이름이 상징하듯 음식과 관계된 인물답게, 먹으면 예뻐지는 음식이 없나 하고 온갖 요리책을 다 뒤져보지만 그런 요리법은 찾아내지 못한다. 마녀는 자기가 가지고 있던 여러 가지 약품, 별나라 먼지, 진귀한 풀, 벌레, 잼 등등을 점검하면서 밤새도록 연구한 결과 예뻐지는 마술 수프 요리법을 생각해낸다. 이것저것 집어넣고 수프를 끓여서, 입에 떠 넣기 직전, 혹시 독이 든 게 아닐까 걱정이 된다. 그래서 자기 주변의 동물들에게 실험적으로 먹여본 후 모두 옷장 속에 가두고, 내일이면 미인이 되는 꿈을 꾸면서 잠을 청한다. 다음날 옷장을 열어본 마녀는 질겁을 한다. 자기와 똑같은 모습의 미니 마녀가 여럿 생겨났기 때문이다. 그뿐인가! 모두들 밥그릇을 두드리며 배고프다고 아우성이다. 예뻐지기는커녕 라타투이는 갑자기 생겨난 새 식구들을 먹여 살리느라 부엌에서 온종일 수프를 만들게 생겼다.

종래 전통적인 동화 속의 마녀들이 마술의 힘으로 난관을 극복하는 반면, 『보글보글 마법의 수프』의 마녀는 마술 때문에 망한다. 작가는 특별한 난관을 제시하지도 않고 마녀의 언저리에 선과 악으로 나뉘는 세계를 만들어놓지도 않는다. 어떠한 요리책에도 예뻐지는 음식을 만드는 법은 나오지 않는다는 대목에서 확연히 알 수 있듯이 이 작가의 사유는 상당히 사실적이다. 말을 바꾸면 이 작품을 읽는 어린 독자들은 동화 속의 세계와 자신의 현실 사이의 차원을 달리하는 괴리감을 느끼지 않게 된다. 그런 현실 인식 위에서 바라본 '마술의 세계'는 전혀 환상적이지 않고 만화처럼 우습다. 환상적인 것이 현실과 초현실의 세계를 넘나드는 반면, 만화 같은 우스움은 현실의 지평을, 이성의 영역을 전혀 떠나지 않는다. 예뻐지고 싶은 꿈의 실현에 실패한 마녀 이야기를 통해서 클로드 부종은 기적도 요행도 우리를 도와주지 않으며 스스로의 노력의 힘만이 무언가를 이룰 수 있다는 것을 간접적으로 강조하고 있다. 그러나 얼핏 거창해 보이는 이러한 가르침을 비장하지 않게, 오히려 웃어가면서.

『이웃사촌』[3]

쥐색 토끼 쥐돌씨와 밤색 토끼 밤돌씨는 서로서로 옆에다 땅을 파고 산다. 두 토끼는 처음에는 아주 사이가 좋았다. 그러나 쥐돌씨가 쓰레기를 마구 버리고, 밤돌씨가 라디오를 크게 틀어놓자, 또 쥐돌씨가 빨래를 밖에다 널어놓고 밤돌씨가 담을 쌓아놓자 둘 사이에는 말다툼이 잦아진다. 급기야 두 토끼가 치고받고 싸우기에 이른다. 멀리서 이 광경을 발견한 여우가 옳거니 하고 토끼를 잡아먹으러 달려온다. 쥐돌씨와 밤돌씨는 놀라서 같은 땅굴 속으로 함께 도망한다. 여우가 앞발로 땅굴을 뒤지면서 토끼를 찾는 동안, 쥐돌씨와 밤돌씨는 열심히 굴을 파서 옆 땅굴을 통해

---

3 클로드 부종 글·그림, 조현실 옮김, 『이웃사촌』, 파랑새어린이, 2002.

책 밖의 어른 책 속의 아이

노망을 간다. 이렇게 해서 살아난 두 토끼는 아주 아주 친해졌다. 그 뒤로 두 토끼는 드물게, 꼭 필요할 때만 빼고는 싸우지 않게 되었다.

『보글보글 마법의 수프』보다 훨씬 간단한 줄거리, 단순한 그림이지만 흥미가 떨어지지 않는다. 변화가 별로 없는 그림이면서도 토끼의 표정이 장면 장면 적절하고도 웃음 나게 그려져 있다. 이야기 내용도, 대수롭지 않은 일로 티격태격 싸우다가 결국 큰 싸움을 하게 되는 쥐돌씨와 밤돌씨가 어려운 일을 함께 겪으면서 친해진다는 아주 고전적이면서도 교훈적인 내용을 담고 있다. 그러나 이 작품의 매력은 그런 교훈을 전혀 표면에 드러내지 않고 있다는 점이다. 유머러스한 말투도 그렇지만 특히 마지막 부분에 나오는, 여우 사건 이후로 그들은 꼭 필요할 때만 아주 아주 가끔씩 싸우게 되었다는 대목에 이르면 동의의 웃음을 보내지 않을 수 없다. 그렇지 않은가. "그 뒤로 그들은 절대로 싸우지 않게 되었습니다"라고 했더라면 훨씬 덜 재미있었을 것이다. 눈여겨보지도 않게 될, 빤히 예상되는 동화의 결구처럼 싱거워졌을 것이다. 이처럼 간단한 이야기 속에서 글과 그림이 다 긴장을 잃지 않는 것이 바로 이 작가의 힘이라고 생각된다.

II. 클로드 퐁티의 그림책

클로드 퐁티의 그림책은 아주 새롭다. 책을 펼치면 책장 가득한 화면이 무엇보다도 그런 그림에 익숙해 있지 않은 우리의 눈엔 답답하게 느껴진다. 여백이 전혀 없고 다소 기하학적인 데가 있는 그림, 어두운 색조

등이 다 쉽게 호감을 갖지 못하게 한다. 그러나 조금만 자세히 읽어보면 클로드 퐁티의 그림들이 얼마나 분석적인가, 역으로 읽는 사람의 눈을 얼마나 분석적으로 훈련시키는가를 알게 된다. 자세히 들여다보면 볼수록 재미가 나는 것을 알게 된다. 클로드 퐁티의 장점 중의 또 한 가지는 글이 좋으며 그림과 글이 아주 잘 어우러진다는 것이다. 프랑스에서도 글과 그림이 다 이만한 작가는 흔하지 않다. 우리나라 그림책 시장에는 아직 이런 그림책이 없는 것으로 안다. 나는, 좀 낯설더라도 과감하게 이런 책을 우리 아이들 곁에 놓아줄 필요가 있다고 생각한다. 아이들은 한눈에 보는 그림책이 아니라 꼼꼼하게 뜯어보는 그림책의 즐거움을 알게 될 것이다. 『월리를 찾아서』류의 그림책에서 아이들의 눈을 돌리기 위해서라도. 이런 식으로 구석구석 눈여겨보아야 하는 새로운 그림책은 필요하다. 놀라운 것은, '낯설다'는 어른인 나의 판단과는 달리 내 주변의 아이들은 모두 이 작가의 그림책을 몹시 재미있어했다는 점이다. 아이들은 새로운 것에 대해서 내가 짐작했던 것보다 더 많이 열려 있었다.

『끝없는 나무』[4]

'끝없는 나무'란 이 그림책의 세계를 이루는 가상의 나무 이름이다. 주인공 이폴렌 역시 이 끝없는 나무속에 사는 상상의 동물이다. 이야기의 주인공 이폴렌은 아버지를 따라 사냥을 나갔다가 돌아오는 길에 나무의 눈물이 내는 빛을 따라 집을 찾아온다. 할머니가 돌아가시고, 엄마가 울

---

4 클로드 퐁티 글·그림, 윤정임 옮김, 『끝없는 나무』, 비룡소, 2001.

고 계신다. 여행의 요람에 안치된 할머니를 여름 가지 끝까지 모시고 가 하늘에 띄우고 돌아온 이폴렌은 너무 슬퍼서 자기만의 비밀의 장소에 숨어서 울다가 뿌리 근처에 떨어진다.

거기서부터 이폴렌의 모험이 시작된다. 괴물을 만나고 노래 안개를 만나고, 엄마 것 같은 목걸이가 달린 꽃을 만난다. 그 꽃이 만드는 그림자는 나무에 구멍을 뚫어내고, 그 구멍으로 해서 이폴렌은 뿌리 속의 세계로 들어간다. 미로 같은 뿌리 속 나라에서 문을 찾아 열고 들어가자 우주로 떨어진다. 별에서 별로 튕기듯 옮겨 다니며 이폴렌은 거울의 나라에 도착한다. 수많은 거울 중에서 단 하나 진짜 거울을 찾아내어 그 속으로 들어간다. 거울 뒤에는 이집트의 궁전이 있다. 그 궁전에서는 온 세상을 다 바라볼 수가 있다. 거기서 이폴렌은 세상에는 나무가 많다는 것을 알게 된다. 결국 '끝없는 나무'는 끝없는 나무가 아니라는 것을 알게 된다. 긴긴 여정을 거쳐서 집으로 돌아온 이폴렌은 엄마 아빠의 품에 안긴다.

순전한 상상의 나라 이야기이다. 『이상한 나라의 앨리스』로 대표되는 이러한 류의 동화가 많은데도 불구하고, 이 작품이 나름대로의 흡인력을 갖는 것은 그림이 자극하는 상상력 때문이라고 생각된다. 『끝없는 나무』의 주인공, 배경을 이루는 동식물들은 모두 실제에 존재하지 않는 상상의 존재들이다. 상상의 존재는 머릿속으로 그려볼 수 있을 뿐 눈으로 볼 수는 없다. 눈으로 볼 수 없다는 것은 실재하는 어떤 것과 동일한 것으로 생각할수 없다는 뜻이다. 그러므로 상상 속에 존재하는 그것은 자유로운 형태를 띨 수 있다. 클로드 퐁티의 그림은 그 상상의 존재에 하나의 예로서 형태를 부여한다. 『끝없는 나무』의 세계는 현실 세계와의 경계에 마음 쓰지 않는 완전한 상상의 세계이다. 그럼에도 불구하고 그 속엔 하나의 경계가 있다. 전형적인 성장 소설의 채널 경험 구조를 가진 이폴렌의 뿌리 속 나라 탐험 이야기가 보여주는 또 다른 나무들의 이야기가 그것이다. 세상에는 또 다른 많은 나무들이 존재한다는 것을 확인하면서 이폴렌은 '끝없는 나무'가 끝없는 나무가 아니라 하나의 나무일뿐이라는 것을 알게 된다.

상상력에 시각적인 형태를 주는 것은 글만으로 된 책이 할 수 없는, '그림'책이 가지는 특권이다. 이 작품의 뛰어난 점 중의 하나는 그림과 글이 너무나도 역할 분담을 잘하고 있다는 점이다. 그림은 전혀 글의 설명이 아니다. 글 또한 그림의 보조 장치가 아니다. 글과 그림 양쪽이 동일한 곡의 반주와 멜로디처럼 잘 어우러지고 있다. 차분하고 정갈한 짧은 문장들은 시의 풍부함을 보여준다. 나란히 평등하게 놓인 채 그림은 글을, 글은 그림을 건드려 소리나게 하고 있다.

쳐다본다는 것보다는 읽는다는 표현이 더 적절한 이 책의 그림들은, 종종, 하나의 장면이 여러 컷에 나뉘어 그려져 있다. 마치 만화 영화를 천천히 돌리고 있는 것 같은 효과가 난다. 그렇지 않아도 빽빽한 화면을 세분함으로써 작가는 독자의 시선을 더욱 오래 그림에 잡아두고 있다. 천천히 오래 들여다보는 어린 독자를 상상의 세계 속으로 이끌어 들이는 일에 성공하고 있다. 클로드 퐁티의 그림은 아름다운 그림이 주는 즐거움과는 또 다른 능동적인 재미를 준다. 대상 독자 연령은 5~6세부터 초등학교 저학년까지. 어른이 읽어주면 가장 좋은 책으로 보인다.

책 밖의 어른 책 속의 아이

III. 나자의 그림책

『푸른 개』[5]

1989년에 발간된 이 책은 각 마을의 도서관에서도 대출 빈도 수가 두드러지고, 웬만한 가정에는 한 권씩 있을 정도로 프랑스의 거의 모든 어린이들이 알고 있는 현대의 고전이라고 할 만한 그림책이다. 푸른색이 신비롭고도 시원하게 펼쳐지는 커다란 이 그림책은 좀 무겁다 싶은 유화로 그려져 있어 선뜻 손이 가지 않았지만 그처럼 커다란 성공을 거두는 요인이 무엇일까 궁금한 마음이 책을 평가하기에 앞서 나로 하여금 이 책을 자세히 읽어보게 만들었다. 우선 일반 일러스트레이션들과는 다른 회화풍의 유화로 그려진 그림이 강렬하고도 독특하다. 푸른 개의 자칫 우울해질 수 있는 푸른색이 푸른 개의 성격과 어울리게 신비하고도 희망을 주는 밝음을 보여준다. 뒤표지의 등을 보이고 앉은 푸른 개가 있는, 다양한 푸른색으로 처리된 풍경이 이야기가 주는 감동의 여운을 살려내고 있다. 국내의 그림책 시장에서는 아류를 찾기 힘든 낯설고 대담한 그림책이지만 실제 우리나라 아이들에게도 읽혀보면 다들 푹 빠질 정도로 좋아한다.

아이들이 그렇게 좋아하는 데에는 이야기의 보편성이 단단히 한몫을 한다. 전통적인 동화 구조를 가진 줄거리를 보면, 양지바른 집 앞에서 혼자 놀고 있는 샤를로뜨 앞에 개 한 마리가 나타난다. 털은 푸른색이고 눈은 보석처럼 빛나는 초록색이다. 이때부터 푸른 개는 저녁에도 샤를로뜨

---

5 나자 글·그림, 최윤정 옮김, 『푸른 개』, 파랑새어린이, 1998.

의 창문을 두드리고, 둘은 정을 나누는 친구 사이가 된다. 샤를로뜨는 푸른 개를 집에 들여와서 키우고 싶지만 엄마의 반대에 부딪혀 우울해진다. 딸을 달래려고 샤를로뜨의 부모는 피크닉에 나서는데, 혼자 산딸기를 따던 샤를로뜨는 길을 잃는다. 어두컴컴한 숲속에서 갑자기 나타난 푸른 개는 밤새 동굴에 불을 지피고 괴물을 물리치며 샤를로뜨를 지켜주고 날이 밝자 등에 태우고 집에 데려다준다. 그 은혜에 감동한 부모님은 샤를로뜨에게 개를 집에서 키워도 좋다고 허락한다. 이후, 푸른 개는 영원히 샤를로뜨와 함께 있을 것이라고 맹세한다.

아이들 누구나 한 마리씩은 키우고 싶어 하는 개를 소재로 한 점도 그렇고, 부모님보다도 더 샤를로뜨의 마음을 알아주고 보호해주는 믿음직한 푸른 개의 성격도 아이들의 마음을 앗아가기에 충분하다. 문체 면에서도, 전지적 시점의 전통적인 동화 문법을 따르는 조금 딱딱한 글이지만, 오히려 그 점이 다소 무거운 그림의 풍과도 어울리고, 푸른 개의 극적인 출현과 사라짐 그리고 "맘 놓고 자, 나는 언제까지나 네 곁에 있을 거야"와 같은 비일상적인 대사를 가능하게 해준다. 4~5세 어린이에게는 읽어주는 책으로 초등학교 1~2학년 어린이는 혼자서 읽는 책으로 적당하다.

　　　　　　　　　　　　책 밖의 어른 책 속의 아이

IV. 그레고와르 솔로타레프의 그림책

『룰루』[6]

솔로타레프 그림책의 뛰어난 점은 무엇보다도 기발한 착상에 있다. 글도 그림도 고정 관념을 뒤엎기에 충분하다. 『룰루』는 서로 잡아먹고 먹히는 관계인 늑대와 토끼가 친구가 되는 이야기이다. 태어나서 한번도 토끼를 본 일이 없는 아기 늑대를 위하여 삼촌 늑대는 토끼 사냥을 나선다. 그러나 정작 토끼를 만나기도 전에 바위에 부딪혀 삼촌 늑대는 죽고 만다. 느닷없는 삼촌의 죽음에 당황한 늑대는 근처 굴속에서 책을 읽고 있는 '조그만 짐승' 톰에게 사고를 알리고 도움을 청한다. 역시 태어나서 한번도 늑대를 본 일이 없는 토끼 톰은 쾌히 아기 늑대의 요청을 받아들인다. 삼촌 늑대의 주검을 묻으러 가는 길에 톰은 아기 늑대와 인사를 나누고 친구가 되자는 의미에서 룰루라는 이름까지 지어준다. 늑대들은 토끼를 잡아먹느냐는 톰의 물음에, "그런 것 같지만 난 아직 토끼를 잡아먹어 본 적이 없어"라고 대답하고 톰 역시 "어쨌든, 넌 하나도 안 무섭다" 하고 맞받는다.

공포에 질린 다른 토끼들이 숨어서 엿보는 가운데 톰은 룰루에게 글도 가르쳐주고, 같이 구슬치기도 하며, 낚시하는 것도 가르쳐준다. 룰루는 톰에게 아주 빨리, 다른 토끼들보다 훨씬 더 빨리 달리는 훈련을 시켜준다. 그러는 동안 룰루의 몸은 점점 크게 자라난다. 그러던 어느 날, 톰과

---

6 그레고와르 솔로타레프 글·그림, 최윤정 옮김, 『룰루』, 웅진주니어, 1997.

룰루는 서로 겁을 주는 놀이를 한다. 톰이 룰루에게 "나는 토끼다, 아으!" 하면 룰루가 무서워하고, 룰루가 톰에게 "나는 늑대다, 아으!" 하면 톰이 무서워하는 놀이였다. 톰이 겁을 줄 때, 룰루는 한 번도 진짜 무섭지 않았지만, 룰루가 겁을 주면 톰은 언제나 무서웠다. 이 놀이에서 이제까지 친구로만 보아오던 룰루를 질겁을 할 만큼 무서운 늑대로 인식하게 된 톰은 룰루의 간절한 사과와 다시는 겁을 주지 않겠다는 다짐에도 불구하고 절대로 룰루와 가까이하지 않으려 한다.

톰의 본능적 공포를 느낄 길이 없는 룰루는 아무리 설득해도 톰과 다시 전같이 친구 사이가 될 수 없다는 걸 알고 또 다른 토끼 친구를 찾을 수 있을지도 모른다는 희망을 안고 길을 떠난다. 한밤에 산속에서 만난 다른 늑대들이 자기를 토끼로 오해하고 공격해오자 죽을힘을 다해 도망친 후 룰루는 토끼의 늑대에 대한 공포가 어떤 것인가를 비로소 이해한다. 이러한 공포의 경험이 만들어준 확실한 공감대는 톰과 룰루를 다시 친구 사이로 돌아가게 해준다.

동물들이 주인공으로 등장하는 그림책들, 우화들 속에서도 동종의 동물들끼리 함께 살아갈 뿐, 다른 동물들과의 약육강식의 법칙은 그대로 살아 있다. 현실적으로 뒤집어엎을 수 없는 이 자연의 법칙을 솔로타레프가 사랑과 우정의 이야기 속에서 뛰어넘는다. 타인의 입장을 이해하지 못하는 것이 인간관계의 영원한 갈등의 원인이지 않은가. 생래적으로 토끼의 두려움을 이해할 수 없는 늑대가 토끼의 입장이 되어보고 진정으로 친구의 마음을 이해하게 되는, 있을 수 없는 이 우정의 이야기가 펼쳐지는 동

책 밖의 어른 책 속의 아이

안 그림 속의 다른 토끼들은 감히 고개도 다 못 내밀고 룰루와 톰을 지켜본다. 그렇게 표현된 그들의 호기심과 그들의 공포심은 비현실적인 룰루와 톰의 이야기 속에서 현실의 지평을 일깨운다. 그 보통 토끼들로 대변되는 현실의 지평(룰루와 톰을 제외한 이 나머지 토끼들의 존재에 대해서 솔로타레프는 그림으로만 이야기한다. 글 속에 전혀 등장하지 않는 이 토끼들이 룰루와 톰이 함께 노는 모습을 겁먹은 채 몸을 숨기고 엿보는 모습이 무척 유머러스하다)이 이야기를 사실적으로 채색한다. 그래서 도식적인 결론으로 맺어지는 우화들의 교훈 같은 것과는 질이 다른 색깔 있는 감동을 읽는 이에게 남겨준다.

V. 수지 모건스턴 글, 세르주 블로흐 그림의 『어느 할머니 이야기』[7]

어느 사회나 노인 문제는 심각하다. 프랑스도 예외는 아니다. 우리나라에서도 핵가족이 일반화되면서 따로 사는 노인이 늘어나고, 혼자 사는 노인도 생겨나고 있다. 프랑스에서는 얼마 전이 노인의 해였던 관계로 노인을 주제로 한 그림책이 눈에 많이 띈다. 노인 문제를 다루는 관점은 다양할 수 있을 것이다. 이 책의 작가인 수지 모건스턴은 미국 출신의 유태계 프랑스인으로 대학 교수 겸 동화, 청소년 소설 작가로 프랑스에서는 아주 널리 읽히는 작가이다. 현재로서는 그녀의 유일한 그림책인 셈인데 (앞으로는 그림책을 쓸 예정이라는 것이 작가의 설명), 노인 문제를 다루

---

7   수지 모건스턴 글, 세르주 블로흐 그림, 최윤정 옮김, 『어느 할머니 이야기』, 비룡소, 2005.

는 시각이 독특하다.

흔히 어린이 책이라면 어린이가 등장하지만, 이 책에는 어린이가 등장하지 않는다. 그러나 어린이에게 친근한 말투로 어떤 할머니가 사는 모습을 보여주고 있다. 할머니가 혼자서 장을 보고 힘겹게 계단을 걸어 올라와 혼자 사는 아파트로 돌아오고, 자식들 생각에 잠기고, 젊었을 때를 추억하다가 자식에게 전화를 건다. 의례적인 인사말이 오가고, 할머니는 젊은 자식의 삶과 늙은 자신의 삶을 비교해보면서 다시 한번 추억에 잠긴다. 힘들고 어려운 길을 거쳐 오늘에 이른 걸 뒤돌아보며 "할머니, 다시 젊어지고 싶지 않으세요?" 하는 손자의 물음에 "아니, 나도 젊었던 때가 있었단다. 이제는 늙을 차례야" 하고 대답하면서 아름다운 경치도 많이 보았지만 그 경치를 구경하러 가는 길은 험난했던 것을 떠올린다. 할머니는 그 길을 다시 가고 싶지 않다. 길은 결국 그 하나뿐임을 알고 있기에.

'효'를 강조하기보다는 노인의 삶을 인간적으로 이해하게 그려진 작품이 잔잔한 감동을 준다. 어른이 읽어도 마음이 움직이는 글이다. 어떻게 생각하면 아이들에게 어렵지 않을까 싶기도 하지만, 실제 아이들은 이 책에 유별한 관심을 가진다. 특히 할머니의 정을 담뿍 받고 있는 우리 아이의 경우, 읽어주지도 않은 이 책을 골라내어 무슨 내용이냐고, 할머니 이야기냐고 반짝하며 호기심을 보인다. 아이들이 종종 어른들보다 훨씬 마음이 깊고 아량이 넓음을 확인한다. 아이들은 그만큼 이해관계에 얽힌 삶을 살지 않기 때문일까. 그런 점에 착안하면, 어른들의 삶을 "나는 이러이러하다. 내 마음은 이러저러하다. 나는 이렇게 생각한다"라고 직접적

으로 이야기하는 편이 아이들 눈높이에 맞추려는 노력보다도 아이들에게
훨씬 진지하게 다가가는 방법일 수도 있다. 이 책이 바로 그런 어법이다.
어느 할머니의 이야기를 통해서 아이들은 할머니를 보다 인간적으로 이
해하고, 무조건 자신에게 베풀어주기만 하는 넉넉한 존재가 아니라 때로
는 따뜻하게 감싸주어야 하기도 하는 아이들과 꼭 같은 존재라는 것을 이
해하게 될 것이다.

"

편 가르지 않는

아이들 세상을

위하여

아이들은 태어나기 위해서 시골이나 도회지를 선택하지 않았다. 마찬가지로 부나 가난을 선택하지도 않았다. 그럼에도 불구하고 시골 아이들이 있고 도회지 아이들이 있고 가난한 집 아이들이 있고 부잣집 아이들이 있다. 그러한 환경은 아이들의 서로 다른 현실이다. 아이들을 조금이라도 지켜본 사람이라면 알겠지만, 아이들은 어른보다 훨씬 빨리, 쉽게 환경에 적응한다. 자유롭기 때문일 것이다. 놀이에 열중하는 동안, 아이들이 부나 가난, 시골이나 도회지 등의 환경적인 경계를 쉽게 떠나는 것을 보고 얼마나 많은 어른들이 감탄하는가. 그럼에도 불구하고 어른들이 아이들을 위해서 썼다는 동화책들을 보면 그 속의 아이들은 왜 그렇게 편이 갈라져 있는지 쓸쓸한 마음을 금할 길 없다. 그렇게 편이 갈린 아이들은 어떤 어른으로 자라게 될까?

'가난한 이웃과 외로운 아이들의 이야기'라는 부제가 붙은 박경선 동화집, 『너는 왜 큰소리로 말하지 않니』[1]가 가진 가장 큰 장점은 편을 가르지 않는다는 점이다. 딸을 잃고 찾아다니느라 풍선 장사를 하는 아버지, 도

---

[1] 박경선 글, 『너는 왜 큰소리로 말하지 않니』, 지식산업사, 1994.

망간 아내와 아이를 찾기 위해 뻥튀기 장사를 하며 전국 방방곡곡을 누비는 뽀삐(꽃비) 아버지 이야기, 못 배운 한(恨) 때문에 자식 성적에 안달하는 배추 장수 아버지가 딸 혜현이의 담임 선생님 편지에 감화 받는 이야기, 없는 살림 때문에 부부 싸움이 난 집 남매가 돈 주우러 나갔다 들어와 부모를 눈물 속에서 웃게 만드는 이야기, 생일상 한번 제대로 못 차려준 아들에게 '너는 아버지가 내게 남긴 선물'이라고 편지를 써주는 엄마 이야기, 도시락 검사 때마다 빈 도시락을 보이며 너스레를 떨어 친구들과 선생님을 웃기던 수부가 교실을 영원히 떠나고 나서야 그 애가 도시락을 못 싸올 정도로 가난한 고아였다는 걸 알아차린 선생님과 아이들의 울음바다 이야기, 수줍고 말 못 하는 '바보 같은' 진아가 또렷한 목소리로 말을 하고 선생님과 함께 노래도 할 수 있게 되는 이야기, 엄마가 일하시기 때문에 매일 빈집으로 돌아가야 하는 민이가 지우개를 훔치게 된 이야기 등등이 읽는 이의 마음에 진솔하게 와 닿는 것은 작가의 두 눈이 이들을 '가난하고 외롭게' 만든 사람들에 대한 미움으로 차 있지 않고, 어디 요술처럼 이들에게 모자라는 것을 채워줄 수 있는 '도깨비방망이' 하나 없나 하고 반짝거리고 있기 때문이다.

작가의 이러한 시선은 '튼튼이 건설회사' 사장인 '한겨레'와 '멋쟁이 건설회사' 사장인 '나만이'라는 두 친구의 이야기처럼 알레고리가 강한 작품에서도 예외가 아니다. 정직하고 성실하게 원칙을 고수하는 '바보 사장'이 운동화를 졸라매고 항상 현장에 나와 시멘트, 모래, 자갈 배합이 잘 되어 있나를 살피고 있는 동안, 빨리 집을 짓고 호화로운 내장재를 써서 인기 있는 아파트를 만들어내는 '박사 사장'은 금탑 훈장을 받는다. 세월이 흐르자 멋쟁이 아파트가 무너졌다는 뉴스 보도가 나가고, 사원들을 1년 간 살아보게 한 다음 구석구석 꼼꼼하게 손질한 후 분양을 한 튼튼이 아파트 사장은 주민들로부터 감사패를 받는다.

사회를 생각하고 성실하고 정직하게 일하면 그 가치를 인정받게 되며, 사리사욕과 적당주의에 물들면 비참하게 된다는 아주 도식적인 이야기가 독자를 식상시키지 않을 수 있는 것은 과감한 생략과 유머 감각 덕택이다. 극명한 알레고리에도 불구하고 이념을 바투 쫓아가지 않는 간결하고 소박한 언어로 넉넉하게 진실을 보여주려는 작가의 노력이 압축되어 있기 때문이다. 튼튼이 건설 사장의 우직하고 소박한 태도나, 멋쟁이 건설 사장의 얄팍한 처세술 그리고 그 비참한 최후를 그릴 때까지 작가는 '어린' 독자를 의식하고 있다. 그런 까닭으로, 옳고 그름에 대한 가치 판단 기준은 분명하게 제시하면서도 미움이나 투쟁 등으로 아이들 마음을 피폐하게 만들지는 않는다. 오히려 웃게 만든다. 그래, 부의 불균등한 분배를 바로잡기 위해 목소리를 높여야 하는 것은 전적으로 어른들의 몫이지 않은가. 아이들이 가져야 할 것은 다만 옳고 그름에 대한 분별력이지 않은가. 무엇보다도, 맑고 선한 눈이지 않은가. 박경선의 『너는 왜 큰소리로 말하지 않니』는 이 점을 분명히 하면서, 훈훈한 웃음과 따뜻한 눈물로 편을 따지지 않고 아이들을 전부 끌어안아주는, 보기 드물게 건강한 책이다.

"

외국어는

꼭

배워야 할까?

초등학교 5학년짜리 남자아이가 해준 이야기다. 미국인과 결혼해서 사는 옆집 아줌마네 집에서 컴퓨터 게임을 하게 되었다. 마침 아줌마가 나가시게 되어 미국인 아저씨하고 단둘이서 게임을 하게 되었는데 집에 갈때는 뭐라고 하고 가야 하나 한마디 영어 문장이 떠오르지 않아서 그때부터 게임이고 뭐고 아무것도 머리에 들어오지 않고 고생만 했단다. 내게 얘기를 하면서도 쑥스러워할 정도로 영어를 못 하는 것을 부끄러워하는 그 아이에게 나는 한국말로 해주지 그랬냐고 말해보았다. 여기는 한국이고 우리가 영어를 해야 하는 이유보다는 문제의 이웃집 아저씨가 한국말을 해야 하는 이유가 훨씬 많을 터이므로. 그러나 놀란 듯이 나를 쳐다보는 아이의 표정은 내가 무슨 기발한 생각이라도 해냈다는 듯이 '그럴 수도 있구나……' 하는 것 같았다.

바야흐로 국제화 시대, 세계화 시대라더니 코흘리개 아이들까지 영어를 못 배우면 인생의 앞날이 막히는 것처럼 시끄럽다. 우리처럼 한 핏줄로 태어난 단군의 자손임을 자랑스러이 기억하고 교육하는 민족적·언어적으로 순수한 나라에서 모든 진학·입사·승진 과정에 포함된 시험만 다

치르고 나면 영어가 과연 얼마나 쓰임새가 있을까? 말은 생활이나 사고와 유리된 상태에서 배워서는 별로 효과가 없다. 이런 상황에서 얼마만한 시간과 노력을 바쳐야 우리 아이들은 자기가 하고 싶은 말을 조금이나마 영어로 할 수 있게 될는지. 그 효율성에 대한 회의는 차치하고라도, 아이들이 영어를 배우면, 영어만 배우는 게 아니라 영어와 영어에 관계된 모든 것에 대한 콤플렉스까지 함께 수입해서 배우게 되는 것을 나는 제일 경계하고 싶다. 멀쩡한 서울 한복판의 중산층 아파트에서 옆집 아저씨가 미국인이라고 우리 아이가 주눅 들어야 할 이유가 무엇인가. 그렇게 우리가 미리 주눅이 들기 때문에 한국에 살면서도 한국말을 한마디도 못 하는 미국인들이 난처해하기는커녕 "도대체 사람들이 영어를 못 해서 보통 불편한 게 아니라"고 텔레비전 카메라 앞에서 공개적으로 불평을 할 수 있는 게 아닌가.

영어 배우기 열풍은 좀처럼 사그라들지 않고 점점 더 어지럽게 일어날 전망이다. 이에 대해서 정면으로 심각하게 문제를 제기해보는 일이 어렵다고 하더라도, 이렇게 아이들 생활 속의 커다란 '사회 문제'에 대해서 우리의 동화 작가들은 왜 입을 열지 않는지 이해할 수 없다. 정면충돌로 문제 해결에 도움을 주지는 못할지언정 간접적으로 문제 제기를 함으로써 가능한 모든 사유와 판단을 자극하는 것은 문학이 할 일 중의 하나가 아니던가. 이런 생각을 하고 있는 나의 눈에 뜨인 것이 바로 『거저먹기 외국어』[1]란 짤막한 동화이다.

---

1 마리 오드 뮈라이 글, 최윤정 옮김, 『거저먹기 외국어』, 비룡소, 1997.

『거저먹기 외국어』란 의역이고, 원래의 제목은 '힘 안들이고 배운 네덜란드어 Le Hollandais sans peine'란 뜻이다. 네덜란드어는 프랑스인의 입장에서 볼 때 유럽어 중에서 가장 배우기 어려운 언어에 속한다. 이탈리아어나 스페인어는 프랑스어와 매우 흡사해서 배우기가 아주 쉽고, 외국어학습용으로는 영어나 독일어만 해도 상당히 보편화되어 있지만 네덜란드어를 배운다는 것은 보통 일이 아니다. 따라서 '힘 안 들이고 배운 네덜란드어'라는 제목 자체가 독자의 고개를 갸웃하게 만든다. 힘 안 들이고 그 어려운 외국어를 배웠다니……

열두 살 난 주인공 장 샤를의 부모는 아이들이 커서 성공적인 삶을 꾸려나가기 위해서는 외국어 실력이 중요하다고 생각하는 사람들이다. 여름 방학을 보람 있게 보내는 방법으로 장 샤를의 아버지는 독일에 가서 캠핑을 하기로 한다. 물론 아들의 독일어 교육을 위해서이다. 하루종일 독일어만 듣다 보면 한 달 후엔 아들이 저절로 독일 말을 하게 되리라는 속셈이다. 이걸, 프랑스 말로 언어욕이라고 한다. 일광욕·목욕·삼림욕·해수욕처럼. 정작 장 샤를은 언어욕 같은 것엔 관심이 없다. 그러나 부모의 등쌀에 독일 말을 배우는 척할 수밖에 없다.

처음 만난 금발 머리 소년. 공을 차고 놀다가 딱 멈춰서더니 자기 가슴을 탕탕 치면서 "니클라우스!" 하고 소리를 지른다. 이름을 소개하는 것이라는 눈치를 챈 장 샤를은 장난기가 발동하여 이렇게 소리를 지른다. "난, 타잔!" 그러자 그 아이는 "난타자" 하고 따라 한다. 장 샤를과는 달리 언어욕에 관심이 많아 보이는 니클라우스는 열심이다. 꽃을 꺾어들더니 "플라우" 하고 자기 나라 말을 가르쳐주고는 손짓 발짓으로 너희 나라 말로는 꽃을 뭐라고 하느냐고 묻는다. 이때 갑자기 장 샤를의 머릿속에서 이상한 일이 일어난다. "꽃을 꽃이라고 부르는 것이 영 바보 같다는 느낌이 들었"던 것이다. 그래서 "슈프루트" 하고 아무렇게나 말해버린다. 이어서 나무는 "트라븐", 텐트는 "슈라파티" 하고 되는 대로 낱말을 지어낸다. 영락없는 모범생 같은 니클라우스는 장 샤를이 가르쳐주는 낱말들을 꼬박꼬박 정확하게 따라 했다. 이제는 장 샤를도 자기가 지어낸 낱말들을 다 기억하지 못할 지경이다.

장 샤를은 매일매일 공책에다가 자기가 지어내는 낱말들을 기록해두느라 부모님과 함께 지내는 텐트에 돌아와서도 혼자 열심이다. 자기가 생각해낸 이 재미있는 '놀이'를 혹시나 들킬까봐 부모님께는 니클라우스가 독일 사람이 아니라 네덜란드 사람이라고 둘러대둔다. 난타자와 니클라우스의 '언어욕'은 나날이 발전해서 둘은 간단한 대화를 하는 데에는 아무런 문제가 없다. "난타자 가붐 슈루이야스" 하면 그건, "난타자는 바다를 좋아한다"는 뜻이다. 물론 니클라우스는 이런 말을 들으면 "니클라우스 가붐 슈루이야스" 하고 대꾸한다. 니클라우스는 자기가 프랑스 말을 배우고 있다고 굳게 믿고 있다. 장 샤를의 부모님 역시 아들이 독일어 공부를 열심히 하고 있다고 믿고 있다. 그래서 독일어 공부 때문에 피곤할까봐 '방학 공부' 책을 하지 않아도 눈감아준다.

장 샤를의 '언어욕'이 성공적으로 진행되는 것을 지켜보던 엄마는 드디어 니클라우스 엄마에게 "울라이!" 하고 인사를 하기에 이른다. 아들에게 배운 "안녕하세요!"에 해당하는 네덜란드어이다. 고개를 갸웃하던 니클라우스 엄마가 곧 환하게 웃으면서 "울라이!"하고 대답한다. 물론 이번엔 프랑스어로 "안녕하세요!"하고 대답한 것이다. "정말이지 나(장 샤를)의 기발한 생각은 여러 사람을 즐겁게 만들어주었다." 그러나 장 샤를의 이 기막힌 놀이가 늘 순탄하지만은 않았다. 음식을 만들다가 계란이 필요해진 엄마는 아들에게 배운 "브루그"를 입 속으로 되뇌이며 니클라우스 엄마를 만나러 갔다가 식초를 들고 오는 사건이 일어난 것이다!

이런 식으로 벌어지는 그때그때의 난관들을 극복하는 장 샤를을 보고 있노라면 외국어에 대해서 다시 생각해보게 된다. 서로 다른 말을 사용하는 사람들 사이의 의사소통이라는 것에 대해서, 언어라는 것에 대해서 근본적으로 생각해보게 된다. 무언가에서 성공하기 위해서는 외국어를 배워야 한다고 생각하는 어른들의 극성을 멋지게 속여 넘기는 열두 살짜리 소년의 이야기를 읽으면 머리가 반짝반짝하는 즐거움, 터져 나오는 웃음의 유쾌함이 전해져온다. 일반적인 프랑스 사람들은 외국어를 잘하지 못한다. 잘해야 한다고 생각하지도 않는다. 프랑스어에 대한 자부심과 애정이 도타운 탓이다. 그런 프랑스에서도 요즈음엔 어린이용 영어 교육 비디오테이프가 나오고, 일부 학교에서는 실제 영어를 가르치기도 한다. 그러나 대부분의 프랑스인들은 역시 그러한 외국어 교육에 대해서 비판적인 시각을 가지고 있다. 그러한 맥락에서 볼 때, 이 작품은 확실히 프랑스의 외국어 교육 열풍을 빗대어 말하고 있다.

그러나 간접적으로, 그리고 무엇보다도 이성적으로. "독일에서 보낸 이 여름이 지나고부터 우리 친척들 사이에는 내가 앞으로 외국어 계통에 뛰어난 두각을 나타내리라는 전설적인 소문이 퍼지기 시작했다. 바로 이 소문 때문에 나는 고등학교에서 영어와 독일어를, 더 커서는 러시아어·스페인어·이탈리아어·중국어·아랍어·일본어를 배우게 되었다. 오늘날 나는 유명한 학자가 되었다. 그리고 그건 우리 부모님 덕분이다"라는 작품의 마지막에 이르면 독자는 또 한번 웃음을 터뜨릴 수밖에 없다. 말도 안 되기 때문이다. 이 작품의 가장 큰 매력은 이런 데에 있다. 말도 안 되는 이야기를 기가 막히게 풀어나가는 데에서 작가의 재치가 유감없이 드러난다. 해결책에 대해서 바투 고민하지 않으면서도 문제를 뒤집어보게 만드는 솜씨.

이 작품 속에서 내가 눈여겨본 것은 또한 장 샤를의 외국어에 대한 태도였다. 장 샤를은 외국어를 하나의 의사 전달 수단으로 여길 뿐이다. 그래서 생전 처음 들어보는 '언어욕'이란 말 앞에서도, 낯선 외국어 앞에서도 주눅 들거나 기가 죽지 않는다. 장 샤를의 이러한 주체적인 태도가 '기발한 놀이'를 생각해내게 만들며 창의적으로 만든다. 어린이 외국어 교육 열풍, 한글 전용 문제, 한자 교육 문제 등등 언어에 대해서 우리는 훨씬 심각하고도 복잡한 문제들을 하나 가득 안고 있다. 이러한 문제투성이의 현실 속에서 과연 우리는 주체성 문제를 얼마나 염두에 두고 있는 걸까. 모든 것의 중심에 내가 있듯이 서로 다른 여러 개 언어들의 중심에도 내가 있다는 것을 우리는 충분히 강조하고 있는 걸까. 이 짤막한 한 편의

책 밖의 어른 책 속의 아이

동화를 터져 나오는 웃음을 참아가며 읽는 동안 나는 너무나 여러 번 안타까웠다. 우리 작가들 중에 누구 없어요, 이렇게 아이들 문제에 자세하게 관심 가져줄 사람? 하고 공개 광고를 낼 수 없는 것이.

무당집 아이 마음에 이는

슬프고도 아름다운 무늬

『달님은 알지요』[1] 제목부터 참 슬프다. 달님'은' 안다는 것은 달님 아닌 사람은 모른다는 뜻일 터이다. 부모도 친척도 친구도 아닌 달님에게 기대는 아이의 마음이 가엾기 짝이 없다. "하늘이 알고 땅이 안다"라는 말이 있다. 아무도 자신을 믿어주지 않을 때, 억울할 때 어른들은 그렇게 말한다. 그 말 속에는 분노가 들어 있다. 그러나 "달님은 알지요"에는 내 마음 몰라주는 사람들에 대한 미움보다는 그래도 달님은 알아줄 것이라는 믿음과 희망이 들어 있다. '알지요'는 '알아요' 혹은 '안다'와는 어감이 많이 다르다. '달님은 알아요'나 '달님은 안다'가 강한 긍정, 자기를 내세우고 싶은 욕구를 표현하는 반면, '달님은 알지요'는 상대방을 설득시키고자 하는 의지보다는 다소 체념적인 그러나 스스로에 대한 확신이 들어 있다. 그런 믿음은 다른 사람들의 왈가왈부에 웬만해서는 흔들리지 않을 것이다. 슬프고도 아름다운 긍정.

영정가망으로 부정가망
시위를 하소사
앉아서 본 부정, 서서 들은 부정

---

1 김향이 글, 『달님은 알지요』, 비룡소, 1994.

눈들은 부정이요, 귀들은 부정이요

손으로 만진 부정, 입으로 옮긴 부정

네 발 가진 짐승에 살생도 부정이요

아무개 고을에 수많은 인간이 넘나들 제

따라든 부정에 묻어든 부정이요

마루 넘어오던 부정, 재 넘어오던 부정

신실이 적적이 물리쳐줍소사

송화는 무당집 손녀다. 할머니가 무당이기 때문에 아이들에게 따돌림을 당한다. 그래서 언제나 "난 무당질은 절대로 안 해……" 하고 도리질은 하지만 급할 때면 저도 모르게 '태주할마님, 칠성님'을 찾는다. 그런 송화처럼 이 작품을 읽는 어린 독자들은 아마 한번도 들어본 일이 없을 것 같은 굿하는 장면이나 상여를 메고 나가면서 부르는 만가에 저도 모르게 빨려 들게 된다. 도회에 살건, 시골에 살건 이제는 찾아보기 어렵게 된 토속적인 우리 풍속들이, 어느 산자락 몇 개를 돌아가면 나올 것 같은 친근한 마을 볕고개를 배경으로 전혀 무리 없이 펼쳐져 있다. 입말에서건 글말에서건 쉽게 찾아보기 힘든 맛깔스럽고 깨끗한 우리말이 작품 전체에 차분히 번져 있다. 많은 부분 심리 묘사가 이미지로 처리되었으나 추상적이지 않고 간접적이면서도 직접적인 것보다 훨씬 읽는 이의 마음 깊은 곳에까지 다가간다. '우리 것은 좋은 것'이라고 소리 높여 말하지 않으면서 읽는 아이들로 하여금 우리 것의 순하고 부드러운 아름다움에 저도 모르게 동질성을 느끼게 한다. 무엇보다도 이 점이 이 작품을 높이 사고 싶은 이유이다.

전쟁과 분단으로 얼룩진 우리의 아픈 현대사를 근간으로 하고 있음에도 불구하고 김향이는 대부분의 리얼리즘 계열의 작가들과는 달리 빼어난 서정성으로 독자를 사로잡는다. 이산가족으로서의 상처를 가슴에 새기고 사는 송화네 식구 이야기, 술만 마시면 엄마를 때리는 영분이네 아버지 이야기, 그런 아버지를 피해 달아나 서울의 어느 식당에서 일하는 영분이 엄마 이야기, 사고로 죽은 아버지의 장례를 치르고 엄마 따라 이사 간 '낮달이 된 친구' 영분이와 송화의 우정 이야기, 길 잃고 다리 다친 개 검둥이를 부정 탄다고 집에 못 들이게 하는 할머니 몰래 송화와 친구들이 정성을 다해 키우는 이야기 등등이 상업주의와 물질문명에 길들여져 저도 모르는 사이에 이기적이 되고 마음에 여유가 없어진 아이들을 어루만져 달래듯 부드럽다.

모든 것이 빠르게 돌아가는 세상. 아이들을 위한다는 동화의 문체가 세상 따라 경박해져가는 요즈음, 뒷산자락에서 만난 샘물 같은 빼어난 작품이다. 장편 동화이지만 독서력이 조금 있는 아이라면 저학년이라도 재미있게 읽을 수 있다.

책 밖의 어른 책 속의 아이

아이들이 바라보는
어른들의 세상은 어떨까?

흔히들 아이들은 천사 같다고 한다. 티가 없다고 한다. 동심은 마음의 고향이라고도 하고 영혼의 안식처라고도 한다. 아닌 게 아니라 전쟁과 기아에 시달리는 아프리카 여러 나라의 사진 속에서도 환하게 웃고 있는 아이의 모습은 어른들의 탐욕이 빚어내는 세상사에 대한 미움을 잠시 잊게 한다. 이렇게 어른은 아이에게서, 되돌아갈 수 없는 유년의 순결한 무엇을 본다. 그러나 아이들은 어떨까? 아이들이 아이들과 만나서 이루는 아이들 세상을 자기들 스스로 바라보는 시선에는 어른들이 품는 모종의 동경이 전혀 담겨 있지 않을 것이 분명하다. 어른들이 바라본 아이들 세상은 꿈과 희망이 가득한 아름다움의 세계인지 몰라도 실제 아이들 자신에게는 더도 덜도 아닌 현실일 뿐일 것이다. 그 아이들이 바라보는 어른들의 세상은 어떤 것일까?

아이들은 너나없이 어서어서 자라서 어른이 되고 싶어 한다. 이 아이들이 어른이 되어 만드는 세상은 지금보다 나아질까. 만화 영화도 아닌데, 성수대교가 끊어지고 삼풍 백화점이 무너지는 일이 사실은, 어른들이 서로 자기가 떡(값) 많이 먹으려고 욕심을 부리다가 일어난 사고라는 걸 알면 아이들은 깔깔 웃을까. 진짜 만화를 볼 때처럼? 우리들 모두를 무기력증·불감증 환자로 만들어버린 일일이 이름도 기억할 수 없을 정도로 빈

번한 지하철, 아파트 부실 공사 사고, 어린이 유괴 사건, 미성년자 성추행 문제…… 정말이지 우리들을 분노하다 지치게 만드는 문제, 문제들 사이에서 기형적으로 '성장'하고 있는 우리 어른들의 사회가 아이들 눈에 과연 어떻게 비칠까?

『말의 미소』[1]는 우리의 농촌처럼 점점 폐허가 되어가는 프랑스의 한 농촌을 배경으로 펼쳐지는 이야기이다. "몇 년 사이 주민의 반을, 아이들의 반을, 그 넋의 반을 잃은 마을. 넋이 반만 남으면 어떻게 되는 거지? 아무것도 아니다. 죽음이다. 선생님은 마을의 죽음과 맞서서 싸우려 하고 있었다." 여기에 뜻있는 교사 하나가 아이들의 삶을 바꾸어놓는다. 아이들은 무언가에 마음을 쏟아 부으면서 자라나고 배워가는 것이라는 올바른 생각을 가진 이 교사는 말을 한 마리 사서 아이들과 함께 기르기로 결정한다. 그러나 돈을 모으는 일은 쉽지 않다. 가뭄, 계속 오르는 세금, 유럽 전체를 강타한 낙농 위기 등의 문제로 골치를 앓고 있는 어른들은 아이들 학교 문제 따위에 신경을 쓸 여유가 없다. 교육위원회에도 협조를 요청해보았지만 아무런 성과가 없다. 아이들이 저금통을 털고, 거기다 선생님이 그동안 저금해둔 돈을 합해서 모두들 신나게 종마 사육장으로 향한다. 소풍갈 때처럼 음료수와 샌드위치를 싸들고 선생님이 앞장서고 아이들이 그 뒤를 "인디언 행렬처럼" 늘어서서 따라간다. 아침 아홉 시에서 낮 열두 시까지 반나절을 걸어서 드디어 종마 사육장에 도착한다.

---

1 크리스 도네르 글, 필립 뒤마 그림, 김경온 옮김, 『말의 미소』, 비룡소, 1997.

그러나 말을 파는 사람은 교사와는 다른 사람이다. 유명 화가의 그림들, 동양에서 가져온 카펫으로 장식된 그의 화려한 살롱에서 우리의 용감한 교사는 100프랑짜리 지폐 3,500프랑, 5프랑, 1프랑짜리 동전을 쌓아올려서 키대로 주욱 늘어놓는다. 그러나 말 주인은 "아이들이 저금통을 깼습니다"라는 교사의 말 따위에는 눈썹 하나 까딱하는 사람이 아니다. 아이들과 교사가 보이는 열의에 전혀 감동하지 못하는 그는 주욱 늘어놓은 돈에서 "무슨 냄새라도 난다는 듯이" 고개를 돌려버린다. 그리고 병들어서 이제 경마에 내보낼 수 없는 말을 아이들에게 넘겨버릴 결심을 한다.

아무것도 모르는 아이들은 자신들의 눈앞에 현실로 실현된 말의 꿈 앞에서 감동한다. 그 감동을 더해주는 것이 아이들과 첫 대면을 한 말이 지어보인 미소. 말도 미소를 지을 수 있을까? "말이 윗입술을 콧구멍까지 들어올리는" 것은 전혀 미소를 짓는 동작이 아니라 아픔이, 끔찍한 고통이 말의 얼굴에 그려내는 찡그림이라는 것을 아이들도 선생님도 모르고 있었다. 고통으로 몸을 뒤트는 말을 겨우 학교로 끌고 오지만 말은 쓰러지고 만다. 수의사가 달려오고, 말을 살리기 힘들다는 진단이 내려진다. 아이들은 마을의 넋의 핵심이고, 말은 아이들 꿈의 중심이다. 그런 말을 아이들도, 선생님도, 수의사도 포기할 수 없다.

이 수의사는 동물을 그저 동물로만 보아야 한다는 자신의 입장을 지키는 사람이다. 죽어가는 자신들의 애완동물 앞에서 슬픔을 과장하는 인간들을 위로하기 위하여 죽어가는 동물이 겪는 고통을 연장시키는 일은 불

필요하다고 냉정하게 잘라 말하는 사람이다. 그러나 이 아이들과 말의 경우는 달랐다. 공포와 고통과 슬픔과 놀라움이 마구 뒤섞인 감정을 갈무리하지 못한 아이들과 교사가 지어내는 극도의 긴장된 분위기는 언제나 동물의 편에서 생각하는 수의사를 사람의 편에 서서 다시 생각하게 만들었다. 그 결과 수술을 감행하고 결국 말을 살려낸다. 말을 에워싼 아이들에겐 더 이상 수의사의 부탁도 선생님의 지시도 먹혀들지 않는다. 아이들은 한걸음도 물러서지 않고 수술 광경을 끝까지 다 지켜본다. 수술이 끝나자 아이들이 다가간다. 말은 아직 움직이지는 않았지만 땀을 잔뜩 흘리기 시작했다. "하나씩 하나씩 아이들은 비르 하카임(말 이름)이 죽지 않았다는 것을 확인이라도 하려는 듯이 손을 얹어보기도 하고, 털을 만져보기도 하고, 말의 온기를, 냄새를 느껴보기도 하면서 말이 아프다는 것을 짐작할 수 있었다. 아이들은 말을 쓰다듬어 주었다. 말에게 힘이 되어주고 싶고, 아픔을 덜어주고 싶고, 위로해주고 싶었기 때문이다. 이런 것이 과연 소용이 있을까? 도대체 알 수가 없었다."

수의사에 의하면, 마취에서 깨어났다 하더라도 말이 저 혼자 몸을 일으켜야만, 스스로 생명력을 회복하려는 욕구를 가져야만 살아남을 수 있다. "말이 네 다리를 움직이기 시작하자 아이들은 일제히 뒤로 물러났다. 아이들은 틀림없이 속으로 기도를 하고 있었다. 말이 일어나기를 빌고 있었다. 아이들은 말이 얼마나 아파하고 있는지 알고 있었다." 일어날 듯 일어날 듯하면서 비틀거리는 말을 향해서 아이들은 애타게 "일어나! 일어나!" 하고 외친다. 드디어 말은 네 개의 발굽으로 땅을 디디고 일어선다.

책 밖의 어른 책 속의 아이

그러나 감히 걸음을 떼어볼 생각은 하지 못한다. "동물들이 겪는 고통은 영원한 수수께끼다. 그 고통이 어떤 건지 아는 척하는 사람은 거짓말쟁이다." 일어선 말, 그 말의 두 눈에서 본능적인 삶의 욕구를 읽기에 이르는 장면은 가히 이 작품의 절정이다.

수술비를 묻는 교사 앞에서 수의사는 자기 안에서 분노가 솟아나는 것을 느끼며 이렇게 대답한다. "걱정 마십시오. 내가 직접 그 종마 사육장으로 찾아가서 치료비를 청구하겠습니다. 그 사람 치료비 빨리 물어주지 않으면 재미없을 겁니다!" 치료비를 청구하러 가는 길에 그는 산적된 농촌 문제 해결을 위한 농성을 벌이러 파리에 갔다가 실패하고 돌아오는 아이들의 부모들을 만난다. 잔뜩 의기소침해 있는 이들에게 그는 얼른 학교에 가보라고 말해준다. 그리고 "역시 부모들은 애들 때문에 살맛이 나"는 거라고 생각한다. 미소 짓던 말, 다시 살아난 말, 자신들의 마음에 불을 지펴준 말 사건으로 고양된 아이들로 마을은 온통 떠들썩할 것이다. 그 마을에서 풍기는 잔치 분위기가 마지막 페이지를 장식하는 필립 뒤마의 일러스트레이션 속에서 살아나온다……

흔히, 동화 속에 등장하는 어른들은 마치 아이들과의 관계 속에서만 존재하는 것처럼 그려져 있다. 국내외 동화를 막론하고, 아이들의 세계만을 부각시킴으로써 마치 아이들 세상을 별세계처럼 보이게 하는 것이 보통이다. 아이들의 '현실'을 다룬다고 하는 동화들도 망원 렌즈를 길게 뽑아 피사체를 클로즈업시켰을 때처럼, 분명히 어른들과 하나인 세상 속에 살고 있는 아이들만 쏙 빼내서 아이들 특유의 세계만을 강조하고 있다.

그러나 현실적이고자 한다면, 사실적이고자 한다면, 아이들 세계와 어른들 세계는 그렇게 따로따로 떨어진 세상이 아니라는 점을 기억해야 하지 않을까.

'교육적'이어야 한다는 숙제 같은 생각은, 어른들 세상의 추한 면 앞에서 아이들 눈을 가려야 할 것인가 말 것인가 하는 고민 앞에 선뜻 대책을 세워주지 못한다. 크리스 도네르의 작품이 거의 그렇듯, 『말의 미소』도 부도덕과 부조리와 부정은 분명 어른들에게는 해결해야 할 문젯거리들이지만 아이들에게는 그저 눈에 보이는 하나의 현실일 뿐임을 말하고 있다. 그 현실에 대해서 아무런 설교도 하지 않는 작가의 태도가 오히려 믿음직하다. 사실 아이들은 어른들과, 또 세상과 유기적인 관계 속에서 존재하고 있다. 아이들이 미처 인지하지 못할지라도 아이들은 늘 수많은 좋은 것들과 좋지 않은 것들 앞에 노출되어 있다. 그것들을 어떻게 받아들이고 자기 나름대로의 가치관을 만들어갈 것인가는 전적으로 아이들 몫이다. 이미 내려진 결론을 전달하는 연역법 같은 작품이 아니라 읽으면서 스스로 체험하고 자기 크기만큼 받아들이고 사유할 수 있게 하는 귀납법 같은 작품. 그것은 좀 더 계산된 아이들 존중 방법이라고 생각된다.

책 밖의 어른 책 속의 아이

마음을

움직이는 힘

사람들 사이의 관계를 호칭 속에 꼭 섞어 넣어야 편해지는 것은 우리 말의 이상한 습관 중의 하나다. 엄마 친구는 물론이고, 아이를 데리고 나서면 길 가던 아가씨도, 옷 가게에서 물건을 권하는 여자도 다 스스럼없이 자기를 아이의 이모라고 부른다. 우리가 아무리 한 핏줄을 자랑하는 단일 민족이라도 그렇지……

'연변에서 온 이모'도 그런 이모 중의 하나다. 영표네 한일식당에 새로 취직한 '아가씨.' 그녀는 지식 분자가 아닌 남편이 경제 골이 발달되지 못하여 보통 일꾼으로 일하는데 로임이 적어서 나절로(스스로) 결심하여 머나먼 남조선으로 돈 벌러 왔다. 그러나 영표네 식당에서 일하는 첫날부터 노크하느라 바쁘고(힘이 들고) 좌변기를 사용할 줄 몰라 사흘간이나 똥을 누지 못해 정서 파동(신경질)이 생긴다. 촌스러운 파마머리에 화장기 없는 얼굴, 세련되지 못한 옷차림의 연변 이모는 말이며 행동거지가 진실 만점이라 한일식당의 인기가 날로 높아간다.

영표라는 이름이 있음에도 불구하고, 동네에서는 누구나 다 '공주님'이라는 애칭으로 부르는 한일식당의 외동딸은 연변 이모 같은 사람하고는 정반대되는 성격의 인물이다. 집에서는 공주님으로 떠받들리지만 학교에서는 나쁜 계집애라는 소리도 종종 듣는 영표는 그러나 나쁜 계집애란 말을 썩 나쁘게 생각하지 않는다. "성질 나쁜 사람치고 맡은 일에 게으른 사람 있으면 나와 보라지. 끊고 맺음이 정확하고 하는 일이 야무지다. 다만 쌀쌀맞고 차가운 데가 있어서 사람들에게 환영을 못 받을 뿐이다"라고 생각한다. 천사표보다는 "싫은 것은 싫고 좋은 것은 좋다는 뚜렷한 개성의 악마표이고 싶"은 영표는 공부도 "성질 사납게 잘"한다.

야만인 같은 연변 이모를 문화인으로 만들겠다는 야심으로 날마다 연변 이모 교육담으로 이야기꽃을 피워 학교에서 인기를 누리고 있는 영표가 어수룩하기 짝이 없는, 한마디 말도 몸짓 하나도 진실이 아닌 것이 없는 답답한 연변 이모를 짜증스럽게 바라보는 동안 저도 모르게 마음이 변해간다. 그러나 정작 이모가 버르장머리 없는 깍쟁이 영표의 교육을 받아가며 남조선의 자본주의의 물결에 자연스레 휩쓸리고 옷차림이며 말투까지 영표네 식구들과 비슷해지는 둥, 점점 세련되어가자 영표는 마음이 어수선해지는 걸 견디기 힘들어 이모와 거리를 두고 지낸다.

그러던 어느 날, 아이스크림 하나 못 사먹고 억척스럽게 모은 돈을 사채 놀이하는 번대머리 노사장에게 모두 다 사기당하고 나서 "사람이 그렇게 나쁘다는 데 말이 안 나와요. 내 주위 사람들은 아무리 노동질을 하면서 살아도 그렇게 나쁘지는 않아요. 경제 골이 발달한 사람들이 더 나쁘다는 걸 알았어요. 참 바빠요(힘들어요). 여기서 살기가 너무 바빠요" 하며 연변 말이 막 쏟아져 나오는 이모를 보고 영표네 식구는 모두 죄지은 사람 같은 기분이 된다. 야만인 이모 교육 다 시켰냐는 친구들의 질문에 "누가 누굴 야만인이라고 하는 거니? 잘 산다고 다 문화인인 줄 아니? 아냐, 절대 아냐. 야만인은 우리가 야만인이야, 우리가 야만인이라고" 하고 영표는 신경질적으로 쏘아대기에 이른다. 학교 성적은 평균 99점에, 집에서는 공주님으로 떠받들리면서도 식당 금고의 돈을 슬쩍슬쩍 하는 손버릇 나쁜 아이. 이모한테 들키고서도 우리 집 돈 내가 쓰는데 네가 웬 참견이냐고 당당하게 대들던 영표의 엄청난 변화.

사기를 당한 여파를 견디지 못하여 결국은 한일식당을 떠나는 연변 이모를 바래다주러 가며 영표는 "나절로(나 스스로) 저금한 내 돈이야. 받아. 이모. 나쁜 기억은 다 잊어버려. 나쁜 기억을 잊지 않으면 정서 파동만 생기고 뭐 좋아?" 하며 자신의 저금통장과 도장을 억지로 들이민다. 그렇게 이모를 보내고 돌아온 식당에서 엄마가 새로 온 아가씨에게 손님이 광어회를 시키도록 유도하라는 교육을 시키는 소리를 듣는다. 자기 방에 놓여 있는 새로 온 아가씨의 노란 가방을 발로 걷어차며 영표는 울음을 터뜨린다. 바늘로 찔러도 피 한 방울 안 나올 것 같은 쌀쌀맞고 야무진 영표가.

『연변에서 온 이모』[1]를 쓴 소중애는 연변을 여행하고 돌아온 후, 연변에 사는 우리 민족들의 가난한 생활상, 그들이 우리나라에 와서 취직하고 살면서 받는 부당한 대접, 그들의 서러움과 외로움에 대하여 무언가를 해야 한다는 마음으로 이 작품을 썼다고 한다. 영표와 연변 이모라는 두 인물의 성격 대비, 밀도 있는 심리 묘사, 군더더기 없는 이야기 전개, 깔

---

1 소중애 글, 『연변에서 온 이모』, 웅진주니어, 1994.

끔한 감정 처리 등 한 편의 이야기를 성공적인 것으로 만드는 요인 외에
도 이 작품 속에서 높이 사고 싶은 것은 아이들의 시선과 밀착되고자 하
는 작가의 노력이다. 수없이 쏟아져 나오는 우리 창작 동화의 많은 부분
이 재미없는 것은 작가가 혼자서 결론 내린 올바른 삶에 대한 가치관을
일방적으로 전달하려고 하기 때문이다. 그러나 소중애는 다르다. 그의 많
은 작품들에서는 다양한 아이들의 삶을 감싸 안으면서 그 속에서 아이들
과 함께 고민하고 아이들을 다독거려 하나의 결론을 아이들 스스로 찾아
내도록 도와주는 것 같은 작가의 따스한 손길이 느껴진다. 한 편의 문학
작품이 독자에게 줄 수 있는 가장 커다란 것은, 지은이의 말에서 작가가
썼듯이 '생각이 바뀌는 것'이 아닐까. 인생에 대한 제 나름의 시각을 부모
의 의도와는 상관없이 키워나가게 될 아이들의 삶을 안타깝게도 다 들여
다볼 수 없는 보통 부모의 입장에서 나는 아이들이 세상을 달리 보고, 모
든 것을 다시 한번 생각해볼 수 있는 이야기책들이 많이많이 쌓이기를 바
란다.

아이들 세계에서 놀림을 받는 것처럼 심각한 '사회 문제'도 없을 것이
다. 아이들은 문제가 있는 아이를 놀린다. 그리고 그 문제는 종종 남과,
나머지 대부분의 아이들과 같지 않다는 데에서 발생한다. 뿌루퉁해진 얼
굴로 "애들이 놀려" 하면서 아이가 털어놓는 이야기를 들으면, 아이들처
럼 심한 인습주의자, 순응주의자도 없을 거라는 생각이 자주 든다. 남과
같지 않다는 것은 흉거리가 아니라는 걸 어떻게 가르치면 좋을까? 한 편
의 동화[1]가 나의 이런 고민을 속 시원히 풀어주었다.

소피는 확실히 처음부터 좀 다른 아이였다. "아기들이 우는 것은 배가
고프거나, 기저귀에 오줌을 쌌거나, 아니면 좀 안아줬으면 해서 그러는
것이다. 그러나 소피는 아니었다." 소피가 우는 것은 어른들이 자기 마음
에 안 드는 옷을 입혀 놓았기 때문이다. 말을 배울 때에도 소피는 "똑똑
한 원숭이"가 되려고 하지 않았다. "다른 아기들처럼 멍청하게 눈·코·입"
하고 따라하지 않고 대신, "소매·깃·단추·주름·주머니……" 하고 말했다.
이런 소피에게 문제가 생긴 것은 초등학교에 입학하면서부터였다. "소피
는 발은 분명히 두 개인데 왜 사람들은 똑같은 구두 두 짝을, 같은 색깔

---

1   수지 모건스턴 글·그림, 최윤정 옮김, 『엉뚱이 소피의 못 말리는 패션』, 비룡소, 1997.

의 양말 두 짝을 신는지를 몰랐다……" 이런 소피가 손가락 열 개에 다 다른 매니큐어를 칠하는 것은 당연하다. 엄지·검지·장지·약지·새끼 이렇 게 다 "이름이 다르니까." 이렇게 옷차림에 관해서 좀 독특한 생각을 가 진 소피는 당연히 학교에서 아이들의 놀림감이다.

양말이나 신발을 짝짝이로 신는 것은 보통이고 필요하다면 아빠의 와 이셔츠나 질질 끌리는 엄마의 치마도 서슴지 않고 입는다. 한꺼번에 두 개 이상의 치마나 벨트를 착용하거나, 세 개 이상의 목걸이나 금속 벨트 혹은 스카프를 두르는 등 담임 선생님이 "사육제 차림"이라고 부르는 옷 차림을 해야 소피는 "옷을 입은 거 같은 기분"이다. 괴상한 옷차림 때문 에 소피는 담임 선생님으로부터 경고 편지를 받아오고, 소피의 부모는 아 이에게 묻는다. 왜 그렇게 여러 겹으로 옷을 입느냐고. 혹은 내일은 무슨 옷을 입고 갈 거냐고. 소피의 대답이 걸작이다. "아침만 되면 뭘 입어야 될지 모르겠어요. 그래서 이것저것 다 입고 가는 거예요." 혹은 "아빠는! 내가 언제 미리미리 준비하는 거 보셨어요? 내일 아침에 가봐야지요. 바 람이 불지, 해가 날지 모르잖아요. 오늘 밤 구름도 좀 봐야 되고, 내 목소 리랑 눈빛도 좀 고려해봐야 되구요." 그러나 자신의 생각을 좀 열심히 나 타내고 싶을 때에는 이렇게 말한다. "그러니까 나는 시를 쓰는 것처럼 옷 을 입는 거예요. 내 몸은 종이구요, 두 손은 만년필, 두 눈은 영감의 창이 에요, 모자는 느낌표구요, 스카프는 쉼표, 레이스는 말줄임표예요." 뿐만 아니다. 어떤 날은 잠옷을 입고 학교에 가기도 한다. 물론 소피에게는 나 름대로 상당한 이유가 있다. "'밤'의 한 자락을, 자기 침대의 한켠을 '낮'

속으로 가지고 가고 싶었기 때문"이다. 이런 소피는 자신의 옷차림이 '누구에게' '왜' 문제가 되는지 전혀 이해할 수 없다. 그래서 오히려 반문한다. "아빠, 그게 나쁜 거예요?"

학교에서 경고장까지 받아오는 별난 아이의 너무나도 간단하고 본질적인 이런 질문에 좋은 대답을 할 수 있는 부모는 많지 않을 것이다. 소피의 부모는 그 많지 않은 사람들 중의 하나였다. 그들은 담임 선생님께 이런 답장을 썼다. "우리 소피의 옷차림이 이상하다고 생각하는 사람이 많으리라는 건 저희들도 알고 있습니다. 그렇지만 겉장만 보고 책을 판단할 수는 없지 않습니까. 소피는 학업 성적도 우수하고 주의력도 깊은 편이며 예의 바르고, 사회성에도 문제가 없다는 점을 주목해주기 바랍니다. 소피는 전혀 남을 방해하는 아이가 아닙니다. 옷차림에 지나치게 신경을 쓰지 않아주시면 고맙겠습니다. '교육'이란 '창의성'을 맘껏 발휘할 수 있게 하는 것이라고 믿습니다. 이 점에 선생님도 동의하시리라고 생각하며……"

그렇다, 창의성이다. 문제는. 이렇게 멋진 대답을 할 수 있는 부모 밑에서 자라는 소피 같은 아이가 창의적인 것은 당연해 보인다. 우리 사회에서도 바야흐로 창의성이 문제다. 창의성을 죽이는 교육만 받고 자란 어른들이 개혁을 부르짖으며 창의성을 살리는 교육을 해야 한다고 말한다. 저 낮은 온갖 광고 문구에서부터 저 높은 교육 개혁의 갖은 탁상공론에 이르기까지 오늘날 우리 교육의 가장 커다란 과제는 창의성인 것 같아 보인다. 학교 안팎의 교육이 여전히 창의성을 억압하는 방향으로 꾸준하게 진행되고 있는 걸 방관하면서, 수능 시험이 논술형으로 바뀌자 거기에 발맞추어 유아에서부터 대입 수험생에 이르기까지 모든 교육 프로그램의 초점은 창의성에 맞춰지고 있다. 국영수 과목의 중요성은 입시가 있어온 이래 아무도 부정하지 않았지만, 갑자기 하늘에서 뚝 떨어지기라도 한 것 같은 '창의성 과목'은 어떻게 소화해야 할지 교사들은 우왕좌왕할 수밖에 없다. 아무한테서도 '배우지 않았던' 이 과목을 어떻게 '가르쳐야' 할지 모르는 교사들이 당황해하는 건 당연한 일이다. 언제쯤이면 우리가, 아이들은 어른들의 가르침을 받고 자란다는 굳은 믿음에서 풀려나 아이들이 제가 원하는 것을 저 혼자 터득하도록 자유롭게 놓아줄 수 있게 될까.

소피의 옷 입는 방식은 정말 엉뚱하고 지나치다. 그리고 그 지나침을 인내하는 소피 부모의 태도는 훌륭하다. 소피의 행동을 교정하려고 하기 전에 그들은 가능한 모든 방법으로 소피를 충분히 관찰하고 이해하려고 노력한다. 소피는 괴팍하고 자기밖에 모르는 아이가 아니다. 상심한 부모가 "내일, 새로 산 치마랑, 블라우스 입고, 양쪽 똑같은 스타킹 신고, 신발도 짝짝이로 신지 말고 그렇게만 하고 학교 갈 수 있니?" 하고 부탁하자 부모님을 속상하게 해드리지 않기 위해 얌전한 여학생의 옷차림을 하고 등교한다. 스물일곱 개의 리본을 단 스물일곱 가닥으로 땋은 머리, 얼굴에 갖다 붙인 금색, 은색 별만 빼고.

반 아이들이 이상한 장신구를 달고 오는 데에 재미를 붙이기 시작하자 소피가 자기 반 아이들에게 "나쁜 영향"을 끼치기 시작한다고 판단한 교사가 "학교에서는 소피가 퍼뜨리고 있는 옷을 괴상하게 입는 전염병을 종식시키기 위하여 조처를 강구하고 있습니다"라는 내용의 경고성 편지를 교장 선생님의 사인까지 넣어 소피 부모님께 보낸다. 이제, 소피의 엄마 아빠가 할 수 있는 방법은 딱 세 가지뿐이었다. "1) 전학을 시킨다. 2) 평일에는 하루에 세 번, 일요일에는 하루에 여섯 번 소피에게 잔소리를 한다. 3) 심리 치료사에게 가보게 한다." 소피의 부모는 세 번째 방법을 선택했다. 그러나 많은 부분에서 다른 아이들과 비슷하고 싶고 아주 조그만 부분 하나에서만 남들과 다르고 싶다는 소피의 이야기를 듣고 "소피는 용감하고 총명하고 독특하고 창의력이 뛰어난 아이입니다. 그리고 아주 귀여운 아이입니다"라고 진단서를 써주는 심리 치료사 역시 소피의 편이다.

어느 일요일 산책길에서 만난 신문 기자에게 소피는 숄을 두르면 "할머니 생각이 나서 기분이 좋고," 터번을 쓰면 "알리바바"가 떠오르고, "걸어 다니면 찰랑찰랑 거리는" 예쁜 소리를 내는 세 개의 목걸이에 대한 이야기를 해준다. 감동한 그는, 곧 '소피의 패션'이란 제목 하에 "열 살 난 소녀 소피는 추억과 사랑과 음악과 시로 옷을 차려입는다. 이 아이가 새로운 유행을 만들어 나갈 것인가?"라는 기사를 써낸다. 담임 선생님은 이 기사를 오려 사진과 함께 학교 게시판에 붙이고, 아이들은 저마다 괴상한 차림을 하고 나타나기 시작한다. 이 일이 있은 후 한 달이 지나자 청바지를 입고 오는 아이는 하나도 없었다. 드디어 선생님까지 널따란 통바지에 커다란 리본이 달린 노란색 블라우스를 입고 학교에 오신다. "그 다음날, 소피는 주름치마와 하얀색 블라우스를 입고 단화를 신고…… 아무것도 더 걸치지 않고 그렇게 학교에 갔다." 이 작품의 마지막 문장이다.

다분히 과장된 소피의 옷차림 이야기를 통해서 집단의 관습을, 인간 하나하나의 개성의 문제를 생각하게 하는 이 작품을 읽으면서 내가 눈여겨본 것은 어른들의 태도였다. 그리고 자신들의 생각으로 아이들을 재단하지 않고, 아이의 장난질 같은 옷 입는 습관을 업신여기거나 한마디로 일축해버리지 아니하고 참을성 있게 아이의 생각을 읽어내려는 노력, 그 꾸준한 인내에 감동하였다. 단순하고 뚜렷한 주제, 속도감 있는 문체, 긴장감 있는 구성이 시종일관 경쾌한 인상을 주는 작품, 그래서 감동이라는, 본질적으로 느림과 관계있는 낱말을 비껴가는 것 같은 작품. 그럼에도 불구하고 나는 짤막한 이 한 편의 동화를 읽고 나서 머리가 상쾌해지고 기분이 좋아지는 신선한 감동을 느꼈다. 나처럼 아이를 키우면서 고민하는 많은 부모들과 나누어 읽고 싶은 작품이다.

동네북과

동네곰

착하게 살면 복을 받게 마련이라는 것이 우리네 통념이지만, 남들로부터 끊임없이 귀찮은 부탁을 받고 사는 사람들은 "내가 무슨 동네북인가" 하고 투덜거린다. 전자가 착한 사람을 객체로 보는 데에서 나오는 속설이라면 후자는 착한 사람이 주체가 되어서 하는 푸념이다. 착한 사람이라는 동일한 대상을 그리는 시각의 차이에 따라 이야기가 이렇게 달라진다. 그럼에도 불구하고 동화나 민담·설화 속에서 착하게 살면 복 받는다는 통념이 "내가 무슨 동네북인가" 하는 투덜거림보다 훨씬 지배적인 자리를 차지하는 것은 권력의 함수 관계로 이해해야 한다.

「동네곰 이야기」[1]는 이러한 동화 속 인물들의 가치관이 시대 변화에 민감하게 반응하는 것을 보여주는 하나의 예이다. 모든 이웃들의 귀찮은 부탁을 묵묵히 들어주는 동네곰이 아무에게도 칭찬받지 못할 뿐 아니라 아무런 행운도 얻지 못하는 이 이야기는 권선징악의 단순한 이야기 구조에 익숙해 있는 대다수 독자들의 고개를 갸우뚱하게 만든다. 그리고 잠시 후, 착하고 착하지 않은 것으로 인물을 가르는 것은 얼마나 단순한 흑백논리인가를 깨우치게 해준다.

누구에게든 친절한 동네곰 때문에 주위의 동물들이 동네곰에게 모든

---

1   최권행 옮김, 「동네곰 이야기」, 『세계 교과서에 실린 명작 동화3, 프랑스 저학년 동화』, 일과 놀이, 1994.

일을 부탁하는 버릇을 가지게 되었다는 식의 이야기 전개 자체가 착하다는 것이 한 공동체의 건강한 질서 확립에 도움이 되지 않는다는 설명이다. 「동네곰 이야기」는 선과 악의 이분법적인 구도를 완전히 벗어나 착한 것을 주체성과 연결시켜서 생각하는 새로운 시각을 보여준다. 동네곰이 자신의 일을 찾자 다른 동물들은 전처럼 자신의 일은 자신이 하게 되고 만만하게 보던 동네곰을 인정해준다는 이야기가 그것이다. 불과 서너 장 짜리 짧은 동화의 결말 부분은 이러한 주제를 유감없이 보여주고 있다.

그러던 어느 날 동네곰은 화가 나고 말았습니다. 동네곰은 친절한 곰이 아닙니다. 동네곰은 심술궂은 곰도 아닙니다. 동네곰은 동네곰일 뿐입니다. 동네곰은 자기 바이올린을 찾아 멋진 노래를 켜기 시작했습니다. 동굴 안에 드러누워 그 동안 잊고 있던 생각들도 다시 하기 시작했습니다.
그리고 동네곰은 꿈을 꾸었습니다.
"와, 대단하다! 동네곰은 참 훌륭한 음악가야!"
하고 다른 동물들이 소곤거립니다.
그리고는 자기들 스스로 등을 긁고, 자기들이 알아서 스스로 놀며, 자장가도 혼자서 흥얼거리고, 자기 애는 자기가 보고, 자기 잠자리는 자기가 마련하며, 춤을 추고 싶을 땐 혼자서 춤을 춥니다.
하지만 여전히 동네곰은 모두의 친구랍니다.

속없이 다른 사람들에게 잘해주면 복을 받는 것이 아니라 스스로도 자기가 보잘것없이 여겨지기가 십상이고 다른 사람들로부터도 별로 존중을 받지 못한다는 이 이야기는 너무나 현실적이다. 현실이 그렇지 않은가. 그런데도 우리는 그것의 맹점을 찾아내어 가르치기보다는 선행·희생·미덕 같은 낱말들을 모호하게 꿰어놓으려고 하고 있다. 시대가 변하면 당연히 모랄도 변해야 하지 않는가. 우리는 더 이상 순종 이데올로기가 필요한 절대 군주나 봉건 귀족이 통치하는 시대가 아니라 법 앞에 만인이 평등한 현대 민주주의 사회에 살고 있다. 「동네곰 이야기」는 이 점을 분명히 하고 있다.

남들에게 잘하는 것이 더 이상 미덕이 아니라는 뜻이 아니라, 자기 주체성을 확립하지 못한 채 이리저리 끌려 다니다가는 스스로 "화가 나고 말아" 주체할 수 없어진다는 것을 알아야 한다는 뜻이다. 자기 정체성을 확립한다는 것은 다른 사람들과 보다 더 자유롭고 지속적인 관계를 유지하게 해준다는 것을 알아야 한다는 뜻이다. "하지만 여전히 동네곰은 모두의 친구랍니다"란 문장이 간단하게 그것을 설명해준다. 거의 우리 모두가 체험을 통해서 터득하고 있는 이러한 진리를 이처럼 명쾌하게 드러내어준 작품은 처음 만나보았다. 길들여진 사고를 뒤집어보게 하는 이 작품은 다만 여운을 남길 뿐 강렬한 아무 느낌도 독자에게 곧바로 전달해주지 않음으로써 독자로 하여금 생각하게 만든다. 좋은 텍스트는 좋은 사고를 낳는다. 나쁜 텍스트가 나쁜 사고를 낳는 것처럼.

리네아의

파리 여행 이야기

　인간의 성장에 여행만큼 귀중한 경험도 없다는 말에 동의하지 않는 사람은 그리 많지 않을 것이다. 그러나 요즘은 레저 문화가 마구잡이로 발달하여 가는 곳마다 콘도다 놀이 시설이다 하여 다 고만고만하게 비슷한 풍경을 이루고 있다. 그 속에 ‘머묾’다가 돌아온다면 여행이라는 것이 일상에서 떠난다는 아주 소극적인 의미로 축소되어버린다. 그렇게 되면 아이들은 여행을 처음부터, 어딘가로 가서 숙제와 각종 의무로부터 벗어나 맘껏 노는 것으로 이해하게 된다. 경주에 가든, 미국에 가든, 서울에 가든 제국주의적인 문화 침략의 냄새가 짙은 ‘미키 마우스’로 상징되는 롯데월드나 무슨 놀이동산, 디즈니랜드만을 찾는 아이들의 정신은 분명 무언가에 팔려 있다. 속도와 스릴과 순간적인 쾌감으로 정신을 묶어두는 상혼은 결과적으로 아이들의 눈과 귀를 막는 셈이다.

　『모네의 정원에서』[1]는 그렇게 해서 무디어진 아이들의 눈의 감각을 되찾아주기에 충분한 힘을 지닌 리네아라는 소녀의 여행 이야기이다. 리네아가 파리 여행을 결심하는 것은 모네의 그림에 나타나는 정원을 실제로 보고 싶은 욕망 때문이다. 모네의 그림과 삶의 궤적을 따라가는 리네아의 여행 이야기는 아이들로 하여금 모네의 그림에 가까이 다가가게 하는 안

1　크리스티나 비외르크 글, 레나 안데르손 그림, 김석희 옮김, 『모네의 정원에서』, 미래사, 1994.

내 역할을 훌륭하게 해내고 있다. 리네아의 관심의 궤적을 따라 세심하게 모네의 그림들을 재구성해놓은 이 책은 아이들로 하여금 모네 그림의 아름다움에 자연스럽게 눈뜨게 만들고 그림의 본질에 관심을 갖게 만든다. "수련 그림은 멀리서 보면 아름답습니다…… 하지만 가까이서 보면 물감이 덕지덕지 묻어 있을 뿐입니다." 이보다 더 간결하게, 이보다 더 적확하게 인상주의의 본질을 이야기할 수 있을까? 어린 소녀 리네아의 눈은 미술사라는 배경을, 미술 평론가들의 수사(修辭)를 가뿐하게 뛰어넘어 직접 모네의 그림과 만난다.

만일 우리 아이들에게 파리 여행을 시켜줄 기회가 온다면 우리는 파리의 무엇을 어떻게 보여줄까? 에펠 탑과 노트르담 성당과 개선문을 배경으로 사진을 몇 장 찍어주고, 루브르 박물관을 구경시키고 센강 위를 떠가는 유람선을 태워주고 튈르리나 뤽상부르 공원쯤 산책시키고 한국 음식점을 찾아 밥을 먹고 백화점에 들러 기념품 한두 개 정도를 사주지 않을까? 파리에서 가져온 그림엽서와 각종 입장권, 전철 티켓, 비둘기 깃털, 빨간색 표지의 파리 지도책, 만화경 등을 모아서 작은 포도주 상자에 넣어 파리 여행의 기념으로 간직하고 정리하는 리네아의 다음과 같은 깜찍한 독백을 읽으면서 나는 그런 생각을 했었다.

이제는 내가 파리와 모네의 정원에 갔다 왔다는 사실을 모르는 사람이 없답니다. 하지만 친구들이 "에펠 탑은 어땠니?" 하고 물으면, 나는 이렇게 대답한답니다.

"에펠 탑은 볼 시간이 없었어. 그보다 훨씬 중요한 것들을 봐
야 했거든……"

이 책의 커다란 장점은 모네의 그림에 다가간다는 눈의 즐거움 이외에
도 어느 한구석 모호한 데가 없고 지극히 아이다운 호기심을 충분히 충족
시키면서도 철저하게 실증적이고 합리적인 정신을 유감없이 보여주고 있
다는 점이다. 수많은 상징으로 오염된 파리의 화려한 풍경 앞에서 한 치
의 망설임도 없이 애초의 계획대로 파리의 쥐드폼 미술관, 마르모탕 미술
관을 찾아 자기가 좋아하는 모네의 꽃 그림들을 차근차근 구경하고 여정
의 마지막 하루까지 지베르니에 있는 클로드 모네 기념관을 다시 한번 방
문하는 당찬 리네아. 철저하게 계획하고 준비한 대로 실천에 옮기고 여행
후의 기억 정리에 이르기까지 자신의 주관을 뚜렷이 보여주는 리네아의
이야기에는 '논리' '창의성' '비판력' 같은 우리 아이들을 주눅 들게 만드는
낱말들이 상큼하고 또렷하게 직조되어 있다.

흔히 그림책은 그림을 읽어나가는 유아들이나, 글자들로 채워진 이야기
책을 읽을 만한 독서력을 갖추지 못한 초보 단계의 어린이 독자를 위한 책
으로 인식된다. 그런 점에서 본다면 『모네의 정원에서』는 새로운 개념의 그
림책이다. 우선 글이 여느 그림책에 비해서 양이 많고 글씨가 작아 저학년
어린이들이 읽기 어렵다. 글의 내용도 파노라마식으로 많은 것을 보여주기
보다는 아이들 특유의 좁고 구체적이면서도 나름대로 깊이 있는 시각을 보
여주고 있다. 뿐만 아니라 그림이라는 지극히 정적인 대상에 대한 호기심

을 발전시켜나갈 만한 끈기와 지력을 갖추어야 재미있게 읽어나갈 수 있다. 그러므로 이 책은 초등학교 고학년 어린이 정도라야 제대로 소화할 수 있을 것이다.

가출 소년 혹은

야생 소년

평범한 미국인 가정의 아들 샘 그리블리는 어느 날 집을 떠나기로 마음먹는다. 이 책[1]을 쓴 진 크레이크헤드 조지 여사도, 그의 어머니도, 그의 딸도 그리고 우리말로 옮긴 김원구 군도, 그리고 아마도 이 책을 펴드는 수많은 독자들도 집을 떠나 멀리 가서 혼자 살아보려는 욕망과 계획을 가졌던 적이 있을 것이다. 그들 중의 한 사람이 되어 나는, 옛날에 그리고 지금도 가끔씩 충동처럼 일어나는 어디론가 멀리 떠나서 살고 싶은 욕망에 흥분하며 그러나 또 한편으로는 만일 내 아이가 집을 나가버린다면 어떻게 할 것인가 두려워하며 찬찬히 이 책을 읽어나갔다.

초등학교 시절 조지 여사가 집을 나가겠다고 말했을 때, 그의 어머니는 칫솔과 엽서를 가지고 가는지 확인한 후 잘 다녀오라고 입을 맞춰주셨다고 한다. 그런 경험이 있는 그녀는 딸이 숲으로 도망가겠다고 말했을 때, 그녀 역시 칫솔을 챙겼는지 살펴주었을 뿐이었다고 한다. 조지 여사 자신이 그랬듯이 그녀의 딸도 몇 시간도 넘기지 않고 곧 집으로 돌아올 것을 알고 있었기 때문이다. 그러나 "샘 그리블리(이 작품의 주인공 이름)는 아니야"라고 못 이룬 꿈을 기억하면서 작가는 이 작품을 썼다.

샘 그리블리는 가출 소년이지만 문제 소년은 아니다. 샘이 숲속으로

---

1 진 크레이크헤드 조지 글, 김원구 옮김, 「나의 산에서」, 비룡소, 1995.

도망가서 살아보려는 것은 지극히 소년다운 발상, 어른이 되어서는 유지하고 있기 힘든 호기심과 모험심의 발로이다. 어느 날 결심을 하고 집을 나온 샘은 캐츠빌 산에 가서 나무를 파 집을 만들고, 매를 길들여 사냥을 하게 하는가 하면, 사슴을 잡아 가죽을 벗겨 직접 무두질을 해서 옷을 만들어 입으며, 야생 열매를 따먹고, 낚시를 하고, 덫을 놓아 잡은 토끼, 사냥꾼이 놓친 사슴으로 스테이크를 만들어 먹는 흥미진진한 야생의 생활을 한다. 십여 년이 넘도록 문명의 도시 생활에 길들여져 있던 샘이 '야생' 소년이 되어가는 것을 지켜보는 일은 몹시 흥미롭다.

식용 식물을 구별해내고, 동물들과 친해지고, 매를 길들여 사냥감을 찾아오게 하고, 성냥을 긋는 것만큼이나 자연스럽게 부싯돌로 불을 지필 줄 알게 되고, 동물들이 어떻게 서로 연락을 취하는지 알게 되며, 숲속의 아침이 오는 소리를 듣게 되고, 동물의 언어를 이해하게 되는 샘의 생활이 이 작품에는 지극히 사실적으로 그려져 있다. 이 모두가 사실일까 하고 끊임없이 두근거리면서 읽게 되는 이 책은 자연으로부터 멀리멀리 떨어진 생활을 하는 도시의 아이들을 숲속으로 데려가기에 충분하다. 끊임없이 관찰하고, 연구하고, 기록하는 샘의 이야기를 따라가다 보면 문명의 세계 속에서 나약해진 아이들이 원시적인 건강성을 옮겨 받을 것만 같은 생각이 든다. 『나의 산에서』에는 거대한 자연의 건강성이 숨 쉬고 있다. 이 책을 읽는 동안은, 미국이라는 공간이 가능하게 만드는, 바로 도시 곁에 있으면서도 사람의 손길이 닿을 수 없을 만큼 깊고 거대한 자연, 인간에 의해 파괴되지 않은 생태계가 살아있는 웅장한 숲속을 여행하는 느낌이 든다.

어른인, 그리고 아이를 기르는 입장인 나는, 이 책을 읽으면서 숨을 죽여서 샘을 지켜보았다. 그리고 샘을 이해해주는 길 잃은 고등학교 영어교사 밴도씨, 음악가 아론, 그리고 샘의 아버지의 반응을 눈여겨보았다. 샘의 생활 방식에 완전히 동의하는 밴도씨는 가출 소년에 대한 기사로 미국이 떠들썩함에도 불구하고, 샘을 찾는 어른들에게 도움을 주기는커녕 "기자들이 너무 많이 알아내면, 뉴욕 신문사에 전화해서 방향을 좀 틀어놓지"라고 말한다. 5월에 집을 나간 아들을 눈 덮인 숲속에서 찾아낸 샘의 아버지가 겨우 살아난 아들을 보고 하는 첫마디는 "메리 크리스마스"이다. 뿐만 아니라, 아들의 안녕을 확인하고 집으로 돌아가면서는 "다른 길로 가야겠어. 누군가가 내 발자국을 따라와서 너를 찾아낼지도 모르잖아? 그건 안 되지"라고 말한다.

믿을 수 없는 이해력이다. 우리나라 어른이었더라면 누구라도 샘을 찾아내어 부모의 품에 돌려주려고 필사의 노력을 했을 것이며, 우리나라 부모였더라면 아들을 부둥켜안고 펑펑 울음부터 쏟았을 것이다. 직설적인 자기 토로 방식. 열서너 살의 소년이 집을 나가 거의 일 년씩 돌아오지 않았다면 견딜 수 없이 걱정이 되는 것이 부모의 마음이지만, 그 소년이 거대한 숲속에서 나무에 집을 짓고 누구의 도움도 없이 야생의 생활에 성공했다면 부모로서 장하고도 자랑스러울 일이다. 전자가 감정의 몫이라면 후자가 이성의 몫이라는 것이 그 차이점이겠지만. 샘의 야생 생활을

책 밖의 어른 책 속의 아이

자세히 들여다본 사람들은 모두 다, 바깥 세계에서 '가출 소년' 혹은 '야생 소년'을 찾느라고 혈안이 되어 있는 사람들과는 달리 샘을 완벽하게 이해한다. 샘은 가출 소년도 야생 소년도 아닌 여느 누구와도 똑같은 소년이라는 것을. 무조건적인 사랑이 아니라, 이성이라는 단단한 기초를 가진 감정이 존중—아이들에 대한 존중, 샘의 욕망에 대한 존중—을 낳았을 것이고 그 존중이 작가로 하여금 이런 작품을 가능하게 하였을 것이다. 보호해줄 때보다 존중해줄 때에 아이들은 훨씬 크게 자란다⋯⋯

한마디만 덧붙이자면, 아마도 샘 정도의 나이일 옮긴이 김원구 군의 서툴고도 성실한 번역도 작품의 맛을 더한다. 초등학교 고학년 정도 아이를 가진 부모들, 그리고 모든 어른들이 모두 재미있게 읽을 수 있는 작품이다.

생활과 전통

그리고

문화

내 집은(나라는) 다른 어떤 곳보다도 내게 익숙하다. 우리 가족(민족)
은 다른 어떤 사람들보다도 내게 편안하다. 그래서 누구나 내 집(나라),
내 식구가(민족이) 좋다. 그리고 이런 말은 너무나 당연해서 사실은 할
필요가 없다. 그런데도 우리말이 외국말보다 우수하다, 우리 문화가 외국
문화보다 빼어나다, 우리 음식이 외국 음식보다 훨씬 맛있다 하는 목소리
가 높아지는 걸 보면 쓸쓸하기 짝이 없다. 우리 아이들에게는 외국 동화
보다는 우리 작가들이 쓴 창작 동화를 읽혀야 한다는 말을 들을 때도 마
찬가지로 기분이 쓸쓸하다. 왜 끊임없이 외국 것과 우리 것이라는 이분법
을 내세우는가. 아이들이 읽는 이야기 책 속에서 자신들과 동일시할 수
있는 인물들, 자신들과 비슷한 환경을 확인하는 것은 물론 중요하다. 그
러나 작품의 우열을 가리는 일보다도 더 먼저 그런 이유를 들어서 외국
작품은 제쳐두고 우리나라 작가들이 쓴 작품들을 골라서 읽어야 한다면
그것은 비극이다. 어리석기 짝이 없어 보이는 이런 말을 나는 할 필요가
있다고 생각한다. 우리 창작 동화가 부진한 것은 사실이지만 그것은 편집
인들과 작가들과 비평가들, 어디까지나 어른들이 힘을 합해서 질적 향상

을 도모할 일이다. 독자들은 정직하다. '우리' 작가들에게서 좋은 작품이
나오도록 하는 일에 어른들이 힘을 쓴다면 어린이 독자들에게 외면당할
리가 없다. 그러나 정작 그런 노력은 별로 눈에 띄지 않고 아이들에게 '우
리' 작품을 읽혀야 한다는 목소리만 높다. '우리 것'을 내세우는 데에 급급
하다 보니, 우리 것과 우리 것 아닌 것을 가리는 버릇이 생겨나고 은연중
에 배타주의에 물든다. '우리'로 뭉쳐서 힘을 기르는 모습은 아름답지만
우리 아닌 것을 배척하는 몸짓은 위험하다. 다음에 소개하는 작품들은 그
런 류의 흑백 논리에 빠지는 어리석음에서 벗어났다는 점에서 읽는 이를
기분 좋게 한다.

I. 조선과 일본 그리고 예술

손끝에 묻은 "일본 독"을 빼기 위해 "고구려, 백제, 신라, 가야의 지혜
가 한데 합쳐진" 경주에 정착, "우리 민족이 본래 가졌던 얼굴과 표정"을
자신의 인형에 담으려 애쓰는 공예가 수동이. 『신라 할아버지』[1]는 그 수
동이라는 인물이 공예가가 되기까지, 그리고 우리 문화를 설파하는 박물
관 학교의 선생님이 되기까지의 이야기를 조선과 일본 땅을 오가며 그린
작품이다. '신라 할아버지'라는 다분히 작위적인 제목, 그리고 "우리 문
화, 우리 정신, 우리 것을 소중히 여겨야 할 필요성을 잊고 있는 사람들
이 많은 것 같아 안타깝습니다…… 이 할아버지의 삶과 정신을 통해 우

---

1 박경선 글, 정승각 그림, 『신라 할아버지』, 지식산업사, 1995.

리 정신과 문화의 뿌리를 지켜나가는 생각을 가다듬어봤으면 하는 마음
이 간절합니다"라는 작가의 말은 어쩐지 이 작품이 독자에게 우리 문화를
일방적으로 주입하려는 것이 아닌가 하는 혐의를 갖게 했다. 그러나 그런
혐의는 작품을 읽어나가면서 말끔히 걷힌다. 일제 시대를 배경으로 펼쳐
지는 수동이의 삶의 이야기 자체가 독자를 집중시키는 힘이 있지만, 무엇
보다도 이 작품의 힘은 인형 만들기라는 소재에 있는 것처럼 보인다.

　36년간의 식민 통치 체험은 우리로 하여금 일본에 대하여 무조건 반
감을 가지게 만들었고 지리적으로 가장 가까운 이웃 나라이면서도 일본
에 대해 아주 무지하게 만들었다. 내 어린 시절을 돌이켜보아도 일본 하
면 대한 독립 만세를 외치는 '유관순 누나'를 무자비하게 공격하고, 독립
운동을 하는 우리나라 사람들을 탄압하는 총칼 찬 순사들이 떠오른다. 내
가 읽은 어떤 교과서도 동화책도 다른 모습의 일본 사람들을 보여주지 않
았다. 그러니까 일본 사람은 공격적이고 나쁘고, 우리나라 사람은 선량
하고 점잖다는 것이 거의 공식처럼 어린 내 머릿속에 박혀 있었다. 그리
고 그런 사정은 우리 아이들에게서도 크게 다르지 않다. 『신라 할아버지』
에는 일본 사람들이 많이 나온다. "광주 학생 석방하라"를 외치는 조선의
학생들을 총칼로 때리는 순사도 나오고, 걸핏하면 "조센징은 할 수 없다"
며 조선 학생을 업신여기는 교사도 나오지만 위험을 무릅쓰고 도항증을
끊어주는 경찰서장이 등장해 수동이로 하여금 "이때껏 웃을 줄 모르는 얼
굴, 총칼을 들고 괴롭히는 게 일본 순사라는 생각을 고쳐"준다. 또한, 처

음 일본 땅을 찾아가느라 모든 것이 서툰 수동이를 도와주는 마음씨 좋은 일본인들도 많이 나온다.

수동이가 일본에 간 것은 인형 만드는 법을 배우기 위해서였고, 어려움을 참아가며 노력한 끝에 인형 공예 작업 속에서 가와바다 그리고 나카노코담과 진정으로 만나게 된다. 인형을 만드는 일 속에는 수동이와 가와바다 혹은 나카노코담에게 조선인과 일본인이라는 구별이 없다. 그들은 다 같이 인형을 만드는 사람일 뿐이다. 그들에게 분류가 필요하다면 조선인과 일본인이 아니라 인형 만드는 사람과 그렇지 않은 사람이라는 구별일 것이다. 인형을 만드는 그들에게는 예술가 의식이 있다. 예술 속에서 작가는 일본과 조선(그리고 아마도 한국)이 화해하기를 바란다. 그래서 수동이의 꿈속에서 "조선 인형과 일본 인형이 서로 어깨를 두드리며 악수를 나"눈다. 그리고 이렇게 말한다. "따져보면 우리 일본보다 너희 조선이 더 훌륭한 점이 많아." "아니, 너희 일본도 좋은 점이 많아." 일본과 한국의 화해는, 허구임에도 불구하고 꿈에서나 가능한 일이다. 꿈일망정 "우리나라 사람과 일본 사람이 나란히 어깨를 겨루고 함께 손잡고 살 날"을 그리는 작품은 지극히 드물다. 박경선의 좋은 점은 흑백 논리에 빠지지 않도록 정신이 깨어 있다는 점이다.

예술가를 바라보는 작가의 시선을 보아도 그 점은 확인된다. 가와바다 씨는 술만 마시면 주정을 해대고 기자들이 찾아와 인터뷰를 하는 공예가 누님의 성공을 시샘하여 그녀를 쫓아내기까지 하는 치기어린 행동을 보인다. 죽은 지 십 년이나 되는 아내를 잊지 못하는가 하면 "물건이나 사람을 한 번 미워하는 병이 들었다 하면 한동안 그 마음을 아무도 주체할 수가 없"다. 그러나 작가는 이처럼 "예술가의 나쁜 기질"만 보여주는 것은 아니다. 나카노코담의 입을 빌려 전쟁 인형을 만들어 돈을 벌자는 조카에게 "난 장사꾼이 아닌 예술가야. 예술가의 할 일이 뭐니? 전쟁 중에 있는 사람들 마음에도 평화를 심어주어야 해"라고 말한다. 또, 한 달이 걸려 제작한 불상을 운반 과정에서 수동이가 깨뜨리자 조용히 방안으로 들어가 불경을 외우며 화를 가라앉히는 나카노코담의 모습을 보여주기도 한다. 야단을 맞지 않고 오히려 더욱 크게 뉘우치는 수동이에게 하는 다음과 같은 말은 작가가 이 작품 전체를 통해서 하고 싶은 말인지도 모른다. 우리 한국 사람들이 일본 사람들을 어떻게 대해야 하는지에 대해서.

> "내가 화를 내어 꾸짖었다면 수동이 양반에게 교훈이 될 수 없었을 거예요. 화를 내어 말하는 건 어느 때라도 감동을 줄 수 없지요."
> 수동이는 비로소 알았습니다. 화를 가라앉히고 상대를 용서한 뒤에 하는 이야기는 어떤 이야기라도 감동으로 받아들여진 다는 사실을……[2]

이처럼 입체적인 작가의 시선은 일본과 우리나라를 새롭게 생각하게 하고 "예술가의 길이 얼마나 힘들고 외로운 길인가를 마음속에 심어"준

---

2 박경선 글, 앞의 책.

책, 밖의 어른 책 속의 아이

다. 그뿐만 아니라 수동이가 임종을 지키지 못한 어머니의 상을 당하여 고향에 내려가 관에 흙을 뿌리면서 흙은 늘 사람과 함께 있다는 걸 깨닫는 동시에 흙으로 인형을 빚는 일의 소중함을 되새기는 장면을 통해서 예술을 삶이나 죽음과도 연결시켜서 보여준다. 일본에 가서 배운 탓에 수동이의 인형에서는 어딘지 일본의 냄새가 난다. "아름다움이란 그 고장에서 싹이 터서 그 고장에서 자라나 그 고장에서 꽃이 피는" 것이라는 고유석 박물관장의 가르침과 "수동아! 네가 죽고 죽어 일백 번 고쳐 죽어도 공예가로서의 네 꿈은 버리지 말아라. 뜻을 세우려면 세상에 어떤 일이라도 쉬운 게 없느니라"라는 포은 선생 유적지에서의 깨달음을 통해 손끝에 묻은 일본 독을 빼내고 아이들에게 우리 문화의 아름다움을 전하는 박물관 선생님이 되는 다분히 도식적인 구조의 이야기가 작품성을 획득할 수 있었던 것은 작가가 진지한 태도로 사태의 표면적 묘사에 머물지 않고 입체적인 시선으로 사물의 본질을 건드리면서도 흑백 논리에 빠지지 않았기 때문이다. 배타주의의 편협함에 갇히지 않은 이 작가에게서 우리 어린이 문학의 밝은 미래 한 자락이 보인다.

II. 마음의 탈을 벗고

혈연·지연·학연 등을 중심으로 우리는 크고 작은 집단으로 묶이기를 좋아한다. "뭉치면 살고 흩어지면 죽는다"는 절박함으로 모여서 '우리'가 되는 행위는 필연적으로 우리가 아닌 이들을 배제한다. 모여서 살아가는 모습은 아름답지만 모이지 못하는 이들을 소외시키는 몸짓은 위험하다. 우리와 우리 아닌 것이라는 흑백 논리를 만들어내기 때문이다. 우리 것 아닌 모든 것을 남의 것이라는 하나의 개념만으로 묶어버리는 우를 범하게 되기 때문이다. 하회탈은 우리 것이다. 하회탈을 만드는 아버지를 가진 찬이의 이야기 『탈을 쓰는 아이들』[3]은 우리 것을 얘기하면서 우리 것과 외국 것의 대립이라는 도식에 아주 갇혀 버리지 않고 우리 것 속으로 길을 내어 들어가고 있다.

찬이의 아버지는 안동에서 하회탈을 만드는 사람이었다. 어려서부터 하회탈 별신굿놀이에 빠져 있던 그는 중학교도 가지 않았다. 친구들이 학교에서 공부를 하는 동안 집에서 탈을 만들고 하회별신굿 탈놀이를 배웠다. "뭐든지 한 가지만 제일 잘하면 된다는 생각으로." 그렇게 탈 만들고 탈춤 추는 데에 자신을 송두리째 쏟아 붓던 찬이 아버지는 대학 나와 탈을 연구하겠다며 남촌이라는 호까지 달고 외지에서 흘러들어온 젊은이에게 밀려난다. "손에 물집이 생기고 부르트도록" 깎고 "혼을 넣어" 만든 그의 탈은 "질이 부드러운 수입한 나무를 기계로 깎"은 매끈한 남촌의 탈에 밀려났다. "전문적인 지식이 없는 관광객들은 미끈하고 아름다운 탈을 찾았"기 때문이다. 이런 것이다, 현실은. 그리고 아버지의 실패는 아이들을 비껴가주지 않는다.

자신이 "남촌에게 밀려난 것은 배움이 부족한 탓"이라고 믿는 찬이 아버지는 아들에게 부자탈을 씌워준다. 가난을 감추기 위해 찬이는 금시계,

---

3 김상삼 글, 이우경 그림, 『탈을 쓰는 아이들』, 두산동아, 1996.

유명 상표의 옷과 신발을 걸치고 다닌다. 겉으로 보기에는 영락없는 부잣집 아이다. 하회마을에서 자란 찬이는 탈에 익숙하다. "사람들은 누구나 어른이 되면 탈을 쓴다"는 것을 알고 있을 정도로. 초랭이, 양반, 선비, 부네, 이매 등 하회탈 놀이의 인물들을 친구들 별명으로 붙여줄 만큼. 부자탈을 쓰고 찬이는 대장 노릇을 한다. 그러나 고개를 젖히면 웃는 모습, 고개를 숙이면 화내는 모습으로 보이는 양반탈을 꼭 닮은 욱이가 새로 전학 오면서 대장 자리가 흔들린다. 아이들의 관심이 욱이에게 쏠리는 것을 느끼면서 찬이는 "지고도 부르는 만세" 같은, "때리고도 진"것 같은 싸움을 하게 된다.

아이들이 하나둘 욱이 편이 되자 찬이는 부자탈을 벗고 외톨이탈을 쓴다. 외톨이탈을 쓰고 미움의 벽을 높게 친다. 탈을 쓰고 탈만을 보던 찬이는 누구나 하나쯤 쓰고 다니는 탈을 쓰지 않은 욱이로 인해서 탈을 벗고 싶어진다. 찬이는 욱이에게, 탈에 자기를 걸었던 아버지 그리고 탈에서 밀려난 아버지 이야기를 다 털어놓고 "탈을 벗은 기분"이 된다. 탈을 벗으니 자존심도 떠나고 "누구에게도 마음을 열 수 있을 것 같"아진다.

찬이와 욱이가 탈을 벗고 만나서 탈을 찾아, 하회 별신굿 탈놀이를 찾아 안동으로 떠난다. 선비 정신으로 완강하게 선비탈을 벗어던졌던 찬이 아버지는 다시 탈을 쓴다. 학예회 연습을 하느라고 하회 별신굿 탈놀이가 한판 어우러지는 춤마당에서 탈을 쓰고 춤을 추는 아이들, 마음의 탈을 벗는 어른들.

『탈을 쓰는 아이들』의 '탈'이 하회탈 놀이의 탈일뿐만 아니라 하나의 메타포로도 쓰이고 있어서 얼핏 어렵다는 생각이 들지만 작품이 묘사나 심리 분석에 치중하지 않고 사건 중심으로 끊임없이 이야기가 펼쳐지기 때문에 아이들의 주의력을 충분히 집중시킨다. 초등학교 3학년 이상이면 읽을 수 있다.

III. 샌드위치와 쑥개떡

『이게 뭔지 알아맞혀 볼래?』[4]의 한광이는 아파트에 살면서, 엘리베이터를 타고 오르락내리락거리면서 유치원에도 가고 친구 집에도 가는 전형적인 도시 아이다. 도시 아이답게 소시지와 샌드위치 같은 간식을 즐겨 먹는다. 아파트 옆 동네, 마당 있는 집에 사는 한광이 친구 둥치네 집에는 똘똘이라는 개를 기른다. 똘똘이에게 갖다 주려고 한광이는 엄마가 만들어준 샌드위치 속에서 소시지를 빼내어 주머니에 넣고서 신나게 둥치네 집으로 향한다. 가는 길에 만난 둥치네 시골 할머니. 손자네 집을 못 찾고 헤매는, 꼭 마귀 할머니 같은 인상의 그 할머니에게 길을 일러드리던 한광이는 똘똘이랑 둥치랑 놀 계획을 포기하고 돌아선다. 그런 한광이에게 할머니가 고마움의 표시로 쥐어준 쑥개떡 한 개. 생전 처음 보는 물건을 들고 다니며 동네 친구들과 궁리를 해보아도 한광이는 그것이 무엇에 쓰는 것인지 알 수가 없다. 그 개떡을 알아보는 것은 역시 동네 할아

---

4 박완서 글, 이혜리 그림, 『이게 뭔지 알아 맞혀 볼래?』, 미세기, 1997.

버지. 페이지 가득 그려진, 한 입에 개떡을 넣은 할아버지의 행복하기 그지없는 표정. 할아버지의 얼굴을 보면서 아깝고도 억울한 마음으로 한광이는 돌아서서 냅다 둥치네 집으로 뛰어간다. 결국 쑥개떡을 간식거리로 등장시킴으로써 우리 것에 대한 애정을 환기시키고 있는데, 생전 처음 보는 쑥개떡이라는 '물건'을 맛있는 간식거리로 발견하게 되는 한광이의 이야기가 읽는 이의 마음에 쏙 들어오는 것은 군더더기가 하나도 없는 글이 아이들 마음을 바로 곁에서 읽어주고 있기 때문이다. 이 작품의 미덕은 무엇보다도 우리 것은 좋은 것이고 인스턴트식품이나 서양 음식은 몸에 좋지 않고 우리 입맛에도 맞지 않는다는 식의 경고성 발언이 하나도 없다는 점이다. 그런 직설적인 얘기는 쏙 빼고 익살스런 그림과 글로 아이들 마음을 사로잡은 것은 좋은 어린이 책이 갖추어야 할 필수 요건을 갖추고 있다는 뜻이다. 5~7세 어린이에게 읽어주기에 적당하다.

개들에 의한

인간에 대한

사유

"두칠아, 세상에서 제일 믿을 수 없는 게 뭐라고 생각하니? 나는 자신 있게 말할 수 있어. 그건 사람이야. 너에게 이 말을 꼭 해주고 싶었어. 절대로, 절대로 사람을 믿지 마." 『머피와 두칠이』에서[1] 싸움 개 출신 허크가 두칠이와의 싸움에서 지고 난 후 팔려가기 전에 두칠이에게 남긴 말이다. 동네에서 가장 힘센 허크가 두칠이에게 진 것은 "허크 뭐 햇? 목을 물어! 물어뜯어!" 하고 소리치던 주인집 아들 태식이 때문이다. 사람을 위해서 싸우고 싶지 않았던 것이다.

사람에 의해 팔려가고, 사람을 위해 집을 지키고, 사람의 변덕에 따라 매도 맞고 사랑도 받는 것이 개의 당연한 운명인 줄 알던 두칠이는 허크가 팔려가고, 해피가 잔칫날 고기로 쓰이기 위해 매맞아 죽고, 자신의 주인아저씨가 쓰러지는 바람에 개소주가 될 운명에 처하자 결연히 마을을 떠난다. 자유를 찾아서. 사랑하는 옆집 개 머피와 함께 들짐승이 되어 행복하게 살기 위하여. 슬픔은 언제나 사람들이 몰고 다닌다며 어떡하든 사람을 멀리해야 된다고 말하던 들고양이 북두칠성을 숲에서 우연히 만났던 것이 도움이 되었다.

---

1 김우경 글, 송진헌 그림, 『머피와 두칠이』, 지식산업사, 1996.

그러나 "사람보다 더 나쁜" 개 사육장 총감독 망치를 만나면서 두칠이는 또다시 곤경에 처한다. "사람의 앞잡이가 되어 사람보다 더 사납게 굴며 주인에 대한 충성심으로 똘똘 뭉쳐 있는 사람보다 더 무서운" 개. 죽기로 싸운 덕에 머피만 겨우 도망시키고 두칠이는 꼼짝없이 잡히고 만다. 그러나 그렇게 순순히 사람들의 손에 넘어가 죽을 두칠이가 아니었다. 개장수에게 팔려가기 위해 쇠사슬을 푸는 날을 기하여 집단 탈출을 하는 길밖에 없다며 두칠이는 개들을 설득한다. 우여곡절 끝에 몇 마리 개들과 함께 장터에서 극적으로 탈출, 북두칠성을 찾아간다.

가슴 두근거리는 이 이야기를 읽고 나자 나는 개 한 마리만 사달라고 몇 년째 조르고 있는 우리 아이들에게 미안한 생각이 들었다. 개들과 친구하고 싶은 욕망을 내가 과연 원천 봉쇄할 수 있는 권리가 있는가 하는 생각이 들어서. 그리고 다음 순간 또 개들에게 미안한 생각이 들었다. 나는 과연 개들의 의지와 전혀 상관없이 개들을 돈으로 사와도 되는 것인가 하는. 한 편의 동화가 사람을 이렇게 순진하게 만들어주는 것은 흔히 있는 일이 아니다. 그러나 이 작품의 장점은 주제의 묵직함이나 구성의 치밀함에만 있는 것이 아니다. 어린이 책에서는 자칫 지루해질 수 있는 묘사 문장이 이 작품 속에서는 너무나도 정겹고 아름답게 살아 있다. 개들의 눈에 비친 자연을 묘사한 단순하면서도 빙그레 웃음이 떠오르게 만드는 서정적인 문장들을 읽어나가면서 인간이 얼마나 자연에서 멀리 떠나 있는지 새삼 깨달았다. "비싸냐 싸냐, 순종이냐 잡종이냐, 외제냐 국산이냐, 진짜냐 가짜냐"를 따지며 "눈에 보이는 것은 무엇이든 둘로 갈라놓으려드"는 인간들에 아랑곳하지 않는 외국산 순종 머피와 똥개 두 칠이의 사랑 이야기라는, 당의정 같은 이 이야기를 읽고 나서 나는 이런 생각을 했다. 인간은 자연의 일부다. 아이들은 어른들보다 더욱 그렇다. 그리고 개들은 아이들보다도 더욱더 그렇다.

나쁜 어린이 표 대

나쁜 선생님 표

열린 교육이 이야기되기 시작한 지 수년이 지났지만 훈육과 복종은 여전히 학교 내의 지배적인 이데올로기다. 단지 그 상징이 회초리에서 스티커로 바뀌었을 뿐 교사와 학생 사이의 두터운 벽은 여전하다. 회초리든 스티커든 아이들을, 생각하지 않게 하고 선생님의 의도에 복종하게 한다는 점에서는 똑같다. 복종하기를 먼저 배운 아이들은 생각하지 않기에 길들여진다. 이것이 우리의 현실이다. 그래서 그런지 우리나라 작가가 쓴 작품 속에서는 나름대로 생각할 줄 아는 아이를 만나기가 쉽지 않다. 그런 점에서 황선미의 『나쁜 어린이 표』[1]에 나오는 건우 같은 아이가 유난히 눈에 띈다.

건우네 담임 선생님은 "절대로 매를 들지 않는" 대신 아이들에게 착한 어린이 표와 나쁜 어린이 표를 나눠준다. 거기에는 물론 나름대로의 원칙이 있다. 그러나 그 원칙은 오로지 교사의 편의라는 함정에 빠져 있다. 황선미의 뛰어난 점은 교사들이 자각하지 못하고 행하는 이러한 비물리적인 폭력을 고발했다는 사실보다는 건우에게 '나쁜 선생님 표'를 만들게 하는 그 기발한 방식에 있다. "나쁜 선생님 표 하나!(고자질한 애한테도 나쁜 어린이 표를 줘야지요.)/나쁜 선생님 표 둘!(싸움은 지연이가 먼

---

1 황선미 글, 권사우 그림, 『나쁜 어린이 표』, 웅진주니어, 2000.

저 시작했어요.)/나쁜 선생님 표 셋!(저도 발표 좀 시켜주세요.)/나쁜 선생님 표 넷!(창기는 떠든 게 아니라 수학 문제를 물었을 뿐이에요.)"

『나쁜 어린이 표』가 돋보이는 점은 또 있다. 건우가 비밀리에 수첩에 적어두던 '나쁜 선생님 표'가 선생님 손에 들어가는 상황 처리가 선생님이 잘못을 뉘우치고 건우와 선생님 사이에 훈훈한 공감대가 생긴다는 식의 뻔한 도식, 손쉬운 감상에 기대어 있지 않다는 점이다. 너무나도 아이답게 여전히 '나쁜 어린이/착한 어린이'의 강박에서 벗어나지 못한 건우와 너무나도 교사답게 훈육이라는 입장을 고수하는 선생님. 하지만 분명히 변화는 일어난다. 이제부터 건우네 반에는 "갑자기 나쁜 어린이 표가 없어"질 것이다. 건우의 '나쁜 선생님 표' 덕분에. "네 덕분에 애들을 가르치기가 더 힘들겠구나"라는, 아이를 훈육 대상이 아니라 대화 상대로 보는 선생님의 말, 그리고 '우리끼리 비밀'이라는 이 장의 제목은 건우와 선생님 사이에, 아니 건우네 반 전체에 일어나게 될 변화를 멋지게 보여준다. 사회 비판적인 시각을 담은 작품은 더러 있다. 그러나 그것을 이처럼 어린이의 눈으로 생생하게 표현한 작품은 좀처럼 찾아보기 힘들다.

책 밖의 어른 책 속의 아이

한국적인,

너무나

한국적인

시골에서 전학 온 아이 최영대. 빨지도 않는 언제나 똑같은 옷에다 실내화도 신지 않은 맨발의 말이 없는 아이. 꾀죄죄한 모습, 내리깐 눈, 숙인 고개. 『내 짝꿍 최영대』[1]의 이런 영대를 반 아이들은 따돌린다. 양식이 있는 성인이라면 자기보다 약한 처지에 있는 사람에 대해서 동정심을 가지는 것이 정상일 것이다. 그러나 아이들은, 불구이건 기형이건 불우한 환경의 아이이건 불쌍한 아이들을 서슴없이 놀려댄다. 놀려대면서 쾌감을 느낀다. 영대네 반 아이들도 예외가 아니다.

반 아이들 모두가 "굼벵이 바보!" "엄마 없는 바보!"라고 놀리는데도 영대는 말이 없다. 엄마를 여의고 난 후 실어증에 걸렸는지 "할 수 있는 말이 몇 안" 되는 아이다. "생각해보면 불쌍한 아이였지만" 영대네 반 아이들은 모두 영대를 따돌린다. 걸핏하면 가방을 뺏고, 우유를 엎지르게 만들고, 화장실 청소를 시키고, 심지어는 영대를 세워놓고 남자아이들이 모두 한 대씩 때리기도 한다. 영대는 코피가 터지고 눈가에 시퍼런 멍이 든다. 그래도 말이 없다. 울지도 않는다.

---

1 채인선 글, 정순희 그림, 『내 짝꿍 최영대』, 재미마주, 1997.

친구들한테 그렇게 못된 놀림감이 되면서도 울지도 웃지도 않는 영대. 속수무책으로 아이들에게 당하기만 하는 영대. 선생님도 몇 번 아이들을 야단치다가 가만 내버려둔다. 어쩌자는 것일까, 이 아이들은. 선생님은 또 어째서 그렇게 소극적인 것일까. 남자아이들 모두가 영대를 한 대씩 때리는 장면에 이르러서 나는 충격을 받았다. 아이들이 무서웠다. "왜 애를 때리냐고 나랑 여자아이들이 말렸지만 남자아이들은 눈을 흘기며 우리한테도 으르렁거렸어요. 영대는 코피가 터졌어요. 눈 주위에 시퍼런 멍도 들었어요. 그래도 울지 않았어요. 노려보기만 했어요. 나는 무서웠어요. 남자아이들도 무서웠고 영대도 무서웠어요" 하고 말하는 영대 짝꿍처럼 무서웠다. 도대체 이 아이들은 어디서 배운 것인가, 이런 폭력을.

일방적으로 친구들에게 당하기만 하면서도 노려보기만 할 뿐이던 영대가 울음을 터뜨리는 사건이 일어난다. 수학 여행지에서다. 모두가 들뜬 기분으로 떠난 수학여행. 즐거운 분위기에 아이들도 영대 놀리는 일에 열심이지 않다. 영대도 "가끔 미소를 띠"기도 하고 얼굴이 "햇빛을 받아 환히 빛나"기도 한다. 아이들이 모두 밥을 더 먹을 때는 "영대도 더 먹"는다. 그렇게 슬그머니 아이들 속에 섞일 것 같던 영대가 어둠 속에서 "으앙!" 하고 울음을 터뜨린 것은 모두가 잠자리에 누운 채 선생님이 나가시기를 기다리던 시간이었다. 자지 않고 있던 아이들 사이에서 방귀 소리가 나자, 누구 방귀 소리냐고 반 장난으로 호통을 치는 선생님에게 반장이 영대를 가리키며 "이 애요. 엄마 없는 바보 말이에요"라고 소리쳤을 때였다.

그렇게 터진 영대의 울음은 멎을 줄을 몰랐다. "영대가 울 수 있다는 걸 몰랐"던 아이들은 깜짝 놀라서 사과를 하기 시작했지만 아무도 영대의 울음을 그치게 할 수는 없었다. 선생님도 영대를 달랠 수 없었다. 화가 난 선생님이 아이들에게 벌을 주고 벌을 서다가 아이들이 하나 둘 울기 시작하고, 점점 우는 아이들이 많아지다 결국은 모두가 주저앉아 운다. 선생님도 따라 운다. 구경 온 다른 반 아이들도 울먹울먹한다. 아이들은 (선생님도 함께) 모두 다 같이 "울음바다가 되어버린 방에서 마음껏 울었"다. "그저 울기만" 했다. "모두 영대 마음이 되어 영대처럼 울기만" 했다. 울다가 잠이 들 때까지.

잘잘못도 가리지 않고, 아무것도 따지지 않고 다 같이 하나가 되어버린 울음. 영대를 못살게 구는 아이들을 어쩌지 못한 자신을 참지 못한 듯 화를 터뜨리며 아이들에게 전체 기합을 주는 선생님. 모두의 감정이 터져버린 클라이맥스답게 전체 분량이 47쪽에 이르는 이 그림 동화는 영대의 울음으로 시작해서 아이들 모두가 주저앉아 우는 '울음바다'에 8쪽을 할애하고 있다. 충분한 여백, 감정이 흠씬 묻어나는 수묵화, 그리고 무엇보다도 글 쓰고 그림 그린 이들에게서부터, 등장하는 아이들과 선생님을 거쳐서 읽는 이에게까지 전해져오는 울음에 이르기까지 한국적인, 너무나도 한국적인 정서적 일체감.

다음날 아침, 눈물이 모두 빠져나가 가벼워진 몸과 마음으로 아이들이 저마다 다가와 달아준 '축 국립 경주 박물관 관람 기념' 배지가 영대의 티

셔츠에 가득하고, 손에는 사탕 몇 개까지 든 영대의 모습을 담은 조용하면서도 환하게 밝아진 그림을 보면 갑자기 신이 난다. "잊을 수 없는 '축국립 경주박물관 관람 기념'이었"다는 영대 짝꿍의 귀여운 말투에 아이들처럼 까르륵 웃고 싶어진다. 영대 짝꿍의 가뜬하고 호흡이 빠른 듯한 말투에 실린 결코 가볍지 않은 내용의 글, 시종일관 차분하고 사실적인 그림이 마음에 확 와 닿는 이 책의 마지막 장을 덮고도 오래도록 영대는 내 마음 한구석에 남아 있었다. 그리고 한참 후 깨달았다. 그것은, 가끔씩 그림 작가가 크게 그려준 그림만이 영대를 주인공답게 만들어주고 있을 뿐 아이들도, 선생님도, 작가도 아무도 『내 짝꿍 최영대』의 주인공인 영대에게 말을 걸지 않았기 때문이라는 것을.

책 밖의 어른 책 속의 아이

독재와

폭력을 지켜보는

아이들

얼마 전 번역된 『말의 미소』를 쓴 작가 크리스 도네르가 다른 작가들과 뚜렷하게 구별되는 것은 어린이를 위한 책이라고 해서 현실에 수많은 생략을 가하지 않는다는 점 때문이다. 사람 사는 풍경에는 아이와 어른이 적당히 섞여 있다. 어른들이 아이들을 충분히 지켜보지 않는 것은 아이들의 존재가 어른들의 삶을 지배할 수 없기 때문일 것이다. 그러나 아이들 쪽에서 보면 문제는 다르다. 끊임없는 관찰과 모방으로 아이들은 어른이 되어간다. 어른들이 만들어내는 세상이 자신들의 삶을 지배하기 때문이다. 복잡한 인간사의 여러 컨텍스트에서 벗어나 있는 아이들의 시선은 단순해서 정곡을 찌른다. 바로 『내 친구는 국가 기밀』[1]의 경우가 그렇다. 주인공인 프랑스 대사 딸의 시선을 따라가다 보면 따끔따끔한 웃음이 독자를 콕콕 찌른다. 어른들이 무서워서 벌벌 떠는 독재라는 것이 얼마나 우스꽝스러운지를 어린아이 특유의 단순하고 직설적인 언어를 통해서 유감없이 보여주기 때문이다.

작게는 여럿 중에 한 아이를 따돌리는 놀림에서부터 크게는 이지메에

---

[1] 크리스 도네르 글, 이방 포모 그림, 김경온 옮김, 『내 친구는 국가 기밀』, 비룡소, 1997.

이르기까지 아이들 세계에서 폭력은 심각한 문제가 되고 있다. 『속죄양의 아내』[2]는 아이들의 폭력을 목격한 어느 교사가 만들어낸 이야기다. 자신들의 문제를 속죄양에게 뒤집어씌우는 모든 동물들의 폭력과 힘 있는 속죄양이 힘없는 아내를 향해 휘두르는 폭력의 이중 구조가 얽혀 있는 이 이야기는 결코 단순하지 않다. 악순환의 고리를 벗어나기 힘든 폭력의 문제에 섣부른 해답을 제시하려 하지 않고 아름다움에 대한 감동으로 폭력이 스스로 잦아들게 만든 『속죄양의 아내』 이야기는 예술의 본질을 생각하게 만드는 묵직한 여운을 남긴다.

---

2   아네스 데자르트 글, 윌리 글라조에르 그림, 김경온 옮김, 『속죄양의 아내』, 비룡소, 1997.

대단하고

근사하고

겸허한 돼지

　대개의 어른들은 아이들을 생각하면서 동화를 읽는다. 나도 그랬다. 그런데 언제부턴가 어떤 동화들은, 읽고 있노라면 나와 아이의 경계가 흐릿해지는 걸 느끼게 한다. 너무나도 당연한 얘기지만 아이도 어른도 인간이라는 동일한 존재이기 때문에 그렇고 동화도 소설도 다 같이 '문학'이기 때문에 그렇다. 『샬롯의 거미줄』[1]은 그런 동화 중의 하나다.

　너무 작게 태어났다는 이유 하나로 죽을 뻔한 꼬마 돼지가 "너무 불공평"하다며 항의하는 여자아이에 의해 목숨을 건지고, 샬롯이라는 이름의 거미에 의해 "대단한 돼지" "근사한 돼지" "눈부신 돼지" 그리고 마침내 "겸허한 돼지"가 되는 이 이야기는 무엇보다도 샬롯과 윌버가 서로의 삶을 '승격'시켜주는 굉장한 우정의 이야기다.

　나무와 하늘과 햇빛과 바람으로 감지되는 시간의 흐름, 친구의 죽음을 유보하기 위해 '아둔한' 인간을 감동적으로 속이는 거미의 죽음, 이기적인 현실주의자 템플턴(쥐), 그리고 능수능란한 몇 마디 말을 통해서 템플턴을 움직이는 늙은 양…… 주커만 씨의 농장 헛간에서 일어나는 이들의 삶

1　엘윈 브룩스 화이트 글, 가스 윌리엄즈 그림, 김화곤 옮김, 『샬롯의 거미줄』, 시공사, 1996.

을 지켜보노라면 누구라도 빛과 소리와 냄새들이 만들어내는 아름다움에 민감해진다. 그리고 언뜻언뜻 윌버처럼 "편안하고 행복"한 것 같은, "삶을 사랑"하며 "자신이 세상의 일부라는 것이 아주 기쁜" 것 같은 생각이 든다. 이처럼 시종 부드러움과 진지함으로 일관하고 있는 이 작품은 거친 일상 속에서 상대적인 가치관에 휘둘리는 현대인들에게 기억 속에 묻혀 있던 오래된 진실들을 가만히 드러내 보여준다.

책 밖의 어른 책 속의 아이

추상과

일상

두 권의 동화는 제목에서 볼 수 있는 것만큼이나 극과 극이다. '생명의
저울'은 생명이라는 추상적인 낱말과 저울이라는 구체적인 낱말이 만난
비유적인 표현이고, '개 한 마리 갖고 싶어요'는 모든 아이들의 일상적인
소망을 담고 있는 한마디 말이다.

『생명의 저울』[1]에는 아이들이 등장하지 않는다. 불교 경전에 실린 이
야기들을 추려서 실은 이 이야기들에는 수행자들과 신들과 동물들이 등
장한다. 모든 우화들이 그렇듯이 이 작품들도 읽는 이를 단번에 빨아들
이는 흡인력이 있다. 이야기 속으로 빨려 들면서 읽는 이는 '사람은 동물
을 마음대로 해도 되는 것일까' '코끼리에게 새끼를 잃은 메추라기는 그렇
게 잔인하게 코끼리를 죽여야 했을까' '다른 나라로 도망가서 거짓말을 하
고 왕의 스승이 된 노예 가라가의 행동은 나쁜 것일까' '남들이 바보라고
업신여기는 사람은 정말 아무것도 할 줄 모르는 바보일까' 등등의 생각을
하게 된다. 그런 물음들은 눈에 보이지 않기 때문에 잊고 살지만 매일매
일 우리들의 행동과 생각을 지배하는 어떤 원칙들에 관계되는, 보다 본질
적인 문제들이다. 일상의 번잡함을 떠나 본질을 만나러가는 일의 싱그러
움 그리고 조용함.

---

1 김경호 엮음, 신혜원 그림, 『생명의 저울』, 푸른나무, 1997.

『개 한 마리 갖고 싶어요』[2]에는 아이들이 들어 있다. 허구의 세계 특유의 모험도 드라마틱한 사건 전개도 없지만 아이들의 몸짓과 언어가 들어 있다. 어른들에 비해 불완전한 존재인 아이들의 단면적이고 단세포적인 시각이 그려내는, 어른들은 모르는 아이들의 세계. 눈에 보이고 손에 잡히는 매일매일의 생활 속에 단단히 뿌리를 내리고 있는 이 작은 이야기들을 읽어나가는 아이들은 거울을 들여다보듯 자신들의 마음이 언어화된 것을 발견하는 유쾌함을 누릴 것이다. 그리고 어른들은 어른 중심의 질서 속에서 영위하는 생활 속에서 충분히 들여다보지 못하는 아이들 마음의 갈피갈피를 뒤적이는 여유를, 그 속에서 커지는 아이들에 대한 애정을 확인할 것이다. 일상 속으로 끌어들인 언어의 세계 혹은 언어의 세계를 만나러 나간 일상의 작은 체험들.

『생명의 저울』이 일상을 떠나는 여유로움을 체험하게 해준다면 『개 한 마리 갖고 싶어요』는 일상으로 돌아오는 포근한 행복감을 선사해준다.

---

2 보물섬 글, 조은하 그림, 『개 한 마리 갖고 싶어요』, 푸른나무, 1997.

"우리를

둘러싸고 있는

자연

　사람의 발길이 잘 닿지 않는 깊은 산속에 들어가 보면 "자연의 품에 안
긴다"는 말이 무슨 뜻인지 느껴진다. 과학 기술과 자본이 문화를 구성하
는 결정적인 요인이 된 이래 문화는 지역적 특수성과 더불어 자연의 흔적
을 동시에 잃어가고 있다. 그러나 여전히 자연의 일부인 인간은 인공의
세계를 떠나 자연을 체험하게 되면 누구나 예외 없이 안온한 평화를 느낀
다. 『우리를 둘러싼 공기』『살아 있는 땅』『물의 여행』[1]이라는 세 권의 그
림책은 우리가 생활에 묻혀, 보지도 듣지도 않고 그저 잊고 사는, 그러나
늘 우리를 둘러싸고 있는 공기·물·땅의 세계를 펼쳐 보여준다. 이 책들의
가장 큰 미덕은 눈에 보이지 않는 공기의 흐름에 대하여, 거듭나는 땅의
생명에 대하여, 구름에서 바다에 이르는 물의 움직임에 대하여 '설명'하고
있음에도 불구하고 아이들에게 과학적 지식을 전달하기보다는 자연과의
친화력을 체험하게 해준다는 점이다. 사람이 배경이 되고 물·공기 혹은

1　엘리오노레 슈미트 글·그림, 김윤태 옮김, 『우리를 둘러싼 공기』『살아 있는 땅』『물의 여행』, 비룡소, 1997.

땅이 주요 테마가 되어 있는 이 책들은 자연이 본래 그러하듯이 말로 떠들지 않아서 아주 조용하다. 그 조용함이 아이들을 집중하게 만들고 자연에 대한 아이들 특유의 호기심을 가만가만 채워줄 것이다.

'훌쩍 떠난다.' 한때 유행하던 책 제목이다. 무슨 대단한 내용을 담고 있던 것은 아니고 일종의 여행 가이드북이었다. 여행의 매력이란 무엇보다도 '떠나는' 데에 있다. '훌쩍'이라는 부사만큼 '떠난다'는 동사에 어울리는 수식어가 또 있을까. 언제부터인가 나는 무엇을 하고 싶은가를 생각하지 못하고 무엇을 해야 하는가만을 생각하면서 살게 되었고, 그 사실을 깨달을 때마다 떠나고 싶은 갈증이 일어난다. 책 읽기는 내게 그 채울 수 없는 갈증을 다독거리는 좋은 방법이다. 책 읽기가 해갈의 '방법'이 되게 하기 위하여 나는 가능한 한 나와 관계가 없는 텍스트를 찾는 습관이 생겼고 그러다가 만난 것이 어린이 책이다.

존재라는 명사를 미완(未完)이라는 형용사로 수식할 수 있는 유년. 더 이상 완성이나 완전을 꿈꾸지 않는 평범한 사십의 나이를 코앞에 두었음에도 불구하고 '아직 아니'라는 뜻의 '미(未)'자는 내게 여전히 아름다운 울림이다. 그 미완의 세계 속에서 만나는 말들은 겹쳐지고 뒤틀리고 뒤집혀지지 않은 본래의 순진한 의미를 고스란히 간직하고 있다. 그 조용하고 싱그러운 의미의 세계를 내게 선사해준 것은 열다섯 살 집시 소녀 스텔리나의 이야기인 『집시 소녀의 머나먼 길』[1]이다.

이탈리아 집시에게는 특별한 전통이 있다. 열다섯 살이 되는 여자아

---

1 산드라 자야 글, 류재인 그림, 심민화 옮김, 『집시 소녀의 머나먼 길』, 비룡소, 1991.

이는 결혼을 해야 한다. 그러나 "적어도 몇 년만이라도 인생과 직면할 수 있"기 위해서, "무슨 일이 일어나고 있는지 스스로 알 수 있"기 위해서 스텔리나는 결혼을 거부하고 떠난다. 자유를 찾아서. 이 이야기는 단 한 벌의 옷을 입고 맨발로 떠나서 "가슴 아픈 소리들과 아이들의 미소"만을 만나면서, 이탈리아에서 프랑스까지 걸어서 가는 길고 고단한 여행의 이야기다. 그 여행 끝에 그녀는 프랑스라는 목표에 도달했다. 무엇이 변하였나. "모든 것이 변하였다. 왜냐하면 나는 내 목표에 도달하였으니까. 아무것도 변한 것이 없다. 왜냐하면 세스토 칼렌데를 떠난 이후 늘 그래왔듯이 나는 여전히 쫓기고 있는 듯이 느끼니까." 이렇게 느끼는 스텔리나에게 문득 깨달음이 찾아든다. "인생 전체가 하나의 긴 여행"이라는 깨달음이.

그녀의 깨달음이 만들어내는 "폭포수처럼 싱그러운" 말들은 현실에 묻힌 우리가 잊고 사는 자연에 대한, 사람에 대한 사랑을 일깨워준다. 삶에 대한 잠언풍의 말들이 길거리에서 추는 집시의 춤처럼, 집시들의 카드 점처럼 전혀 무겁지 않게 기분 좋게 다가오는 이 작품 속에는 시를 닮은 창이 하나 생겨나 있다. 그 창을 가만히 내다보며 시끄러운 세상 속에서 잠시 조용해지기. 열 서너 살의 어린이 그리고 그 어린이였던 모든 어른들이 즐겁게 읽을 수 있는 책이다.